中華民國立憲理論與1947年的憲政選擇

中國文化大學中山學術研究所法學博士 ◎桂宏誠 著

周陽山序

　　研究現代中國憲政發展的學者常常會被問到：為什麼議會內閣制（parliamentarism）在中國的發展是如此艱難？為什麼傳統帝制與「普遍王權」（universal kingship）的陰影揮之不去？為什麼社會大眾對議會民主與「國會主權」（parliamentary sovereignty）始終抱持戒心？為什麼國家至上與行政獨裁的威權傳統持續不歇，永難祛卻？這一連串的問號與驚嘆號，恐怕只有透過對清末民初西學東漸之際，各項主要民主觀念的引介與迻譯，做深入的分析與詮釋，才能有比較清楚的掌握。

　　桂宏誠博士的研究，係一項返本式的、政治觀念史的溯源性探討，他透過對「立憲」、「共和」、「開議會」、「民主」、「民權」和「責任內閣制」等名詞與概念的分析，揭示出一幅幅新的詮釋圖像，讓我們與近百年前中國重要思想人物進行深度的對話，掌握到在不同時空環境下不同世代的人物，對同一名詞與概念的不同解讀，以及這些觀念指涉的重要差距。透過這些細緻的探索，我們對上文所提出的一連串疑問，就有比較清晰的理路可以深入探究，並得以跨越「以今非古」的鴻溝，平情而客觀地尋求可能的答案。

　　過去幾年裡，我閱讀過宏誠君的許多學術論文與時論文章，對他的思辯進路有所掌握，也嘗試與其對話，相互攻錯，彼此惕勵。現在，他的新作終於出版，除了祝賀此一成果問世外，也希望桂博士能對前文所述的各項課題，進行更深入的鋪陳與探討。

這或許也正是當前台灣在面臨「民主深化」的挑戰中，最大的疑問吧！

周陽山 謹誌

民國九十七年八月二十七日

自序

　　有關中華民國立憲理論與憲政選擇的課題，過去已有相當多類似的研究成果，但這些研究成果皆係以西方理論或制度設計為預設的參照典範，而並未觸及我國近代追求立憲或民主以來，其實也有一套自己的理論。就以我國立憲理論中具重要地位的孫中山學說而言，許多論者對之提出批評時的立論點，常以為中山學說對西方理論及其制度設計的認識不足，但卻不知自己因未能認真了解中山學說，反倒對中山學說有了成見而導致誤解。例如，以三權分立理論反對權能區分與五權分立學說者，卻也同時可主張削弱國會的權能，而殊不知中山先生正是鑑於民初國會政治失敗的經驗，才構思出權能區分與五權分立的理論來解構國會的權能。

　　作者在中國文化大學中山學術研究所博士班就讀期間，所裡曾送了同屆同學們一整套的「國父全書」，而這套書大概也只有我拿來當作有用的參考資料。當我重新研讀「國父遺教」的相關文獻時，因對西方的憲政及民主理論已有一定程度的認識，卻反而驚覺以往對中山學說的理解實在不足，而且更還存在著不少的誤解。這也就是說，我們很容易就能指出我國立憲理論及制度設計和西方的不同處，但卻未必知道所以不同的真實原因。更何況，儘管我國的某些憲政制度係移植自西方，但卻依然未能明白我國對這套憲政制度背後的理論，其實已經賦予了另外的意義與功能。

　　這本書原是我的博士論文，得蒙指導教授周陽山在理論架構上多所給予指導，甚至在每章的初稿完成後，還耐心地逐字逐句唸過與修改，才讓這本書具有一定程度的可讀性。同樣地，楊泰順教授也在論文口試半年前舉行的初審時，即指出了我的文字表達需要加

強，更還直言我對研究此一主題所應具備的學理基礎不足。楊教授被同學們公認為「嚴謹」與「嚴厲」，而高朗教授在他之後提出審查意見時，大概是「氣」已消了大半或不忍給我再添壓力，於是除針對理論要旨提出許多指正外，還提供不少應詳加參考的資料。另外，一向和藹可親的盧瑞鍾教授在許多論點上給我的啟發，讓我深感在中國政治思想領域方面，應該還有相當大的進步空間。這些我在論文初審時所得到的寶貴意見，絕大部分都能在五個多月後的修正版本中呈現，所以曲兆祥教授於學位論文口試的審查時，則能多所給予鼓勵。

本書原來計畫要再多加修正與補充後才出版，但兩年來或因擔任學校行政職工作，或因另有新的研究課題與其他雜務，讓我體驗了「計畫」永遠趕不上「變化」的道理。近來產生了與同好分享研究心得的念頭，又惠承彭思舟學長的熱心推介，乃能獲得秀威資訊科技公司慨允出版。這本書的內容和我的博士論文無甚差異，但因個人的學術根基薄弱而必多有淺漏之處，故所有的文責仍應歸於作者自己。我在這裡特別提到上述諸位老師，目的要藉此表達感激之意，並祈學術界先進不吝惠賜指教，以待未來能有不斷再求改進之機會。

桂宏誠 謹誌
2008 年 7 月於中和

目次

第一章 緒論

　　當前我國學術界在研究本國所建立的民主制度或憲政體制時，幾乎皆係以外國制度為分析與評價的典範。然而，我國所追求的「民主憲政」雖然主要係倣效自外國，但畢竟仍有所取捨而並非有意地全盤移植。因此，當我們進行相關的研究時，儘管需要了解外國制度的設計原意，但探討本國傳統制度及其背後的文化因素，卻也是不應偏廢或忽視的重要課題。

　　有鑑於此，本書著重於從本國的傳統制度與文化出發，來研究我國自清末所逐漸形成的立憲理論，並進而說明 1947 年制憲時的憲政選擇之原意。為了說明本書研究的緣起、構想及進行研究的途徑與方法等，在本章中將分成四節，分別說明本書的「研究背景」、「研究動機與目的」、「研究主題與範圍」及「研究方法與限制」。

第一節 研究背景

　　我國自清末仿效外國制度之始，常不可免地以本國文化來理解外國的制度，因而大陸學者常有以「誤讀」來說明此一情形者[1]。然而，我國在模仿外國制度的過程中，是否全然出自於「誤讀」，以致產生「畫虎不成反類犬」的結果？則似乎留有可再商榷的空間。換

---

[1] 例如，蕭功秦，〈近代中國人對立憲政治的文化誤讀及其歷史後果〉，《戰略與管理》（北京），1997 年第 4 期，頁 27-35。強世功，〈法律移植、公共領域與合法性—國家轉型中的法律（1840～1980）〉，輯於蘇力（朱蘇力）、賀衛方主編，《20世紀的中國：學術與社會（法學卷）》，濟南：山東人民出版社，2001 年，頁 92。

言之,即使我國將外國政治制度全盤移植進來,卻未必不了解其背後的原理及所能發揮的功能,而可能係經由有意識地詮釋或轉化過程後,以使能在本國的文化條件下適用。何況,我國既非全盤移植外國制度,即表示在引進外國制度時,仍考量了本國國情文化而有所檢選。

因此,儘管我國效法外國建立民主制度或憲政體制時,不免對其背後的原理或文化基礎發生了「誤讀」,但卻也可能是個「用意很深的誤讀」[2]。並且,我國在模仿外國政治制度的過程中,究竟發生什麼樣的「誤讀」?為什麼發生「誤讀」?以及「誤讀」的用意何在?對於這些問題的解答,本書認為除需探討外國政治制度背後的原理外,對於本國傳統政治制度及其所根植的文化基礎,則更應該投以相當程度的關注。

我國自推翻帝制以來,國家元首在政治制度中的應有角色,即因難獲得普遍的共識,使建立「民主憲政」的制度選擇與變遷,一直處於爭議不斷的狀況。直到現在,我國雖然具有追求「民主憲政」的共同目標,但為什麼過去十多年來的歷次修憲中,卻總是存在著諸如「內閣制」、「總統制」、「雙首長制」或「五權分立制」等的爭議?此一情形,莫非意味了我國的政治文化,僅較適合其中的一種制度形態?

同時,在我國「民主憲政」的發展過程中,曾經獲得凸顯的政治主張或理論,若用中文使用的術語來表達,則或有「民權」、「共和」、「民主」、「立憲」、「憲政」、「權能區分」或「五權分立」等。並且,以這些政治理論為背景,我國曾經主張或實行過的政治制度,

---

[2]　王人博,《憲政的中國之道》,濟南:山東人民出版社,2003 年,頁 224。

大致上也有「開議院」、「開國會」、「總統制」、「責任內閣制」[3]、「修正式內閣制」[4]或「改良式雙首長混合制」[5]等。然而，「開議院」與「開國會」雖然是我國最早有意引進的外國政治制度，但何以在中文的「總統制」、「內閣制」、「責任內閣制」、「修正式內閣制」或「雙首長制」等各種名稱中，卻未能凸顯出「議院」、「國會」或「議會」的角色或地位？

事實上，當前研究我國憲政體制的相關課題時，研究者往往直接以外國制度為評價的典範，卻忽略了我國憲政制度變遷發展的軌跡，並導致未能掌握我國憲政選擇背後的深沈理由。基於此，本書認為分析與評論我國現行的憲政制度時，不僅需回顧我國近代建立憲政體制的歷史過程，更應該探討制度設計的原意及其發生變遷的原因。例如，我國近代最早提出及被視為追求「民主憲政」之核心者，便是建立「議會」制度，但迄今「議會」的形象何以並未受到信賴？且其憲政角色也未得到應有的凸顯？對於類此疑問的解答，便不應只以外國制度為典範，來說明我國的「議會」制度「應該」如何建構與運作？或是在憲政體制中「應該」具有何種功能？相對

---

[3]　「責任內閣制」或「責任內閣」的詞彙使用，係自清末民初以來，無論正式的政治文獻、報章媒體或學術文章的討論中，均已存在的專門術語，而非僅在學術討論上的特定名詞。是故，清末民初使用「責任內閣制」或「責任內閣」的詞彙時，未必即係倣效目前學術上翻譯為「議會內閣制」的 parliamentarism。並且，中文採用「責任內閣制」而非「議會內閣制」的情形，還可能意味著至少在清末民初期間，關於政治制度的選擇上，本即有意排除「議會內閣制」的選擇。基於此，本書將區分「責任內閣制」與「議會內閣制」為表達不同概念的名詞，並藉以強調「責任內閣制」本非有意取法「議會內閣制」，如此才能夠凸顯議會在我國憲政思想中的地位。

[4]　張君勱著，張君勱先生遺著編輯委員會編輯，《中華民國民主憲法十講》，台北：台灣商務，1971 年，台 1 版，頁 71。

[5]　此係田弘茂與蔡政文為國民黨進行第四次修憲的規劃中，所提出關於中央政府體制的運作形態，見《聯合報》，1996 年 12 月 20 日，版 1。

來說，當分析與評價我國憲政體制的相關課題時，我國究竟如何理解與看待「議會」制度，乃應成為須先加以探討的前提。

第二節　研究動機與目的

筆者曾經思考過，為什麼中華民國實施「民主憲政」的日期，要從 1947 年 12 月 25 日開始實施《中華民國憲法》當日起算？難道民國初年召開了經選舉產生的國會，並由國會間接選出大總統和實行「責任內閣制」等，都不能算是「民主憲政」的經驗？筆者還發現，英文裡的 constitutionalism 和 democracy 不僅涵義不同，且還具有一定的張力（tension）關係[6]。但是，當這兩個英文術語被翻譯成中文的「憲政」和「民主」後，其間的「張力」似乎卻很少被凸顯。於是筆者又懷疑，會不會自清末追求「民主」與「憲政」之始，這兩個中文詞彙所欲表達的概念，就已和英文的原意有了差誤？從這些疑問出發，讓筆者想要一探清末以來追求「民主」或「憲政」的目的，乃至於建構我國「民主」或「憲政」制度背後的政治理論為何？

從我國追求「民主憲政」的過程來看，「民權」應係最早形成的政治理論，而落實「民權」的制度則為「開議院」或「開國會」。基本上，孫中山主張的「民權」，包括了推翻帝制改為「民主共和」，

---

[6]　最能凸顯兩者間存在「張力」關係者，便是美國司法審查權（judicial review）所表彰的「憲政」或「憲政主義」，和國會所象徵的「民主」間產生了「張力」。有不少著作即係探討此課題及其衍生的爭議，例如 Alexander M. Bickel, *The Least Dangerous Branch: The Supreme Court at the Bar of Politics*, 2nd ed. (New York: Josephine Ann Bickel, 1986). David M. O'Brien, *Storm Center: The Supreme Court in American Politics*, 7th. ed. (New York: W W Norton & Co., Inc., 2005). John Hart Ely, *Democracy and Distrus: A Theory of Judicial Review* (Cambridge: Harvard University Press, 1980).

而在「君主立憲派」所主張的「民權」制度中，則還包括了清末曾已實行過的「責任內閣制」。並且，若就我國曾經設計過的法定制度來說，「責任內閣制」可謂佔有了絕大部分的時間。然而，孫中山雖然曾主張總統擁有實權的「總統制」或「五權分立制」，但我國 1947 年所實施的憲法，根據起草人張君勱的說法，實行的乃是「修正式之內閣制」。只不過，這套政治制度並未得到實踐的經驗，且到了 1997 年完成第四次修憲時，甚至制度的根本精神也遭到揚棄。換言之，我國自推翻帝制後，就一直存在著「總統制」與「內閣制」的爭議。

我國在 1994 年的第三次修憲，總統改由公民直選產生時，就意味了原本具有「內閣制」精神的憲政體制，將因直選總統而有根本上的改變。1997 年修憲的結果，由於仿效法國第五共和而又改為「改良式雙首長混合制」，果然證實了當時不少人的推測。但矛盾的是，在 2006 年 4、5 月間，又有以目前「根本是超級大總統制」或「皇帝制」為由，而主張應修憲改回「內閣制」者[7]。如果將歷史推向前看，無論清末民初實施的「責任內閣制」，或是張君勱在 1947 年憲法中所設計的「修正式內閣制」，乃至於 1980 年代《動員戡亂時期臨時條款》尚未廢止前，「自由派」學者呼籲「回歸憲法」以實行「內閣制」[8]，可謂皆是針對國家元首具有專權與獨裁的傾向而發。換言

---

[7]　此係民進黨立法委員林濁水的說法，見蔡惠萍報導，〈弊案不斷青壯立委要扁上火線說明〉，《聯合報》，2006 年 4 月 11 日，版 3。

[8]　最具代表性的兩位學者，分別為台大政治系胡佛教授及法律系的李鴻禧教授，他二人均主張「回歸憲法」及實行「內閣制」。但是，隨著政治環境的變遷，李鴻禧教授卻逐漸背離他原有的主張。可參閱王震邦專訪胡佛，〈認同差異，地基分裂了：有人過去和我主張相同，現在變了〉，《聯合報》，1990 年 6 月 28 日，版 3。徐東海專訪李鴻禧，〈一個主張修憲，一個主張制訂基本法：我與胡佛師承不同〉，《聯合報》，1990 年 6 月 28 日，版 3。王震邦專訪胡佛，〈認同差異，地基分裂

之，我國主張「內閣制」的目的，至少是為了避免國家元首可能專權與獨裁。

　　根據李帕特（Arend Lijphart）的經驗研究比較分析，從 1977 到 1996 年間，在世界上人口數超過 250,000 人，且持續穩定的 36 個民主國家中，有 30 個係採行「西敏寺民主體制模式」（westminister model of democracy）的國家[9]。若根據這項經驗研究的成果，當前我國提出修憲改為「內閣制」，看來便似乎是個合乎學理的主張。然而，所謂的「西敏寺民主體制模式」係指政府組成與政治運作，乃以英國「國會至上」為基本典範的模式。故而，此一中文常被稱為「內閣制」的政府體制，行政權不僅與立法權係「權力共享」（power sharing）[10]，且立法機關有權決定「內閣」的組成或去留，而「內閣」的存續則是基於立法權的信任[11]。但是，我國百年來追求「民主憲政」的過程中，是否已形成了「國會至上」的觀念呢？即以 2006 年的第七次修憲結果來看，除國民大會已走到歷史的盡頭外，立法院也在「立委減半，國會不亂」發為運動的壓力下[12]，將原有 225 個席次減半為 113 個。由此看來，我國是否存在著「國會至上」的觀念，乃實有值得懷疑的餘地。基於此，「國會至上」是否是我國憲

了：有人過去和我主張相同，現在變了〉，《聯合報》，1990 年 6 月 28 日，版 3。

[9]　Arend Lijphart, *Patterns of Democracy: Government Forms and Performances in Thirty-Six Countries* (New Haven: Yale University Press, 1999), pp.48-61.

[10]　Giovanni Sartori, *Comparative Constitutional Engineering: An Inquiry into Structures, Incentives and Outcomes*, 2nd ed. (New York: New York University Press, 1997), pp.101- 103.

[11]　Robert A. Dahl, *On Democracy* (New Haven ＆ London: Yale University Press, 1998), p.122.

[12]　2000 年 12 月 25 日，「立委減半行動聯盟」即曾發起遊行，政治態度傾向「台聯黨」或「民進黨」的「泛綠」陣營，持續將「立委減半，國會不亂」作為政治改革的訴求，並發為社會運動而形成政治壓力。

法中的政治理論？乃至於我們所主張的「內閣制」，是否真係以「西敏寺民主體制模式」為仿效對象？類此相關的疑問，便引發了本書的研究動機。

有關「民主」和「憲政」的理念或制度，對我國來說都是「舶來品」。因此，我們雖然移植進來了這套理念與制度，但卻未必具備得以有效實行的政治文化，以致「適應不良」或「排斥」的現象叢生。學術界為了「診斷病徵」與「找出藥方」，認為不能只停留在形式上法律制度的探討，「還必須在文化的脈絡中，尋找這些制度設計的『原始意圖』」[13]；也就是要從西方文化的根源中，尋找出憲政與民主制度設計的精神與原則。此一研究取向，預設了唯有改造我國的政治文化後，才能夠使民主與憲政制度運作良好，而不免有「文化改造論」的意味。然而，這方面的中文研究成果，其實已並不少見，但若以我國的政治文化為立場，探討我國的民主與憲政制度設計背後的「原始意圖」，近年來相關的研究卻並不多見。

再者，除了「民主」或「憲政」是否具有普世性不談，我國自清末以來，究竟係基於什麼樣的目的而引進了西方的民主和憲政理念？同時，在我國既有的政治文化背景下，又是如何理解這些具有西方文化根源的制度設計？就這些課題而言，本書認為必須從本國的政治文化脈絡中，探討我國何以接受與移植西方制度，並對之加以「改良」或「轉化」的「原始意圖」。經由此一取向的研究，對於我國憲法中所建構的政治理論，方能得到較為清晰的形貌。換言之，探討我國民主與憲政制度背後的「原始意圖」，也就是建構我國憲法中的政治理論。

---

[13] 陳敦源、郭承天，〈基督教倫理與民主制度發展—從美國經驗看台灣〉，《公共行政學報》，第 5 期（2001 年 1 月），頁 69。

第三節　研究主題與範圍

　　本書首先關注到表達外來制度概念的中文詞彙，往往已涉入了以自己文化的觀點來詮釋，而可能使其涵義改變甚多[14]。不僅如此，當我們使用特定的詞彙時，目的雖在概念傳達與溝通，但在政治過程中所使用的中文詞彙，其本身也可成為「語言和翻譯的政治」（politics of languages and translation）之研究主體[15]。基於此，本書的研究主題與範圍，主要係就清末（約 1840 年代）引進外國制度為起點，探討我國近代以來形成的「憲政」觀念，並從中尋繹我國憲政制度設計背後的「原始意圖」。

壹、研究主題

　　表面上看來，本書的研究主題並不算是個嶄新的研究議題，但實際上本書係針對相關舊的議題，經由辨明與釐清而得到新的理解。由於當前被我們視為翻譯而來的中文詞彙，事實上還牽涉了以本國的文化來理解，故重新辨明與釐清其確切的概念與涵義，則是本書最能凸顯將舊議題有所「翻新」之處。何況，語言和文字隨著時代的推移，本會發生概念與內涵的改變。故而，本書研究回顧了清末時人使用的中文詞彙，並從傳統文化中找尋其確切涵義，即可算是「翻新」了舊的研究主題。

---

[14]　呂亞力，《政治學方法論》，台北：三民書局，2000 年，頁 27。

[15]　對中文世界來說，「語言與翻譯的政治」尚為有待開發的新研究領域，蓋語言、用詞及翻譯詞彙等的使用，都牽涉了殖民政治、國際政治或國內政治的運作。相關著作可參閱有多篇英文著作的中文翻譯，見許寶強、袁偉選編，《語言與翻譯的政治》，北京：中央編譯出版社，2000 年。

一、釐清政治詞彙的概念

　　奧斯壯（Vincent Ostrom）在其《複合式共和國的政治理論》（The Political Theory of A Compound Republic）一書中提及，當他重新理解與建構美國憲法中的政治理論時發現，《聯邦論》（The Federalist Papers）作者所使用的不同詞彙，在目前雖然係表達不同的概念，但當時卻是指涉同樣的概念或事務。基於此，奧斯壯強調需對《聯邦論》中使用的語言加以釐清，而這也是他進行此項研究時，所應處處留意的「陷阱」（pitfalls）[16]。本書研究當然也存在著同樣的陷阱，例如，孫中山既主張「民權」，也使用「民主」一詞，但究竟「民權」與「民主」的涵義是否相同呢？在過去的研究成果中，除陳鵬仁曾謂：「『尚書』上的民主，是為民之主或替民作主的意思，它與我們現在現在所說的民主不但截然不同，而且完全相反」[17]，而指出「民主」的涵義古今並不相同外，大多則將「民權」與「民主」都理解成了 democracy。大陸學者對此較為留意，如熊月之考證了中文「民主」一詞涵義的演變情形，並認為「民主」一詞具有 democracy 的內涵，大致上是在 1919 年五四運動以後[18]，而謝放則考證了戊戌前後時人使用「民主」與「民權」詞彙時，實應具有不同涵義[19]。

---

[16] Vincent Ostrom, *The Political Theory of a Compound Republic*, 2nd.ed. (Lincoln and London: University of Nebraska Press, 1987), pp.10-13. 奧斯壯舉出的例子為 federal 和 confederation，用法上都是指稱相同設計目標的政府形態，因為這兩個字的根本意義，都是指訂立盟約（covenanting）而言。

[17] 陳鵬仁，《孫中山先生思想初探》，台北：近代中國出版社，2000 年，頁 17。

[18] 熊月之，《中國近代民主思想史》，上海：上海社會科學院出版社，2002 年，頁 8-12。

[19] 謝放，〈戊戌前後國人對「民權」、「民主」的認知〉，《二十一世紀月刊》，2001 年 6 月號（總第 65 期），頁 42-51。謝放，〈「張之洞反對民權」說剖析─兼析 19 世紀後期中文辭彙「民權」與「民主」的涵義〉，《社會科學研究》（北京），1998 年第 2 期，頁 99-105。

　　除了辨明「民主」與「民權」的涵義外，關於「共和」、「立憲」與「憲政」等詞彙，又與「民主」和「民權」有何關連呢？孫廣德以梁啟超曾謂：「有君主立憲，有民主立憲，兩者同為民權」為例證，並進而認為：「凡當時諸人所講的君主立憲、民主立憲、虛君共和、民主共和、民權、立憲等，我們都以民主政治視之」[20]。此一結論雖大致無誤，但卻過於簡化了這些詞彙的特定涵義，彷如只要不是「君主專制」，其他詞彙都可以「民主政治」視之一般。然而，若不探究這些詞彙確切的涵義，就無法理解孫中山為什麼說：「余之民權主義，第一決定者為民主，而第二之決定則以為民主專制必不可行，必立憲然後可以圖治」[21]？難道在孫中山的觀念中，尚存在一種既民主又專制的「民主專制」制度？事實上，這些詞彙還意味了「國體」（form of state）的爭議，以及因此而牽涉了不同「政體」（form of government）形態的選擇，故不應簡化地僅皆以「民主政治」視之。

---

[20] 孫廣德認為，「君主立憲」與「民主立憲」都是主張「民權」的「民主政治」，但主張「民主立憲」者，係因「認為君主立憲不夠民主」而不為所採。見孫廣德，《清末民初的民主思想論集》，台北：桂冠圖書，1999 年。頁 1-2 及頁 30。事實上，「民主立憲派」講的「民主」，並不是 democracy 的意思。同時，儘管在孫中山的說法裡，「民主立憲」中的「民主」可涵括於他所講的「民權」，但梁啟超主張的「民權」，卻與「民主立憲」的「民主」有嚴格的區分。可參桂宏誠，〈孫中山的「民權」、「民主」及「共和」之涵義〉，《近代中國》，第 162 期（2005 年 9 月），頁 32-53。並且，「民主立憲」與「君主立憲」間的爭執，還包括是否應推翻滿清異族統治的種族革命，而「民主立憲派」主張，必須革命把君主世襲制改為「由人民成為一國之主」後，才有「立憲」的可能。孫中山對此本已多所闡釋，如在 1897 年與日本友人宮崎寅藏等人的談話中即可看出，見孫中山，〈中國革命而後能達共和主義〉，輯於秦孝儀主編，《國父全集》，第二冊，台北：近代中國出版社，1989 年，頁 398-399。同樣地，在《民報》和《新民叢報》的論戰中，亦可直接得到相同的答案，說明「民主立憲派」並非因「君主立憲」較「民主立憲」為「不夠民主」，所以才反對「君主立憲派」的主張。

[21] 孫中山，〈中國革命史〉，輯於秦孝儀主編，《國父全集》第二冊，台北：近代中國出版社，1989 年，頁 356。

正如上述所言,「立憲」也可以「民主政治視之」一般,清末立憲運動的開展,自也被視為近代中國追求民主化的運動。然而,在目前相關的研究成果與文獻中,對於清末主張「立憲」以行「君主立憲政體」的「憲政」[22],固然可以視為「民主政治」(democracy),但在清末時人的語彙中,主要則指基於伸張「民權」的「開議院」與「開國會」,而與當時使用「民主」一詞無關。因此,當前我們常講的「民主憲政」,其涵義係指符合「民主」的憲法制度,而此一政治術語的源流,也反映出清末以來的「立憲」或「憲政」運動,係以追求「民主」為其實質內涵。事實上,若用清末民初時的語彙來說,實施「憲政」是為了建立「民權」的制度,待「民權」涵義中democracy的成分,漸漸為「民主」一詞取代後,就成了我們現今所說的「民主憲政」。並且,清末民初追求的「立憲政體」,實係指實行「開議院」或「開國會」為根本的「憲政」,故逐漸形成了追求「民主」的「憲政」之觀念。例如,毛澤東在 1940 年時曾說過:「憲政是什麼呢?就是民主的政治」[23],正反映了中國人認知中的「民主」與「憲政」之關係。然而,中文裡的「民主」與「憲政」,無論就時間上的古、今或地理上的中、外,皆未必具有相同的涵義或指涉。因此,這些作為重要政治概念的詞彙,則有再加以探究與釐清之必要,以免發生以當下的意義來理解過去的詞彙,以致誤解了我國的「立憲」或「民主」思想,以及在憲法中所預設的政治理論。

---

[22] 梁啟超,〈各國憲法異同論〉,梁啟超著,吳松等點校,《飲冰室文集點校》,第二冊,昆明:雲南教育出版社,2001 年,頁 1056。

[23] 毛澤東,〈新民主主義的憲政〉,《毛澤東選集》,第二卷,北京:人民出版社,1991年,頁 690。

二、「民主」與「憲政」的關係

　　當下所講的「民主」，英文是指 democracy，而「憲政」往往是指 constitutionalism 而言，故也有翻譯成「立憲主義」或「憲政主義」者。什麼是民主呢？杭廷頓（Samuel P. Huntington）從程序著眼，將民主的定義為容易觀察與測量的「選舉」[24]。但到了 1995 年左右，鑑於若干新興民主國家實施選舉的結果，卻造成了經濟衰退、民選首長掌控行政權而專斷、人權受到侵害而未獲得保障，以及國家內部或國際之間常發生衝突甚至戰爭等情形，西方學者們關注這些民主轉型國家是否會重返威權體制，並也開始思考以選舉來界定「民主」是否恰當。薩托利即指出，「民主」（democracy）這個字僅是個造成誤導的簡寫（shordhand），完整說來它應該還包括兩個要素：一為使人民自由（freeing the people），亦即自由主義（liberalism）；一為使人民擁有權力（empowering the people），亦即「民主」（democracy）。他還進一步地解釋被簡化了的「民主」，應該是指「自由的民主」（liberal democracy）或以「自由憲政主義」（liberal constitutiomalism）為根本要素的「憲政民主」（constitutional democracy）。換言之，他認為「民主」的涵義，應包括保護人民免於獨裁和暴政之「人民的保護」（demo-protection），以及實現人民的統治此一意義之「人民的權力」（demo-power）兩個要素所構成[25]。戴蒙德（Larry Diamond）則認為，當代強調以選舉所界定的「民主」，

---

[24]　Samuel P. Huntington，*The Third Wave: Democratization In The Late Twentieth Century* (Norman: Samuel P. Huntington, 1991), p.6.

[25]　Giovanni Sartori, "How Far Can Free Government Travel?", in Larry Diamond and Marc F. Plattner, eds., *The Global Divergence of Democracies* (Baltimore and London: The Johns Hopkins University Press and the National Endoement for Democracy, 2001), p.53.

只能算是一種最起碼形式之「選舉的民主」（electoral democracy），
而他所主張的「民主」，則是對行政權加以限制、強調法治、保障個
人自由、對媒體控制降到最低程度和尊重少數權利等之「自由的民
主」（liberal democracy）[26]。杭廷頓則同意戴蒙德所做的區分，並指
出若干拉丁美洲和前蘇聯解體後的民主轉型國家，由選舉產生的行
政首長，常常流於專擅和以非民主的方式行事。至於造成此一現象
的原因，則在於西方選舉的民主乃建立和根源於自由主義的政治傳
統，而這個政治傳統的核心便是人權和法治，但非西方國家對「選
舉的民主」卻有不同的理解[27]。此外，查卡利亞（Fareed Zakaria）
也發現，儘管世界上有愈來愈多的國家正在進行民主化，但也意味
興起的是愈來愈多「非自由的民主」（Illiberal democracy）國家。他
還從英國在 20 世紀末實施普選前，是從「自由的貴族政體」（liberal
autocracies）或「半民主政體」（semi-democracies），逐步發展成目
前以「憲政自由主義」（constitutional liberalism）為根基的民主政體，
而特別強調「憲政自由主義可以促成民主，但民主並不當然帶來憲
政自由主義」（Constitutional liberalism has led to democracy, but
democracy does not seem to bring constitutional liberalism.）[28]。

　　從上述來看，如果我們將「民主」從政治程序層面的「選舉」
來界定，則意味了「民主」尚有「類型」之分，例如有「自由的民
主」、「非自由的民主」、「選舉的民主」與「憲政民主」等。然而，

---

[26] Larry Diamond, "Is the Third Wave Over?", *Journal of Democracy*, Vol.7, No.3
(July/1996), pp.20-37.

[27] Samuel P. Huntington, "After Twenty Years: The Future of the Third Wave," *Journal
of Democracy*, Vol.8, No.4 (October/1997), pp.3-12.

[28] Fareed Zakaria, "The Rise of Illiberal Democracy," *Foreign Affairs*, Vol.76, No.6
(November/December, 1997), p.28.另參 Fareed Zakaria, *The Future of Freedom:
Illiberal Bemocracy at Home and Abroad* (New York: Fareed Zakaria,2004), p.58.

這些術語的出現，目的皆在於強調西方所謂的「民主」，除了是指政府組成須經「選舉」的程序外，還包括了具備「自由主義」或「憲政主義」的文化根基。換言之，「民主」與「憲政（主義）」是不同的概念。那麼，什麼是「憲政」呢？此又與「憲法」（constitution）的概念有關。

早在 1962 年，薩托利即曾在《美國政治學評論》（American Political Scicnce Review, APSR）上發表論文，主張「憲法」應該從它的「目的」（purpose）來界定，亦即強調為了保障人民自由和權利，而以「限制」（limit）政府權力為目的者，才是「憲法」應有且最為根本的定義。薩托利的基本出發點，認為歐陸法系的法學家們（Continental jurists）以「政府的架構」（frame of government）、「國家的秩序」（State order）或「政治秩序」（political order）來界定「憲法」，此種以「中立」立場為「憲法」下定義的結果，就導致了一方面認為「每一個國家都是憲政（立憲）的國家」（every state was a constitutional state），另一方面卻因無法無視於「憲法」在人權方面的制度性保障之意義（garantiste sense），則又強調「每個國家都有一部『憲法』，但只有若干國家是『憲政』（立憲）的國家」（Every state had a "constitution," but only some states were "constitutional."）[29]。簡而言之，薩托利強調，目的在於限制政府權力以保障人民權利，亦即為體現「憲政主義」的「憲法」，才是「憲法」應有的定義，以及所以能稱為「憲法」的理由。否則，如納粹、法西斯或共產極權等國家，也將因政府係依據憲法所組成，而同樣可被認視為「憲政的政府」。

---

[29]　Giovanni Sartori, "Constitutionalism: A Preliminary Discussion," *American Political Science Review*, Vol. 56 (1962), p.856, 859.

　　二十年之後，另一位學者馬多士（Graham Maddox）同樣在《美國政治學評論》中發表論文，針對薩托利的主張而提出了反駁。馬多士並不同意薩托利僅把保障個人自由以控制政府的目的，作為界定「憲法」的唯一根據，因他認為建立公民秩序（a civic order）是同樣重要的一個憲政問題（a constitutional problem）[30]。這樣的觀點，即傾向於歐陸法律實證主義學派的立場，而把「憲法」當成國家一切行為規範中的最高規範[31]。他同時還認為，難道不可以把「憲法」一詞賦予其一般性的意義（general meaning），而將「憲政的政府」或「立憲的政府」（constitutional government）另外用來表達較為特定的意義嗎？對馬多士而言，「憲法」一詞的界定若只強調「憲政主義」中「政府權力受限制」（limitation of government）的面向，那就會對「憲政主義」的其他面向造成潛在的傷害。因為，過於強烈地主張此一面向，將使我們只知道「憲政主義」乃基於個人權利及利益而政府要受到限制，以致有時便無視於對個人權利造成最大威脅者，常常出自於非政府部門的事實[32]。換言之，馬多士對憲法的作

---

[30] Graham Maddox, "A Note on the Meaning of 'Constitution'," ***American Political Science Review***, Vol. 76(1982), p. 808.

[31] 可參考雷崧生譯，Hans Kelsen（克魯孫）著，《法律與國家》，台北：正中書局，1976 年 3 月，台 3 版。

[32] Graham Maddox, *op. cit.*, p.809.正是基於此種見解，德國遂發展出憲法「對第三者效力」之理論。該理論要旨，可參陳新民，〈憲法基本權利及「對第三者效力」之理論〉，輯於氏著，《憲法基本權利之基本理論》，下冊，台北：作者自版，1991年，再版，頁 57-138。簡要地說，憲法原所規範的客體，係「政府─政府」間權力的賦予與政治運作程序，以及「政府─人民」間的權利與義務關係，而所謂「對第三者」，係指「人民─人民」間也有憲法之適用。最常為討論的案例，則為私法勞僱契約中的「單身條款」，有主張間接援引憲法有關平等權之保障，而被視為「違憲」者。此種見解，係基於憲法要較所有法律的位階為高，而與法律實證主義的法階層理論有關。事實上，民法係規範「私人─私人」間的關係，與憲法規範事項的性質不同，本應無所謂效力誰高誰低的問題。並且，我國民法總

用與憲政主義的理解，因尚強調了國家或政府的積極性角色，故對
「憲法」與「憲政」乃主張採較為「中立」的界定。

　　事實上，1906 年嚴復在演講〈憲法大義〉時，就已約略提出了
類似薩托利和馬多士間的爭議，而指出時人所理解的 constitution 恐
為有誤。不僅如此，嚴復還對時人所講的「憲法」及「立憲」，分別
做出「於辭為贅」與「辭窮也」的評價[33]，但嚴復的見解，在過去
與現在均未受到重視。目前我們對於「憲法」與「憲政」的認知，
正如同馬多士和歐陸實證法學的觀點一般，多從組織和法秩序的意
義上來看待「憲法」，並將依「憲法」的規定組成政府與運作視為「憲
政」。因此，我們往往認為制定「憲法」的目的，乃在於將「民主」
以法律形式確定下來而制度化，並強調依據「憲法」的規定來運作
才是「憲政」。否則，便發生「有憲法並不一定有憲政」的情形。換
言之，無論中文語境（context）裡的「憲法」或「憲政」，最主要都
是被用來說明「民主」的「政體」。

則第七十二條規定：「法律行為，有背於公共秩序或善良風俗者，無效」，該案例
即可依此法律行為不得違背「公序良俗」的「帝王條款」，而有其適用之餘地，
殊無再間接援引憲法規定，以致混淆公、私法分際的必要性。詳參法治斌、董保
城編著，《中華民國憲法》，台北：國立空中大學，2001 年，修訂 3 版，頁 109-112。
法治斌、董保城，《憲法新論》，台北：作者自版，2003 年，頁 123-125。中國大
陸也有類似的案例與討論，在 2001 年時產生了所謂的「憲法司法化」第一案，
該案情涉及冒名頂替入學的民事侵權行為，但承審庭長卻引據憲法中的「受教育
權」而做成判決，見黃松有，〈憲法司法化及其意義—從最高人民法院今天的一
個『批復』談起〉《公法評論網》，http://www.gongfa.com/huangsyxianfasifahua.htm，
上網檢視日期：2004 年 6 月 18 日。此外，首先提出「憲法司法化」概念者，係
北京大學法律系副教授王磊，他主張應將憲法視為可適用的部門法，且為所有部
門法「兄弟姊妹」中效力最高的「老大」，而不強調公法與私法的區分。參見王
磊，《憲法的司法化》，北京：中國政法大學出版社，2002 年。

33　嚴復，〈憲法大義〉，輯於林載爵主編，《嚴復合集・嚴復文集編年（二）》，台北：
　　財團法人辜公亮文教基金會，1998 年，頁 472-473。

　　基於此，近代中國自清末立憲運動以來，實已將「立憲」或實行「憲政」和追求制度化的「民主」政治劃上了等號。直到目前，大陸學者仍深受此影響，普遍認為「憲法是憲政的前提」及「憲政就是民主政治」[34]，或依此而再加闡釋的各種「立憲」或「憲政」的「民主」表述[35]。這種把追求「立憲」或「憲政」等同於追求「民主化」的看法，也正如同大陸法律學者張晉藩在其《中國憲法史》一書的第四章，係以「民主共和的憲政目標與《中華民國臨時約法》」為標題一般[36]。可見其他的大陸學者，大致上對「民主」與「憲政」的關係，亦均採相同的認知[37]。台灣學者雖能區分「憲政」與「民主」為不同概念，但「憲政」往往係用來表達組織性意義的概念，而另以「憲政主義」來強調「有限政府」的概念。例如，荊知仁認為：「其實所謂立憲，其作用即在於使政治法律化，以建立新的政治秩序」[38]，故他對所立之「憲」，係採「政治秩序」此一「中立」的界定。近幾年來，大多數的學者則附隨在「民主化」、「民主轉型」

---

[34] 王樂夫、郭巍青等，《當代中國政治體制改革的理論與實踐研究》，廣州：中山大學出版社，2002年，頁3。該書甚至堅信：「憲法與民主政治是不可分割的，是天然地聯繫在一起的。憲法應當體現民主，這是不言自明的事實，不規定也清楚」，頁6。另參，李龍、周葉中，〈憲法學基本範疇簡論〉，《中國法學》（北京），1996年第6期，頁63-71。

[35] 「憲法正是對作為國家型態的這種民主的確認」，見張慶福主編，《憲法學基本原理（上）》，北京：社會科學文獻出版社，1999年，頁39。「憲法產生不是偶然的，它必須具備有了『民主事實』這個前提」，見許崇德，《中華人民共和國憲法史》，福州：福建人民出版社，2003年，頁2。

[36] 張晉藩，《中國憲法史》，長春：吉林人民出版社，2004年，頁137-182。

[37] 陳峰，《中國憲政史綱要》，貴陽：貴州人民出版社，2003年。熊月之，《中國近代民主思想史》，上海：上海社會科學出版社，2002年。徐祥民等，《中國憲政史》，青島：青島海洋大學出版社，2002年。殷嘯虎，《近代中國憲政史》，上海：上海人民出版社，1997年。王永祥，《中國現代憲政運動史》，北京：北京人民出版社，1996年。

[38] 荊知仁，《中國立憲史》，台北：聯經出版，1984年，頁176。

與「民主鞏固」等主題下，來探討憲政體制或有關憲政選擇及其影響的研究[39]，並造就了「憲政改革的核心價值，是國民主權原理的落實，也就是民主化」的看法[40]。換言之，「憲政」仍只具有「中立」的組織性之概念，故強調所欲追求的「憲政」，乃為符合「民主」的「憲政」。為什麼我國對於「憲政」問題，特別強調它的「民主」內涵呢？其實，此與我國政治文化有著密切的關係。

三、「民主」、「權利」與政治文化

杭廷頓認為受儒家文化影響的社會不適合民主，但對台灣列居第三波民主化國家，他則引證白魯恂（Lucian W. Pye）和白瑪莉（Mary M. Pye）的研究，認為台灣所受中國傳統文化的影響，已經有了根本的變革[41]。杭廷頓解釋台灣為何能夠完成民主化，和解釋日本、菲律賓在 1990 年代以前，便已為民主國家的理由相同，要不是說日本和台灣受儒家文化影響已經很小，就是以菲律賓信奉天主教，才能夠較早成為民主國家[42]。是故，杭廷頓不僅直言儒家文化是實施

---

[39] 曾建元，〈民族主義、民主轉型與憲政改革—一九九〇年代台灣憲政改革研究方法論〉，《中山人文社會科學期刊》，第 7 卷第 2 期（1999 年 12 月），頁 61。另參曾建元，〈臺灣憲政體制原理與民主治理實踐〉，《淡江人文社會學刊》，第 17 期（2003 年 12 月），頁 129-141。魏千峰，〈第三波民主潮下之憲政改革—臺灣與捷克比較〉，《思與言》，第 38 卷第 1 期（2000 年 3 月），頁 1-44。李國雄，〈我國的修憲過程與政治改革：從民主轉型到民主鞏固〉，《理論與政策》，第 11 卷第 4 期（1997 年年 4 月），頁 51-72。許慶復，〈憲政改革與臺灣地區的民主化〉，《理論與政策》，第 8 卷第 4 期（1994 年 4 月），頁 3-14。

[40] 曾建元，〈民族主義、民主轉型與憲政改革—一九九〇年代台灣憲政改革研究方法論〉，頁 61。

[41] Lucian W. Pye with Mary M. Pye, *Asian power and politics: The Cultural Dimensions of Authority* (Cambridge: Harvard University Press, 1985), pp.232-236.

[42] Samuel P. Huntington, *The Third Wave: Democratization in the Late Twentieth*

民主的障礙，他還認為移植民主制度且能運作良好，至少文化也是
一個重要的關鍵。

余英時（Ying-Shih Yu）和杭廷頓的看法不同，他認為 19 世紀
最早發現西方民主觀念並倡導民主者，幾乎毫無例外地皆擁有有強
烈儒家文化的背景，並具有改革思想的知識菁英[43]。同時，余英時
還指出，即使在五四運動時期反儒家文化的胡適與陳獨秀，日後也
修正了對儒家文化極端負面的看法，而胡適更在 1940 及 1950 年代
透過演講或著作，向美國民眾們說明儒家思想和制度可以提供中國
建立憲政民主（constitutional democracy）的基礎[44]。因此，余英時
以近代中國追求西方民主者，正是具強烈儒家文化背景的知識菁
英，而不贊成杭廷頓認為儒家文化是民主化障礙的看法。然而，從
杭廷頓、薩托利及余英時三人的觀點裡，我們幾乎可看出他們所講
的「民主」，並不一定皆具有相同的定義，甚至在前面提到所有的研
究成果中，也存在著相同的狀況。

事實上，儒家文化為形成我國政治文化的重要淵源，但何謂政
治文化呢？胡佛認為，不能籠統地將儒家的政治思想或文化，即視
為政治文化（political culture）。他強調，人際的「權力」關係為政
治的特質，同時也是一種交互影響的能力作用。並且，這種作用在
價值觀念及行為規範的導向下，會具有持續性及規則性，一面構成

Century, pp.302-303.

[43] Ying-shih Yu（余英時），"Sun Yat-sen's Doctrine and Traditional Chinese Culture,"in Chu-yuan Chen（鄭竹園），ed., *Sun Yat-sen's Doctrine in the Modern World* (Boulder & London: Westview Press, Inc., 1989), pp.79-102

[44] Ying-shih Yu（余英時），"China's New Wave of Nationalism," in Larry Diamond, Marc F. Plattner, Yun-han Chu（朱雲漢），and Hung-mao Tien（田弘茂），eds., *Consolidating the Third Wave Democracies* (Baltimore: The Johns Hopkins University Press, 1997), pp.261-262.

結構，一面發揮功能，綜合起來即成體系。而所謂的政治文化，即是對這一性質體系的統攝、結構與功能所具有的心理取向[45]。胡佛進一步發展出適合我國的政治文化概念，並將政治文化分成三個層次：(1)統攝的政治文化，其作用在於認同的歸屬感；(2)結構的政治文化，係指系統成員在行為的交往上，究應具有怎樣的權力關係，以作為共守的規範；(3)功能的政治文化，則指在決策及執行過程中，有關對角色間能力作用的觀感[46]。然而，儒家政治思想或文化的本質，係以道德為基礎所建構的倫理關係，而原非強調西方概念下的「權力」關係。事實上，上述胡佛提出三個層次的政治文化，雖然皆係以「權力關係」為核心，但中國人對「權力關係」的理解和看法，卻勢必受到儒家政治思想或文化的影響。基於此，若要在儒家的政治思想或文化中，找出僅屬於人際的「權力關係」之特質與範圍，以能較精確地界定「政治文化」的概念，其實並不是件容易的事情。所以，基於儒家政治思想或文化為「倫理政治」，而西方民主則為「權力政治」，故在本書的研究中，仍不妨籠統地將儒家政治思想或文化，即視為我國特有的「政治文化」。

基於中、西方「政治文化」的不同，陳敦源及郭承天對於台灣實施民主制度的「排斥現象」，則以「新制度論」（New Institutionalism）為分析方法，認為應首先進行挖掘西方民主制度背後所隱含的政治文化信念（political cultural beliefs）。他們強調，民主制度設計背後的精神或「原始意圖」，乃根源於西方文化脈絡中基督教倫理，而正確了解基督教倫理與民主制度發展的關係，才能讓我們不至於在建

---

[45] 胡佛，〈結構性的政治文化〉，輯於胡佛，《政治學的科學探究（一）：方法與理論》，台北：三民書局，1998 年，頁 84。

[46] 同上註，頁 86-87。

立自己的民主道路上迷失了方向[47]。陳敦源及郭承天雖然採取了「新制度論」的分析方法，但他們所著重的層面，則說明政治文化影響了制度的形成與運作。郭承天在另一篇文章中，同樣以「新制度論」為分析方法，說明了政治文化對制度形成與運作間的關係，並意味台灣民主政治的鞏固之道，應在於「文化改造」。郭承天不僅強調，中國傳統儒家意識型與現代民主理念格格不入，且還認為美國民主制度的建立與鞏固，係因美國基督教各宗派已發展出一套民主神學和採用了宗教民主制度。因此，他進一步對台灣民主政治開出了「處方」或「補藥」，認為「台灣各宗教的組織和行為本身也需要調整，以符民主的原則，才能影響一般民眾的行為與思想」[48]。由此看來，郭承天似乎認為台灣民主政治的穩定與發展，應該要透過「文化改造」而走向美國（或西方）式的民主政治。

　　此外，楊泰順在研究美國憲政主義時，非常強調美國成文憲法的制定，係起源於基督教文明傳統下的盟約（covenant）觀念。他認為在各種地區的不同文化中，雖然也存在著類似盟約的協定，但唯有在基督教文明傳統下所形成的盟約觀念，才使得如同美國的憲法制度得以持續穩固。換言之，在基督教文明的傳統文化下，乃是造成美國憲法制度必然採取聯邦主義設計，以及自由與法治可以和諧並進，並使民主自由原則成為國家認同的重要前提，故美國憲法也就具有較高的穩定性與權威性[49]。然而，此一觀點隱含的邏輯，是

[47] 陳敦源、郭承天，〈基督教倫理與民主制度發展—從美國經驗看台灣〉，《公共行政學報》，第 5 期（2001 年 1 月），頁 67-99。

[48] 郭承天，〈民主的宗教基礎：新制度論的分析〉，《政治學報》，第 32 期（2001 年12 月），頁 202。

[49] 楊泰順，〈憲政困局與國家認同—形式獨立的兩個糾纏議題〉，《台灣民主季刊》，第 2 卷第 3 期（2005 年 9 月），頁 19-20。楊泰順，〈美國人認同的形成〉，《美歐季刊》，第 14 卷第 2 期（2000 年夏季號），頁 214-220。另參 Donald S. Lutz, *The*

在「不同文化中裡雖有類似盟約的協定，但唯有基督教文明傳統下所形成的盟約觀念，才能使憲法制度得以持續穩固」的前提下，非具基督教文明傳統的國家，若是能以美國憲法制度為制度設計與選擇的範本，則將可能使民主憲政獲得持續的穩定。若由此看來，似乎同時也意味了制度可以克服不同政治文化的差異，或至少認為制度可以改變原來的政治文化，從而也改變個人或集體行動者「自利」偏好的內涵。因此，楊泰順對於民主憲政未能良好與有效的運作，雖然不贊成以政治文化來解釋，且把研究僅停留在「診斷」原因的層次上。但是，就美國憲政主義的起源及憲法制度持續穩定的原因，楊泰順如同前述郭承天與陳敦源的著作一般，皆認為政治文化中所蘊含的基督教倫理，乃具有重大的決定因素。

　　石之瑜為當代政治學界中，仍強調應從我國傳統文化的立場，來研究民主與憲政者，並試圖展開固有文化與西方民主、憲政思想和制度的對話[50]。他從方法論的立場出發，首先揭舉了「政治學不應當是科學」，並批判了西方憲政或民主價值具有普世性的看法，進而主張應重新將儒家文化帶入政治學研究[51]。此外，石之瑜曾刻意

Origins of American Constitutionalism (Baton Rouge and London: Louisiana State University Press, 1988), Chap.2 & Chap.3, pp.13-34. Donald S. Lutz, "From Covenant to Constitution in American Political Thought, *Publius: The Journal of Federalism* 10 (Fall/1980), pp.101-133. Daniel J. Elazar, "The Political Theory of Covenant: Biblical Origins and Modern Developments, *Publius: The Journal of Federalism* 10 (Fall/1980), pp.3-30.另外，Daniel J. Elazar 從盟約理論研究政治或憲政較為新近的相關著作，可查閱 *Jerusalem Center for Public Affairs* 網站中為其個人所設計的網頁 http://www.jcpa.org/djeindex.htm，上網檢視日期：2006 年元月 7 日。

[50] 石之瑜，〈總統權力的文化意涵〉，《理論與政策》，第 15 卷第 4 期（2001），頁 1-16。石之瑜，〈台灣本土憲政主義中的德治與權力〉，《香港社會科學學報》，第 19 期（2001），頁 1-28。石之瑜、李念祖著，《當代台灣憲政文化省思》，台北：五南圖書，2002 年。

[51] 石之瑜，《後現代的政治知識》，台北：元照出版公司，2002 年。

借寇斯（Ronald Coase）的「交易成本」（transaction cost）理論，寫成具調侃意味的〈新制度主義建構理性中國的成本〉一文，指此以方法論上個人主義的「理性選擇制度論」研究中國，將付出的知識成本不知幾何？而他的立論點，則是中國儒家文化及社會主義，皆為集體主義而非個人主義[52]。因此，石之瑜為了探索政治學出現嶄新研究議程的可行性，遂主張應將文化、歷史與人格提上研究議程，並以固有儒家價值與西方自由民主思想的相互調適為研究主軸[53]。

　　中國人引進西方的民主制度，係認為民主制度能夠使國家富強，也即是基於「積民權能成國權」的觀念。故而，開議院或開國會就是「立憲政體」或「憲政」所能體現的民權或民主（democracy）制度。然而，中國人何以視「民主」具有此種效用呢？黎安友（Andrew J. Nathan）指出，中國人所以形成這種觀念，係因中國人以傳統的「民本」觀念來詮釋西方的民主。他還認為，19世紀的中國思想家們，面對新的需要而對民本思想做了新的詮釋，並把個人的權利（individual rights）解釋為鞏固國家權力（state power）的工具。這種思維延續到了20世紀，使他們認為「政治權利」（policical rights）所以具有價值，並不是公民因此得以保護自己，而是公民得有了貢獻國家的機會[54]。

　　黎安友上述的見解，意味著「政治權利」的概念，實屬積極為國家貢獻的「職責」，而精確地掌握到中國人對「政治權利」的看法。若能明白於此，當可理解梁啟超主張「民權」但反對「民主」的原

---

[52]　石之瑜，〈新制度主義建構理性中國的成本〉，《問題與研究》，第36卷第11期（1997年11月），頁1-22。

[53]　石之瑜，《政治文化與政治人格》，台北：揚智出版社，2003年，〈自序〉，頁vii。

[54]　Andrew J. Nathan, *Chinese Democracy* (Berkeley: University of California Press, 1985), pp.49-51, p.127.

因，正因當時「民權」係指人民的「政治權利」，而「民主」的涵義，則指由平民來擔任國家元首的意思。然而，若就「民主」（democracy）在「民權」內涵裡的意義來說，「民主」既為人民的「政治權利」，則表示在我國的民主或憲政思想中，「選舉」、「開議院」或「開國會」等民權制度，都是指開放人民得以為國貢獻的方法。事實上，中文裡的「權利」，原本是個負面意義的詞彙。但在 19 世紀中期，中國人開始將「權利」一詞的使用，與國家的自主性與經濟利益取得了聯繫，後來才漸漸再用來表達個人的自主性[55]。然而，「權利」概念還受到了中國固有思想中的「公、私」之分的影響[56]，因而賦予人民「政治權利」的目的，就是為了能夠「積私成公」或「轉私為公」[57]。

石之瑜已經注意到中文的「權」字，與我們現今用來翻譯 right 的涵義並不相同。他主要是以「權」字具有「通權達變」的涵義，並認為在中國的德治思想裡，人民把國家元首想像成最高道德者，所以總統真正擁有的乃是「道德權」。石之瑜進而解釋，總統由於具

---

[55] 參閱金觀濤、劉青峰，〈近代中國「權利」觀念的意義演變——從晚清到「新青年」〉，《中央研究院近代史研究所集刊》，第 32 期（1999 年 12 月），頁 209-260。

[56] 根據歷史學者黃俊傑與蔡明田的看法認為，在中國傳統思想史的進程中，「公私之分」、「王霸之別」及「義利之辨」這三個命題是密切結合在一起。「公私之分」這條思想線索涉及的是思想與社會重疊的領域，「王霸之別」觸及了思想與政治交互作用的領域，「義利之辨」則牽涉了思想與政治及經濟交叉的範圍。並且，中國思想家一貫注意以「理想」提升「現實」，而「義利之辨」又與中國思想史上的「人」「我」、「公」「私」或「天理」「人欲」等觀念，都構成了緊密的連結關係，故儒家更尤其對「義」與「利」的分際投以高度的關注。見黃俊傑、蔡明田，〈中國政治思想史研究方法論〉，輯於謝復生、盛杏湲主編，《政治學的範圍與方法》，台北：五南圖書，2000 年，頁 19。本書將該文中使用「王道之別」改為「王霸之別」。相關研究，另參黃克武、張哲嘉主編，《公與私：近代中國個體與群體之重建》，台北：中央研究院近代史研究所，2000 年。

[57] 所謂「轉私為公」，是指要先讓人民養成「自利」的德性，進而才會國家權利當成自己的權利。清末時人多有此主張，本書第二章將再詳為說明。

有最高道德者的地位，實質上等於被賦予了「通權達變」的「權利」，遂使總統的權力難以受到憲政主義的限制[58]。石之瑜對「權」的理解雖具有創意，但若我們留意狄百瑞（Wm. Theodore de Bary）把中文的「義」（yi）翻譯為 right 時[59]，則可發現前述黎安友對「政治權利」的解釋，與狄百瑞把中文的「義」翻譯成 right，其道理應該是相通的。

張東蓀很早即曾指出，「權利」一詞原具有負面的意義，而 right 的原意是「應當」，故日文把 right 譯為「權利」是導人於誤解的[60]。同時，大陸學者夏勇也強調，如果以「應得」、「應有」和「應予」、「應讓」作為正義或義的兩個面向，西方人的正義觀是「應得」、「應有」，而中國人的正義觀是「應予」、「應讓」。換言之，中國人講的「應當」是「義」字，亦即視「應予」、「應讓」為「應當」，也就是 right。有鑑於此，夏勇進一步主張，right 應該改譯成「義得」、「義有」、「義利」或「正義」，而 obligation 則應改譯為「負擔」、「服務」、「提供」或「責任」[61]。若由此看來，就更清楚狄百瑞所以把「義」翻譯成 right。然而，中國人雖把 political right 翻譯成「政治權利」，

---

[58] 詳參石之瑜，《政治文化與政治人格》，頁 52-75。

[59] Wm. Theodore de Bary, *Asian Values and Human Rights: A Confucian Communitarian Perspective* (Cambridge: Harvard University Press, 1998), p.95.

[60] 張東蓀，《理性與民主》，北京：商務印書館，1946 年，頁 48-49。關於把 right 翻譯成「權利」，是否為中文轉譯自日文？劉廣京和李貴連等均持否定看法，並認為應係起源於 1864 年在華傳教士丁韙良主譯的《萬國公法》和稍後譯成的《公法便覽》，見劉廣京，〈晚清人權論初探─論基督教思想之影響〉，《新史學》，第 5 卷第 3 期（1994 年 9 月），頁 6。李貴連，〈話說「權利」〉，《北大法律評論》，第 1 卷第 1 輯（1998 年），http://www.chinalawinfo.com/fxyj/fxqk/lawreview/doc/vol1_1/note1.asp，上網檢視日期：2005 年 11 月 18 日。另可參李貴連、俞江，〈簡論中國近代法學的翻譯與移植─以我國第一部國際私法譯著為例〉，輯於北京大學法學院編，《價值共識與法律合意》，北京：法律出版社，2002 年，頁 334-366。

[61] 夏勇，《中國民權哲學》，北京：生活、讀書、新知三聯書店，2004 年，頁 177-178。

但卻仍隱含了「積極為公」為「應當」或「義」的概念。所以，人民的權利固然可詮釋為人民所「應有」，但在「轉私為公」為其最終目的下，人民應擁有「權利」的真實涵義，則是「應當」負有「為公」的責任與義務。簡言之，「權利」一詞的涵義，實具有「道德化」責任與義務的內涵[62]。

　　由上述的分析中，我們就可了解提出「民權」的目的，正是為了「積民權以成國權」，而我國憲法前言中：「……為鞏固國權，保障民權」的順序，也是基於相同的理由。因此，我國憲政理論中的「民權」或「民主」（democracy），如同史華慈（Benjamin I. Schwarz）所認為，乃僅具有積極動員人民參與政治的工具性價值，而不重視西方憲政主義強調的個人自由與人權[63]。換言之，我國所講的「民權」或「民主」，應屬於不同西方形態的「集體主義的民主」[64]。然

---

[62] 中文將 right 翻譯成「權利」，在中國固有倫理思想的脈絡裡，一開始就存在著道德化的傾向，且終而成為了「新道德」。見前引金觀濤、劉青峰，〈近代中國「權利」觀念的意義演變——從晚清到「新青年」〉一文。金觀濤、劉青峰，《中國現代思想的起源—超穩定結構與中國政治文化的演變（第一卷）》，香港：中文大學出版社，2000 年，頁 355-392。桂宏誠，《中國立憲主義思想根基—道德、民主與法治》，北京：北京大學政府管理學院博士論文，2005 年 12 月，頁 134-146。

[63] 本傑明‧史華茲著，葉鳳美譯，《尋求富強：嚴復與西方》，南京：江蘇人民出版社，2005 年，頁 90-100，161-168。

[64] 石之瑜曾就田野調查的結果，認為中國大陸地方基層選舉所呈現的民主觀，乃為不同於西方基於個人主義的「集體主義的民主」。他並進而指出，集體主義民主與個人主義民主間，在本質上有如下的不同：1.集體主義民主不是由每個個別的人民替自己作決定，個人主義民主則特別強調個人的自發性；2.集體主義民主是由集體協商決定誰能代表集體利益，個人主義民主是每個人分開決定誰能代表他（她）自己；3.集體主義民主之下的個人參政意願不重要，個人主義民主之下，個人參政意願是民主制度得以運作的關鍵；4.集體主義民主必須仰賴一定程度的間接選舉，否則全國範圍之內的協商無法進行；個人主義民主則可以全部仰賴直接選舉；5.集體主義民主有中央的政治領導在歸納綜合地方性小集體的局部利益觀點，個人主義民主則靠各個民意代表折沖妥協，不承認全局觀點；6.集體主義民主對於代表的背景有結構上的設計與宣導，個人主義民主不特別強調代表背景

而，在我國的憲政選擇和制度變遷過程中，如何受到「集體主義的民
主」之影響？過去對此課題的探討則不常見。此外，清末以來對議院、
國會或立法機關的角色期待究竟為何？共和國總統被期待扮演何種
角色？「責任內閣制」是否即等於「議會內閣制」（parliamentarism）？
乃至於我國為何難以建立「議會內閣制」？這些問題的解答，需從
我國政治文化的角度，探討憲政選擇與制度變遷的課題，過去的研
究成果尚不多見，本書應算是個初步的嘗試。

貳、研究範圍

　　本書嘗試重新釐清或建構我國的憲政理論，係追溯自清末以來
形成的「憲政」觀念，並從重要政治菁英或政黨領袖的言論與主張
著手。基於此，本書在分析架構的安排上，除了第一章「導論」及
第七章「結論」外，將再分成五章進行討論，且各章所討論的主題，
基本上也是依照歷史的先後進程而做鋪陳。

　　第二章以「議院與國會的概念及其思想淵源」為章名，主要係
以語境分析的方法，比較分析「議院」和「國會」二詞彙的涵義，
並進而探討其思想的傳統淵源。本書以為，在過去研究成果中，將
「議院」和「國會」等同視之，皆為過於簡化的看法。基本上，「議

的均衡組合；7.集體主義民主要求選舉之中一定要有競爭，而且容許不列為候選
人的人可以在另選他人欄不列名候選，個人主義民主不強求競爭性，也不容許未
表明意願者成為候選人；8.集體主義民主對於競爭的容忍有上限，故候選人的人
數有限制，個人主義民主則容許任何數量的候選人，唯一條件是須交保證金；9.
集體主義民主沒有競選，因為不是宣傳自己，而是介紹被提名人，個人主義民主
則著重選舉活動；10.集體主義民主的選舉是社會責任，各單位與鄉、村均動員
選民參與，個人主義民主的選民參與選舉是自發的。見石之瑜，《中國大陸基層
的民主改革（文化篇：集體主義的民主）》，台北：桂冠圖書，1998年。

院」與「國會」都被視為立法機關，固然並無太大的差誤。但是，「議院」最早應係「議政」機關之意，而未必即為立法機關。並且，兩者雖然也都是「民權」機關，但使用「議院」與「國會」詞彙的不同，則表現出角色功能的期待，以及性質與地位都不同。

第三章為「建立議院或國會的憲政觀」。以此為題的用意，首在凸顯當時使用「立憲政體」或「憲政」詞彙時，包括梁啟超與孫中山等最具有影響力的政治菁英們，都係指開議院或開國會為根本的政府制度而言。因此，本章除了以語境分析的方法，釐清「憲法」、「立憲政體」或「憲政」等詞彙的涵義外，更要進一步指出，我國制定憲法以實施「憲政」，都不具有「有限政府」、「分權制衡」及「法治」的意圖。

第四章以「過渡憲政的建構與實踐」為題名，主要係討論民國初年所建構的憲政制度及其運作與影響，藉以凸顯民初實施國會制度失敗的原因，及其對日後憲政選擇所造成的影響。除此之外，本書就影響選擇「總統制」與「責任內閣制」的因素，將從政治史的研究途徑，說明「責任內閣制」最早是被用來「制衡」總統。同時，關於國會被期待扮演何種角色與功能？「責任內閣制」究係如何負責？以及向誰負責？在本章中均將有所分析。

第五章為「孫中山的訓政與憲政規劃」。本章所要探討的主題，在於強調從孫中山的「訓政」思想中，正可說明他所持的「民權」之概念，乃為積極為國貢獻的責任觀。同時，在他憲政思想中立於核心地位的「權能區分」，則是針對國會的「權能合一」而做區分。其次，本章還要論證「約法之治」不等同於「訓政」，並進一步說明孫中山對「憲法」與「憲政」的理解。最後，本章對孫中山的「權能區分」及「五權分立」理論，均從傳統政治文化而重新加以理解與詮釋。

　　第六章為「我國憲政選擇的理論與侷限」。本章主要是就歷史新
制度主義的途徑，探討我國做出憲政選擇時的原始意圖，並進而說
明憲政選擇與制度變遷路徑，其實已為歷史事件與政治文化所「鎖
定」（lock in）。在本章的討論中，將主要就「五五憲草」以迄現行
憲法中的制度結構，追溯其變遷的路徑，以及分析其設計的原意。
藉由此一途徑的探討，本章除了重新理解我國憲政制度的內涵外，
還可進一步勾勒出我國憲法中的政治理論。在此基礎下，本章還要
說明的是，我國由於已選擇了共和國體，故難已再採「議會內閣制」
的憲政選擇。

　　第七章為「結論」。本書試圖描繪出我國憲政理論的形貌，並強
調受到傳統政治文化影響的成分。在此基礎下，本書經由研究清末
以來的政治菁英與政黨領袖，對責任內閣制、議會內閣制、行政—
立法權的關係以及總統角色的不同看法，並參酌西方民主與制憲經
驗，對於議會內閣制何以在我國難以實踐？另將提出本書的具體
意見。

第四節　研究方法與限制

　　當前政治學重新重視制度的研究，並採取「新制度論」的研究
途徑。新制度論所以「新」，主要是指不同於傳統法律及規範取向之
研究，並以當代社會科學所發展出之方法，來研究國家政治社群中
各種正式或非正式結構與其運作。例如，可從政治文化論制度，結
構功能論制度，國家—社會之互動論制度，或是發展演變論制度[65]。

---

[65] 任德厚，《政治學》，台北：自版，1993 年，版 2，頁 71-72。該書的增訂 7 版（2005
　　年 9 月）對此論述另有增修補，見頁 151-157。

換言之，只要不同於傳統以法律及規範取向來研究制度者，即未嘗不可稱為「新制度論」的研究途徑。

若就西方學術的發展來說，政治學上一般所稱的「新制度論」，根據最早對之做出分類的馬奇（James G. March）與奧爾森（Johan P. Olsen）的看法，可分為「理性選擇制度論」（rational choice institutionalism）、「歷史制度論」（historical institutionalism）及「社會學制度論」（sociological institutionalism）三種[66]，區分更細的則有彼得斯（B. Guy Peters）分成的六類[67]。而在政治學相關的研究上，或以上述的三類作為主要的分析基礎，但也有認為「歷史制度論」並未在「社會學制度論」與「理性選擇制度論」間找出第三條路[68]，而僅以後兩者之區別為有意義的分析基礎[69]。

---

[66] James G. March & Johan P. Olsen, "The New Institutionalism: Organizational Factors in Political Life," *American Political Science Review*, Vol. 78 (1984).pp.734-749.另外也分成此三類者，如 Peter A. Hall and Rosemary C.R. Taylor, "Political Science and the Three New Institutionalisms," *Political Studies*, Vol. 44 (1996), pp.936-957.

[67] B. Guy Peters, *Institutional Theory in Political Science: the "New Institutionalism"* (New York: Pinter, 1999).這六個類型分別是：(1)規範性制度論（Normative Institutionalism）：強調制度的規範是瞭解制度如何塑造、決定或影響個人行為的工具；(2)理性抉擇制度論（Rational Choice Institutionalism）：認為制度是由規則與誘因組成的體系，目標是個人效用的極大化；(3)歷史制度論（Historical Institutionalism）：認為先前的政策選擇與制度化的承諾將決定日後的決策；(4)經驗制度論（Empirical Institutionalism）：強調政策的結構（如總統制或內閣制）的確會造成政策運作與政府選擇上的差異；(5)國際制度論（International Institutionalism）：著重國際組織（如聯合國或國際貨幣基金會）在影響其成員國與人民行為上扮演的角色；(6)社會制度論（Societal Institutionalism）：強調國家與社會關係的結構性意涵。

[68] 詳參陳敦源，《民主與官僚新制度論的觀點》，台北：韋伯文化事業出版社，2002年，頁 42-47。

[69] 如 Fritz W. Scharpf, "Institutions in Comparative Policy Research", *Comparative Political Studies*,Vol. 33 (6-7/2000), pp.762-790. Jan-Erik Lane 與 Svante Ersson 原著，何景榮譯，《新制度主義政治學》，台北：韋伯文化，2002 年，頁 33。

　　簡言之，新制度論主張重新重視制度的研究，但由於對「制度」的界定、形成與作用等的看法不同，故對制度研究也產生了不同的途徑或方法。基本上，但若從方法論的角度來說，新制度論是以經濟學或社會學為理論基礎，並由各自的核心特色出發而成的研究途徑或方法。例如，以經濟學的核心來說，包括了對個人理性自利的假定、方法論上的個人主義與關注實證而非規範性的研究問題為特色。至於社會學的核心，則包括對價值、文化特質等超越個人之結構限制因素的關注，而傾向於方法論上的全體主義，以及不排除規範性議題的研究取向等為特色。故而，新制度論也即是依據各自熟悉的研究途徑，以新的觀點解釋制度及其形成，以及說明制度性安排如何影響、塑造與調和社會的抉擇[70]。然而，基於與政治學有關的研究途徑之選擇上，應視研究的議題為著眼點，而毋需主張某種途徑為唯一可採的途徑[71]。並且，「當我們表明自己應用『新制度論』從事研究工作時，方法論上最低的要求，就是研究者應該闡明自己是應用從經濟學或是社會學出發的新制度論」[72]，因此，本書雖依議題的不同而採取不同的研究途徑，但由於「把制度看作文化或集體價值的集體形式，就是社會學制度主義」[73]，故本書最主要便是以社會學出發的新制度論為主。

　　此外，鄒讜（1918-1999）在《二十世紀中國：從宏觀歷史與微觀行動角度看》一書中所建構，而於 1980 年代向中國大陸學界引介研究中國政治的新方法論，也頗為值得參考。他所提出研究中國政

---

[70]　孫煒，〈教育政策的治理結構：新制度論的觀點〉，《理論與政策》，16 卷 2 期（2002），頁 92。
[71]　任德厚，前引書，版 2，頁 70。
[72]　陳敦源，前引書，頁 43。
[73]　林繼文，前引文，頁 63。

治的研究途徑，正如該書名的副標題為「從宏觀歷史與微觀行動角度看」，以及書中提到了「理性選擇的創新性、系統性和戰略互動性就是宏觀歷史變化包括政治社會系統轉型最直接的微觀機制」之按語[74]，可知乃為結合歷史結構論與理性選擇論的研究途徑。事實上，此一在歷史結構論的研究途徑外，另外以理性選擇論的分析方式，而強調個人或集體行動者如何做出選擇，應可視為係企圖結合「社會學制度主論」與「理性選擇制度論」的「歷史制度論」[75]。

　　同時，若就「制度抉擇」的層次而言，梁啟超的「君主立憲」、孫中山的五權憲法及屬於「新儒家」之張君勱的「修正式內閣制」等，則分析的主體即需要置焦於個人的思想。就此來說，社會結構與歷史文化仍然有其不可忽視的重要性，因為如同鄒讜所認為，個人或集體行動者在選擇或和決定的過程中，受到偏好（preferences）、信念與判斷（belief and judgements）、意志與品格（will and character）及包括理想和道德規範（values including ideals and norms）之價值觀念這四個主觀因素的影響，因而認為理性選擇論和諸如思想史、心理學和知識社會學等許多學科密不可分[76]。

　　由上述中國思想史進程中的線索來看，我們或可從近代中國在「公」「私」觀念的運用中，分辨出中國人所以接受西方議會制度，未必是或未必完全是基於西方的民主或憲政之理念與精神。然而，

---

[74] 鄒讜，〈後記：從傳統權威政治系統到現代全能主義政治系統—宏觀分析與微觀分析的結合〉，輯於氏著，《二十世紀中國：從宏觀歷史與微觀行動角度看》，香港：牛津大學出版社，1994 年，頁 204。鄒讜為旅美華裔學者，芝加哥大學政治學博士，任教芝加哥大學長達五十餘年，並對芝加哥大學的中國研究具有開創性的貢獻。鄒讜為中國國民黨元老鄒魯之子，並為連戰就讀芝大時的博士論文指導教授。

[75] 關於歷史制度論的企圖與困境，可參陳敦源，前引書，頁 42-47。

[76] 鄒讜，〈如何發展新中國的政治學〉，前引書，頁 29。

中國人如何從「公」「私」觀念的運用中，形成了近代中國的「民權」或「民主」理念，並進而決定了接受了西方議會制度？更進一步言，「公」「私」觀念的運用，牽涉了梁啟超的「君主立憲」與孫中山的「共和革命」間之論戰，同時也對議會制度應具有的作用產生支配效果，從而對議會制度形態的選擇也產生了一定的影響。

理性選擇制度論的運用會涉及到兩個問題，首先便是所假設的行動者為個人，亦即是具體的活生生之個人。但鄒讜認為可以引伸為如政黨、派別和階級等集體的行動者（collective actor），而仍然稱之為「理性選擇論」的運用[77]。此外，楊泰順在一篇探討台灣的憲政困局與國家認同的論文中，在他對社會學制度主義與理性抉擇制度論做了概述後，特別表明該文所依附的研究途徑將「傾向於『理性抉擇新制度主義』所接櫫的推論邏輯」，以及「論述或許並未特別突顯行為者的角色」[78]。換言之，由於楊泰順的論文並未特別突顯行為者的角色，故他採取較為嚴謹的學術標準，而說明其研究途徑「傾向於」理性抉擇新制度論所揭櫫的「推論邏輯」，並非即採理性抉擇新制度論。

其次，便是關於「偏好」為「自利」（self-interest）的理性問題。對此，理性選擇論由於將「偏好」視為「給定的」（given），故它無法回答「偏好」如何形成？以及人與人之間的「偏好」為何存在極大差異等問題？因而些學者批評理性選擇論為無法提供可以預測行為的理論[79]。從前面的敘述即可看出，在鄒讜的理論途徑裡，個人或集體行動者基於理性的「偏好」，即未必是出自於「自利」。而埃

---

[77] 同上註書，頁 28。
[78] 楊泰順，〈憲政困局與國家認同：形似獨立的兩個糾結議題〉，《台灣民主季刊》，第 2 卷第 3 期（2005 年 9 月），頁 5。
[79] Peter A. Hall and Rosemary C.R. Taylor, *op. cit.*, p.951.

斯特（Jon Elster）也對理性行為重新界定為：(1)根據特定的信念選擇最有效的行為，以達到最想實現的目標；(2)根據一定的證據以形成最有根據的信念；(3)蒐集恰當的證據作為信念和目標的根據[80]。故而，個人基於「自利」的趨利避害之選擇，未必即是僅有的理性行為之界定方式。因此，「大公無私」與「國家民族至上」的信念，也就可能成為中國人做出理性選擇所依據的「偏好」。事實上，理性選擇論從古典經濟學把偏好視為「自利」的假定上，已經有所修正。再者，「偏好」的假定只具有「方法論」上的意義，而無「本體論」上的意義[81]，故「利他」或其他的「道德理想」，自也可能成為政治行動者做出理性選擇所依憑的「偏好」。

另外還需指出的是，「新制度論」的究途徑由於對制度的界定並無共識且界線模糊，在新興民主國家的轉型研究中，常常對憲政制度設計的討論上，發生了無法分辨制度和非制度因素對於政治表現的影響，而且被迫必須要釐清制度和影響之間的關係。同時，由於影響政治穩定的因素繁多而不易掌握，故即便我們以某一類型的新制度論的觀點，而將之排除於制度的界定範疇內，或是透過定義而將之納入屬於制度的範疇，都難免讓人覺得係為了符合主流的研究典範，而硬套時髦的「新制度論」。因此，吳玉山遂認為，研究者所應掌握的是決定人們行為模式的結構，這個結構可以界定為包括制

---

[80] Jon Elster, *Solomon Judgment* (Cambridge: Cambridge University Press, 1989), p.4.

[81] 何高潮，〈理性選擇方法與中國政治研究〉，《香港社會科學學報》第 6 期（1995 年秋季），頁 94。另參石之瑜，〈政治學中理性概念之探究〉，輯於氏著，《政治學的知識脈絡》，台北：五南圖書，2001 年，頁 55-90。石之瑜，〈William Riker 的「理性」概念試評──非理性抉擇模式初探〉，《美歐季刊》，第 13 卷第 3 期（1999 年秋季號），頁 229-260，尤其是頁 259 之論文審查綜合意見部分。許世雨，〈公共選擇理論反思：「理性」與「自利」之迷思〉，《人事月刊》，第 33 卷第 1 期（2001 年 7 月），頁 17-26。

度或和非制度，並為之提出一個可操作的定義而搭建在同一個解釋框架中，但「至於這樣的分析是不是新制度論，根本不必在意」[82]。

再者，根據本書的研究主題與途徑，在研究方法上則係採取「文獻分析法」（document analysis）。基本上，諸如「民權」、「議院」、「國會」、「民主」、「共和」、「立憲政體」、「憲政」及「權利」等詞彙，均屬本書須加以分析與釐清其涵義的詞彙，故尤其需著重「內容分析法」（content analysis），以期較為精確地掌握這些詞彙的概念，以及其背後所蘊含的傳統文化信念。鑑於以往的研究成果中，雖然採取同樣的研究方法，但卻經常發生了「斷章取義」的結果，故本書還將特別著重於「語境」（context）的分析。換言之，本書對於據以研究的文獻資料，將採較為完整的引文方式呈現，以能從資料的前後文意脈絡中，掌握重要詞彙的確切涵義及其背後的理論基礎。

本書採取此一研究方法時，需以全面掌握與熟讀文獻資料為前提；例如，目前坊間出版有關孫中山或梁啟超的著作，則分別有《國父全集》及《飲冰室文集》等重要文獻即是。然而，本書研究所將面臨一項的限制，則係這些資料由於尚未建立數據資料庫，故無法藉由關鍵詞查詢的方式，便捷而精確地找出須要加以分析的文獻資料出處。換言之，本書針對相關課題所據以分析的文獻，儘管皆係出自於《國父全集》及《飲冰室文集》等，但未必已窮盡地分析這兩套書中的全部文獻。

此外，本書重新理解我國憲政觀念的形成，以及憲政制度設計背後的固有政治文化基礎，故著重探討自清末以迄 1947 年憲法這段期間，有關政治制度主張、制度選擇及變遷的原因。然而，本書研

---

[82] 吳玉山，〈制度、結構與政治穩定〉，《政治學報》，第 32 期（2001 年 12 月），頁 4-9。

究的另一項限制，一則係因現存的資料有限，無法對清末民初的政治文化進行實證分析，二則本書雖也論及我國歷次修憲的制度選擇，但為了集中討論的主題，而並未對制度選擇背後的政治文化因素進行實證調查。

第二章　從「議院」到「國會」的思想淵源[1]

在我國近代的政治發展史上，立「憲法」和行「憲政」，可謂是貫穿其間最具持續性，而且最具目的性的政治運動[2]。但是，在 1898 年戊戌變法到 1905 年清廷下詔預備立憲之前，為中國找尋富強之道的知識份子們，提出的卻是「開議院」或「開國會」的「民權」主張。同時，戊戌以前除康有為與梁啟超偶有提起「立憲」，並似乎僅將之當成憧憬中的理想外[3]，當時在政治制度上提出的主要改革主張，即是以「民權」為理論的「開議院」。

「國會」一詞的提出較「議院」為晚，在以往相關的研究成果中，並未注意「國會」與「議院」在清末民初的使用，是否在概念的內涵上已有不同。例如，孫廣德論及清末「君主立憲派」與「民主立憲派」所主張設立的立法機關時，對於設立掌立法權的「議院」，認為亦稱「國會」或「議會」[4]。換言之，他認為「議院」、「議會」與「國會」等詞彙的使用，無論在「君主立憲派」或「民主立憲派」的認知中，只不過是用來指稱「立法機關」的不同名稱。這樣的看法，若僅就均係掌立法權之機關來說，固然並無疑義，但清末時人使用「議院」與「國會」的詞彙不同，實已透露出對兩者性質與功能的看法，似乎也應有所不相同。

---

[1]　本章之一、二節經若干刪節後，曾以〈清末民初認知中的『議院』與『國會』〉為題，刊於《國會月刊》，第 36 卷第 4 期，2008 年 4 月，頁 20-42。

[2]　參閱胡佛，〈憲政結構的流變與重整〉，輯於氏著，《政治學的科學探究（五）：憲政結構與政府體制》，台北：三民書局，1998 年，頁 175。

[3]　荊知仁，《中國立憲史》，台北：聯經出版公司，1984 年，頁 84。

[4]　孫廣德，《清末民初的民主思想論集》，台北：桂冠圖書，1999 年，頁 37。

　　「開議院」與「開國會」雖同樣為清末政治改革的訴求，但不同詞彙所蘊含的概念，對被要求改革的清廷當權者來說，自也應感受到不同程度的政治壓力。何況，清末所提出的開「國會」主張，在民國肇建不久候即得到了實行，但歷經實行「國會」制度的失敗經驗，卻使「國會」一詞已不見於正式的法律制度中。由此看來，也說明了中文使用「議院」與「國會」詞彙的不同，應係基於這兩個詞彙乃用來表達不同的概念。

　　此外，應先做說明的是，本章主要係就「議院」與「國會」的概念加以討論與釐清。而另一個在清末即已使用，並延續至今的「議會」一詞，本書則不再多所著墨。基本上來說，在清末民初使用「議會」一詞的語境上，或是用來指西方擁有上、下兩個「議院」時的總稱，或是用來同時泛指「議院」或「國會」，也可能是指個人聚集而組成的參與議政之團體。故而，「議會」一詞的概念較為「中性」，不若「議院」和「國會」二詞，乃為政治改革上的主張或訴求。然而，在以下本書的討論中，除了據以研究的文獻原本使用「議會」一詞外，當用來泛指「議院」及「國會」，或是對據以研究的文獻無法判定究係指「議院」或「國會」時，也將會概括地以「議會」一詞據來表達。

第一節　議院：「謀及庶人」及「通上下之情」

　　英國是 19 世紀最早打開中國大門，而且和中國同樣為世襲君主的西方國家。鴉片戰爭之後，中國人視英國為強大的君主國家，而較早認為國家強盛與政治制度間具有關係的官紳士大夫們，已開始以英國為典範而構思中國的富強之道。並且，當他們發現英國除了有個皇帝外，還存在一個「巴力門」（Parliament）時，關心國家強

盛的少數知識菁英們,自此後便逐漸把國家「圖強」的方法,環繞在「巴力門」制度的探討與發為主張上。例如,梁啟超在1896年發表的〈古議院考〉一文中,開宗明義即謂:「問泰西各國何以強?曰:議院哉,議院哉」[5],說明了當時知識份子把國家富強和「巴力門」制度取得了聯想。

當中國人開始認識西方的「巴力門」,並轉譯其概念而引介到中國時,我們可從中文詞彙的選擇上,窺探出實已涉入了自身的文化背景,來向中國介紹「巴力門」的概念。根據大陸學者方維規的整理,Parliament 到了 1890 年代還沒有基本統一的譯法,但以下的詞彙在當時指的都是 Parliament[6]:

> 公會,國家公會,國公會,國會,國政公會,辦國政會,巴厘滿衙門,巴厘滿,會議,公會所,總會,議事廳,公議廳,議會,議政院,集議院,議士會,民委員會,國大公會,議院,會堂,開會堂,議事院,議堂,巴力門會,巴力門,拍拉蠻,聚謀國事之大會,議事亭,公議院,民選議院,全國公會。

在上述所列各種轉譯的詞彙中,我們可發現「巴厘滿」、「巴力門」及「拍拉蠻」係直接採音譯,甚至還用了帶點鄙視意味的「蠻」字。此外,如「巴厘滿衙門」和「巴力門會」的譯法,意味了對Parliament 的理解,已涉入了中文裡「衙門」與「會」的意義[7]。換

---

[5] 梁啟超,〈古議院考〉,《飲冰室文集點校》,第一集,頁2。

[6] 方維規,〈『議會』、『民主』與『共和』概念在西方與中國的嬗變〉,《二十一世紀雙月刊》,第58期(香港:2004年4月),頁51。

[7] 「衙門」即為君王治轄下的官署,此不待多言。然而,「會」這個字在中文的語

言之,這些詞彙儘管都被用來轉譯 Parliament,卻因涉及了轉譯者個人的理解,而未必符合 Parliament 的原意。同時,「議院」、「議會」及「國會」在上述詞彙中,為後來最常使用而至今仍保留下來的詞彙,且這三個詞彙也可能對 Parliament 的理解,表達出彼此並不相同的概念。因此,接下來將對這三個詞彙的概念再予釐清,以探知在中文的語境(context)裡的各自涵義。

　　基本上來說,Parliament 係來自法文的 parlement,原意是指發言(talk)或討論(discussion),並引伸為人們討論事情的會議(a meeting)或集會(an assembly, a court)。而且,「巴力門」雖然一定是「立法機關」(legislatures),但制定法律卻並不必然是「巴力門」最重要的功能,且也並非所有的立法機關都是「巴力門」[8]。因為,諸如合法化政府的政策、提供意見表達的管道、監督政府的作為及培育政治領袖等,這些都是比制定法律還要來得重要的功能[9]。同時,若就「巴力門」一詞所應界定的特徵來說,其應該是商議的(consultative)或集思廣益的機關,故「巴力門」最重要的意義在於是一種辯論式的殿堂,而為可公開討論和審議政策及政治議題的論壇(forums)[10]。

意裡,當時則具有由個人自覺地形成團體與組織的意思,見金觀濤、劉青峰,〈從『群』到『社會』、『社會主義』──中國近代公共領域變遷的思想史研究〉,《中央研究院近代史研究所集刊》,第 35 期(2001 年 6 月),頁 15。故而,「巴力門會」在語意上,則隱含了個人經由自覺而組成「巴力門」之意。

[8]　參見 http://www.wordiq.com/definition/Parliament,上網檢視日期:2006 年 1 月 17 日。

[9]　楊泰順,《被誤解的國會》,台北:希代出版公司,2001 年,頁 17。

[10]　Andrew Heywood 著,楊日青等譯,《政治學新論》,台北:韋伯文化,1999 年,頁 491。

壹、《四洲志》對西方議會的初步觀察：官衙

　　鴉片戰爭是迫使近代中國張開眼睛看到天朝以外世界的開端，在廣東禁煙而處於第一線與英國接觸的林則徐，則為最早體認需要了解「蠻夷之邦」的中國官員。而林則徐命幕僚翻譯並經其審閱定稿的《四洲志》，當可作為中國人引進西方議會觀念之始。

　　林則徐雖是最早注意西方議院或國會制度的中國官員，但受限於本國之經驗，使他所介紹的西方議會制度，則偏向於放在「官規官制」的意義上來理解。同時，由於書中對於相關名稱皆採音譯，以現今具備辨識英文與西方議會知識之背景者，讀來尚感吃力且了解程度有限，未知時人讀罷此書後能有多少體悟？例如，該書介紹英吉利國的「職官」的部分，提及了有「律好司衙門，管理各衙門事務，審理大訟」，又設有「巴厘滿衙門」，而凡遇國中有事，理各部落之事的「甘文好司」即至「巴厘滿衙門」會議政事[11]。若基於對英國議會制度的了解並從前後文對照來猜測，「律好司衙門」指的應該是「貴族院」（House of Lords），「甘文好司」則是指「平民院」（House of Commons），都是未為轉換的音譯，而「巴厘滿衙門」則為 Parliament。

　　此外，張朋園還指出該書敘述了「上議員多王公貴胄」與「下院議員來自地方」[12]，惟該書中除提及了「有事離任，許薦一人自代。凡律好司家人犯法，若非死罪，概免收禁」乙段[13]，或與組成「律好司衙門」之計有四百二十六人的身份資格有點關係外，卻難

[11] 林則徐著，張曼評注，《四洲志》，北京：華夏出版社，2002 年，頁 114-115。
[12] 張朋園，〈議會思想之進入中國〉，《華東師範大學學報（哲學社會科學版）》，第 36 卷第 6 期（2004 年 11 月），頁 2。
[13] 林則徐著，張曼評注，前引書，頁 115。

據以認為「律好司衙門」的組成「多王公貴胄」。並且，對於「甘文好司」的組成，從該書中的敘述來看[14]，也同樣難以得到張朋園所稱：「下院議員來自地方」的理解。另外值得注意的是，《四洲志》對於巴厘滿衙門在「政事」方面與國王之關係，下面的敘述則較為讓人得以理解[15]：

> 凡國王將嗣位，則官民先集巴厘滿衙門會議。必新王必背加特力教，而尊波羅特士敦教，始即位。國有大事，王及官民俱至巴厘滿衙門公議乃行。大事則三年始一會議，設有用兵和戰之事，雖國王裁奪，亦必由巴厘滿議允。國王行事有失，將成行之人交巴厘滿議罰。凡新政條例，新設職官、增減稅餉及行楮幣，皆王頌巴厘滿轉行甘文好司而分布之。惟除授大臣及刑官，則權在國王。各官承行之事得失勤怠，每歲終會核於巴厘滿，而行其黜陟。

從以上所錄為「政事」之全文可看出，雖然大致貼近英國「政事」的實情，但卻因未能體察出「民」在國中大事上的決策角色與權力，而讓人覺得英國國會乃為合「君」、「官」、「民」之力的制度。當然，這恐怕除了語言的隔閡外，可能還受限於本身的文化背景，

---

[14] 該書稱：「由英吉利議舉四百七十一名，內派管大部落者百四十三名，管小部落者三百二十四名，管教讀併各技藝館者四名。由委耳士議舉五十三名，內派管大部落者三十名，管小部落者二十三名。由愛倫議舉百有五名，內派管大部落者六十四名，管小部落者三十九名，管教讀併各技藝館者二名，統共六百五十八名，各由各部落議舉殷實老成者充之」。見同上註。然而，依其敘述難以看出有中央、地方之分從而認為「來自地方」，且依其所述分配之名額，加總後似乎也應只有六百二十九名。

[15] 同上註書，頁 116。

以致影響了理解的程度。或者，也可能為避免觸犯忌諱，而在翻譯時做了「調整」。例如，「國中有大事，王及官民俱至巴厘滿衙門公議乃行」即是，且所謂的「國王行事有失，將成行之人交巴厘滿議罰」，也應是指 The King Can Do No Wrong，但這句政治諺語的實質精神，卻是指國王已為無實權的虛君元首。

《四洲志》中介紹的美國稱作「育奈士迭國」，當是 United States 的音譯。在介紹美國之政事時，《四洲志》先說明了美國「因無國王，遂設勃列西領一人，綜理全國兵刑、賦稅、官吏黜陟」，再以「然軍國重事關係外邦和戰者，必與西業會議而後行。設所見不同，則三占從二。升調文武大吏，更定律例，必詢謀僉同」，繼而展開對美國國會制度的介紹[16]。其中，「勃列西領」當係指總統（President 或 Presidency），而「西業」則應是指參議院（Senate）。此外，對於總統的任期四年與選舉方式也有說明，並指出先由各部落人民公舉，稱為「依力多」（按：應係指 elector），再經各部落官府詳定，送「袞額里士衙門」（按：應係指 Congress）核定人數，與「西業」之「西那多」（按：應係指 Senator）、「里勃里先特底甫」（按：應係指 Representative，眾議院議員之意）官額相若等等。然後，「暗書彌封，存貯公所，俟齊發閱，以推薦最多者為入選」，則表明了是指投票的方法。然而，這些敘述所要介紹的，應係指總統選舉人團選舉人的額數與投票，但我們看到這裡使用了「官額」與「推薦」的詞彙，意味了是從「舉官」的方法之意義上來理解「民意代表」。

事實上，《四洲志》對於美國和英國國會制度的介紹，均未說明所以產生該一制度的原因。因此，雖然介紹了美國設「袞額里士衙

---

[16]　同上註書，頁 146。

門」一所，並分列司國中法令之事的「西業」與「里勃里先好司」
（按：應係指 House of Representatives）二等；也對在「西業」執事
的「西那多」是由每部落公舉二人充之與任期六年，以及在「里勃
里先好司」執事的「特底甫」（按：推測係指 Representatives 一字中
末尾 tatives 的音譯），是由各部落核計四萬七千七百人中公舉一人充
之與兩年任期等。但是，卻未能進一步說明採行這些制度的理由。
因而，該書儘管還介紹了「西那多」的職權是「如遇軍國重事，其
權固操之勃列西領，亦必由西那多議允施行」，以及「特底甫」的職
權為「凡國中徵收錢糧、稅餉，均由特底甫稽核。官府詞訟，則特
底甫亦可判斷」，但除了另說明「西那多」及「特底甫」之被舉薦，
須分別「必居首區九年，而年至三十歲者」及「須居首區七年，並
年至二十五歲者」外[17]，並未涉及這些制度所蘊含的「國民代表」
或「國民作主」等的概念。

　　最後，《四洲志》中對佛蘭西國（法國）議會制度的介紹，則僅
簡單地說：「設占馬阿富衙門一所，官四百三十員，由各部落互相保
充，如英國甘文好司之例」[18]。由此看來，《四洲志》中雖然介紹了
英、美及法國的議會制度，但由於是從「衙門」與「官員」的角度
來理解議會的設置與議員的推舉方式，故就西方議會制度所應表彰
的西方民主思想而言，《四洲志》對當時知識份子的啟蒙作用應該不
大。不過，若就後來著眼於「通上下之情」或君主應該結合人民力
量的「民權」思想來說，則或許具有一定的啟發。

---

[17] 同上註書，頁 146-147。
[18] 同上註書，頁 73。

貳、議院的屬性：君民共主的議政官制

梁啟超自承他「言西政，必推本於古」，故乃有上述的〈古議院考〉一文[19]。然而，對於「巴力門」概念的引介，他指出了轉譯成中文「議院」一詞乃屬新創，蓋「議院之名，古雖無之，若其意，則在昔哲王所恃以均天下也」[20]。為什麼當時如梁啟超等知識份子，會首先選用「議院」一詞來表達「巴力門」的概念呢？從梁啟超以中國古代本已有的「諫議」制度，作為類比「巴力門」的概念來看，他多少已把如漢代的「諫大夫」、「博士」或「議郎」等「言官」，涉入了所介紹的「巴力門」之概念內。因此，「議院」一詞中「議」字，首先便意味了一種古代本有的「言官」制度，表達的是一種皇帝讓臣子議政或諫言的概念。

其次，「議院」一詞的「院」字，可視為表達政府官署稱謂的概念。亦即，將「巴力門」轉譯稱為「議院」，還意味了把「巴力門」看成是個政府所設的官署或機關。考「院」這個字在唐朝時代最常為使用，無論皇宮中的處所、政府機關、寺廟道觀、軍隊的單位劃分及私人住宅等，都可以用「院」字來表示[21]。是故，從政府機關之稱謂來看，相沿下來有如樞密院、都察院、貢院、翰林院或大理院等等，都是用「院」來作為政府機關名稱之例。因此，對君主時代來說，「議院」若還表達了政府機關的概念，即意味「議院」是在皇帝之下的政府機關。

---

[19] 梁啟超雖然自承「言西政，必推本於古」，但他在 1897 年一封回給嚴復的信中，則又稱〈古議院考〉乃數年前讀史偶有札記的遊戲之作，且他自己生平最惡人引中國古事以證西政等云。見梁啟超，〈與嚴又陵先生書〉，《飲冰室文集點校》，第一集，頁 178。

[20] 梁啟超，〈古議院考〉，頁 2。

[21] 楊鴻年、歐陽鑫，《中國政制史》，武昌：武漢大學出版社，2005 年 8 月，修訂版，頁 53-55。

　　在梁啟超之前引介西方國會制度者，即已多採「議院」一詞。
例如，王韜將他十年來在與留學生黃勝所共同創辦之《循環日報》
上發表過的文章，於 1882 年輯為《弢園文錄外編》出版問世，而該
書的主旨，即在介紹西方的國會制度，尤其對英國國會政治有較為
深刻的描述。在《弢園文錄外編》一書中，王韜將泰西之立國分成
三種，其一為如同中國般的「君主之國」，其稱尊號曰「恩伯臘」（按：
應係指 Emperor）；其二為如同法國、瑞士及美國等的「民主之國」，
其稱尊號曰「伯理璽天德」（按：應指 President），亦即中國所謂「統
領」；其三為如同英國、義大利和西班牙等國的「君民共主之國」，
其稱號曰「京」（按：應指 King），即中國所謂的「王」[22]。王韜並
認為這三者實質上的差別在於「惟其國政令有所不同而已」，他進一
步解釋說[23]：

　　　　一人主治於上而百執事萬姓奔走於下，令出而必行，言出而
　　　　莫違，此君主也。國家有事，下之議院，眾以為可行則行，
　　　　不可則止，統領但總其大成而已，此民主也。朝廷有兵刑禮
　　　　樂賞罰諸大政，必集眾於上下議院，君可而民否，不能行，
　　　　民可而君否，亦不能行也，必君民意見相同，而後可頒之於
　　　　遠近，此君民共主也。論者謂，君為主，則必堯、舜之君在
　　　　上，而後可久安長治；民為主，則法制多紛更，心志難專壹，
　　　　究其極，不無流弊。惟君民共治，上下相通，民隱得以上達，
　　　　君惠亦得以下逮，都俞吁咈，猶有中國三代以上之遺意焉。

22　王韜，〈重民下〉，卷一，《弢園文錄外編》，上海：上海書店出版社，2002 年，
　　頁 18-19。
23　同上註，頁 19。

　　王韜對泰西立國三種方式的介紹，著眼點乃在於誰是「一國之主」？此處需先略為說明的是，從上引王韜說法的語境中，應該把「民主之國」的「民主」，理解為不是君主世襲的「一國之主」，而為由身份上為人民者經由公舉成為「一國之主」的「民為主」，並不表示王韜當時已將 democracy 翻譯為「民主」。在此前提下，或許王韜認為「民主之國」的一國之主也是人民，使得「國家有事，下之議院，眾以為可行則行，不可則止，統領但總其大成而已」，因而造成的結果是「則法制多紛更，心志難專壹，究其極，不無流弊」。所以，王韜心目中理想的立國方式是「君民共主之國」，這是因為有了上、下議院後，使得「民隱得以上達，君惠亦得以下逮」，並因能夠「上下相通」的「君民共治」而具有中國三代以上之遺意。

　　也因此，王韜評價了英國國力強盛而「雄為歐洲諸國冠」與「諸國莫敢與之頡頏」之根本，便在於實施「議院制度」。他說[24]：

> 所恃者，在上下情通，君民之分親，本固邦寧，雖久不變。觀其國中平日間政治，實有三代以上之遺意焉。官吏則行薦舉之法，必平日之有聲望品誼者，方得擢為民上，若非閭里稱其素行，鄉黨欽其隆名，則不得舉，而又必准捨寡從眾之力，以示無私。

　　從上述王韜的評價中可看出，他認為議會制度能使上下情「通」與君民之分「親」，因而「本固邦寧，雖久不變」。亦即，他是以議會制度使君民能夠「通親」成一家的倫理角度，認為這才是國家強盛的「固本」方法。王韜固然把英國國會制度下的君民共主，理解成在中國三代以上曾經實現過的理想政治形態，但他接下來談到了

---

[24]　王韜，〈紀英國政治〉，卷四，同上註書，頁 89。

英國對「官吏」所行的舉薦之法，卻透露出他把英國國會議員理解成了「官吏」。

按英國議會在 1858 年所通過的「養老金法」（The Superannuation Act）中，已規定了非持有文官考選委員會（1855 年成立）考試及格證書者，不得領取退休金的規定，而 1870 年樞密院令則更確立了公開競爭的考試制度[25]。因此，以王韜寫作上述文字的時間來看，他所說的「官吏」應非指英國的常任事務官，且以其所述的「舉薦」之法來看，當可推知即係指平民院的議員。換言之，君主在選擇「官吏」上能夠「以示無私」地准由人民的「捨寡從眾之力」，選出的「官吏」自應為多數人所認同之有賢有德者，而君主再與這些人民舉薦的「官吏」共治，即等於是能夠上下情通與君民之分親的「君民共主」。

簡單來說，王韜把英國國會看成經由人民薦舉有賢德者成為實為議員的「官吏」，並因這些「官吏」和君主間的合作與共治，便能夠因「通上下之情」而使國家富強。王韜此一「上下之情通」的議院觀，在相當大的程度上影響了日後由「君民共主」所推衍出的民權及立憲思想[26]。

參、議院的功能：通上下之情與「群心智」

馮桂芬是在鴉片戰後，最早指出國家不能強盛，係歸因於上下之情不通的官僚。馮桂芬是林則徐的學生，曾奉召籌辦團練抵抗太

---

[25] 許南雄，《各國人事機關體制》，台北：中華民國公共行政學會，1992 年，頁 204。

[26] 根據張朋園的研究，在王韜之後以「君民共主」立論者，有鄭觀應、錢德培、李圭、薛福成、陳熾、宋育仁、何啟及胡禮垣等人。見張朋園，〈議會思想之進入中國〉，頁 18 之註 5。此外，康有為與梁啟超等立憲派的主張，同樣也是以「君民共主」為立論點。

平軍，並在 1860 年太平軍攻入蘇州時逃往上海。在這一年裡，除了太平軍的內憂外，還有第二次鴉片戰爭簽訂「北京條約」的外患，馮桂芬面對這種局勢，乃在 1861 年寫成了《校邠廬抗議》一書。在近三十年後，《校邠廬抗議》被光緒皇帝的老師翁同龢和孫家鼐，先後進呈光緒皇帝御覽，並印發給大臣們簽註書中所提建議的可行性，故對戊戌變法應有相當的影響[27]。

馮桂芬在《校邠廬抗議》中，不僅指出中國的軍事不如洋人，在政治制度方面，他也認為：「人無棄才不如夷，地無遺利不如夷，君民不隔不如夷，名實必符不如夷」[28]。馮桂芬對上下之情不通，或君民相隔以致民隱不聞，雖並沒有主張開議院來解決，但他提出此一政治制度上的「病因」，卻影響了不少知識份子與政治菁英。我們可以發現，孫中山上書李鴻章的救國大計中，「人盡其才，地盡其利」的主張[29]，顯然係相對於馮桂芬的「人無棄才不如夷，地無遺利不如夷」所發。並且，無論馮桂芬或孫中山，他們對於使國家富強的方法，首先想到的便是「人才」。換言之，透過「人才」以「圖治」，則反映出了中國傳統的「人治」思想。

鄭觀應是和王韜同時期的知識份子，他在 1893 年出版而 1896 年再增訂的《盛世危言》中，對於英國國會制度的介紹已較為翔實，並認為英國所以富強的原因，即在「君民共主」的議院能夠通上下之情。鄭觀應把英國富強的理由，歸因於國會制度，且他還從國際

[27] 參閱熊月之，《中國近代民主思想史》，上海：上海社會科學出版社，2002 年，修訂版，頁 97-98。

[28] 馮桂芬，〈制洋器議〉，《校邠廬抗議》，卷下，台北：文海出版社，影印本，1971 年，頁 9。

[29] 孫中山，〈上李鴻章陳救國大計書〉，輯於秦孝儀主編，《國父全集》，第四冊，台北：近代中國出版社，1989 年，頁 3。

關係的意義上（即『公法』）[30]，體會出了中國亟待建立一個主權獨立的國家。基於此，他進一步認為，若要具備此一國力條件的辦法，則應首先設立議院。就此，他在甲午戰爭的〈議院（上篇）〉一文中說到[31]：

> 況今日中原大局，列國通商勢難拒絕，則不得不律以公法。欲行公法，莫要於張國勢；欲張國勢，莫要於得民心；欲得民心，莫要於通下情；欲通下情，莫要於設議院。中國而終自安卑弱，不欲富國強兵，為天下之望國也則亦已耳；苟欲安內攘外，君國子民，持公法以永保太平之局，其必自設立議院始矣。

　　鄭觀應除認為議院的功能，在通下情而得民心外，他還認為議院者，乃「公議政事之院也」，但「美國議院則民權過重，因其本民主也。法國議院不免叫囂之風，其人習氣使然」[32]，故主張中國應仿效英國「君民共主」之議院制度。此處仍須留意的是，鄭觀應所謂「因其本民主也」，是指美國的「一國之主」本已由人民身份者所擔任的「民為國之主」。鄭觀應基於追求國家強盛，以肆應前所未有的國際社會環境，除了認為設立議院可以「聯絡眾情，如身使臂，如臂使指，合四萬萬之眾如一人」外，還強調議院議員的選舉非舉自一人，而係「選自眾人，賢否難逃公論」，故能為國家得到較好的人才。鄭觀應也認為國家之盛衰繫乎於人才，但唯有透過議院議員

---

[30] 鄭觀應所謂的「公法」，指的是「萬國之大合約」，亦即國際公法之意。見鄭觀應，〈公法〉，王貽梁評註，《盛世危言》，鄭州：中州古籍出版社，1998 年，頁 146-148。

[31] 鄭觀應，〈議院上〉，同上註書，頁 96。

[32] 同上註書，頁 95-96。

的選舉,始能舉得真正的人才。尤其,他認為漢代的議郎,唐、宋以來的台諫御史,因進用方式與出身門第等原因,均不若「議院官紳均勻,普遍舉自民間,則草茅之疾苦周知,彼此之偏私悉泯;其情通而不鬱,其意公而不私」[33],因而「無議院則君民之間勢多隔閡,志必乖違」[34]。

由上述可知,鄭觀應看待西方國會制度的立場,係從君主在政事的處理上,應該匯集人民的智慧為著眼點,並強調議院具有通上下之情的效用。然而,鄭觀應仍係以中國傳統的民本與人治思想為背景,來理解英國國會的設制及其功效。因此,他認為議院係經由公舉而組成,故可舉出真正賢德之人[35],並進而在君主與人民之間,能夠負起通上下之情的責任。鄭觀應對於能使中國臻於富強的辦法,雖主張應效法英國國會議員由公舉產生,但他的看法在甲午戰爭後則有所修正。此時,他認為開議院尚須有個前提,即「惟必須行於廣開學校人才輩出之後,而非可即日圖功也」,且還要許人民可自立報館,以使民情民謨之下情能夠上達,並進使政府能夠俯順輿情[36]。換言之,他已經注意到了尚不能立開議院的原因,就是後來人所講的「民智未開」問題。

西方民主政治的顯著特徵,即為定期舉辦的「選舉」(election)。並且,選舉在西方民主政治的實踐中,主要的意義在於使人民得以控制統治者[37],以及公共政策做成時,能夠回應民意的需求[38]。一般

---

[33] 同上註書,頁 96-97。

[34] 同上註書,頁 95。

[35] 可參鄭觀應在甲午之戰後所做的〈公舉〉一文,同上註書,頁 103-106。

[36] 鄭觀應著,王貽梁評註,〈議院下〉,同上註書,頁 100-101。

[37] Austin Ranney, *Governing: An Introduction to Political Science*, 8th ed. (New Jersey: Prentice-Hall, Inc., 2001),p.160.

[38] Andrew Heywood, *Key Concepts in Politics* (New York: Andrew Heywood, 2000), p.200.

都同意，人民教育水準的良窳，對以選舉為表徵的民主政治，必定會影響其實施的成效。然而，鄭觀應後來對開議院尚持保留態度，儘管也是考慮了教育水準問題，但卻是因他對「選舉」的意義，有著不同於西方民主制度的理解。基本上，開議院的主張係源自於中國的「民本」思想，強調君主負有探求民隱的責任。並且，議院作為通上下之情與糾集民間力量的中介機構，為了能夠因開議院而達到強國的目標，其組成份子還應該是個具備才德的菁英。換言之，鄭觀應對於西方「選舉」的意義，係從兩漢的「鄉舉里選」[39]或《禮記‧禮運大同篇》中「選賢舉能」的思想來理解。所以，招納具備才德的「人才」以為國用，便為「選舉」的意義，而並無選出「民意代表」與控制統治者的意涵。也因此，「開民智」就成為開議院的先決條件與前提，而鄭觀應認為應先廣開學校而不能立開議院，也即是後來康有為、梁啟超等維新立憲派所講的「民智未開」。

梁啟超對議院的看法，大致上也依循鄭觀應的思維。他在〈古議院考〉一文中有謂：「問議院之立，其意何在？曰：君權與民權合，則情易通；議法與行法分，則事易就」[40]，則係將「議院」視為得以實現「民權」的制度。並且，他還主張「議政」與「執行」應該區分，而議院即是負責「議政」的政府機關。然而，「議院」該如何組成呢？梁啟超則曰：「凡國必風氣已開，文學已盛，民智已成，乃可設議院。今日而開議院，取亂之道也。故強國以議院為本，議院

---

[39] 「選舉」是漢代官吏的任用方式之一，《文獻通考》卷三十九〈選舉考十二‧辟召條〉謂：「東漢時，選舉、辟召皆可以入仕。以鄉舉里選循序而進者，選舉也；以高才重名、躐等而升者，辟召也。故時人猶以辟召為榮云」。見鄭欽仁，〈鄉舉里選—兩漢的選舉制度〉，輯於鄭欽仁主編，《立國的宏規》，台北：聯經出版事業，1982 年，頁 193。

[40] 梁啟超，〈古議院考〉，頁 2。

以學校為本」[41]。是故，梁啟超多少係將「議院」視為人民可不經由科舉考試，而一樣可以為官議論政事的制度。而這些以「議院」來理解西方國會制度的現象，也部分說明了用自己本身的文化來理解外來的概念，乃為當時中國知識份子所難免的情形。

此外，梁啟超 1896 年 10 月 27 日在《時務報》上發表〈變法通義・論學會〉的文章中，則視「議院」具有糾集人民心智與力量的功能。他說[42]：

> 群之道，群形質為下，群心智為上。群形質者，蝗蚊蜂蟻之群，非人道之群也，群之不已，必盡天下，而卒為群心智之人所制。……。群心智之事則賾矣。歐人知之，而行之者三：國群曰議院，商群曰公司，士群曰學會。而議院、公司，其識論業藝，罔不由學；故學會者，又二者之母也。學校振之於上，學會成之於下，歐洲之人，以心智雄於天下，自百年以來也。

要了解上述梁啟超所謂的「國群曰議院」乙句的意思，則首先需要了解「群」字的涵義。1897 年 5 月 17 日梁啟超在《新知報》上發表〈《說群》序〉乙文中，主要是講君主應棄「獨術」而就「群術」。茲摘錄重點略述如下[43]：

> 敘曰：《記》曰：「能群焉謂之君」。乃古之君民者，其自號於眾也，……今夫千萬人群而成國，億兆京垓人群而成天下，

---

[41]　梁啟超，〈古議院考〉，頁 3。

[42]　梁啟超，〈變法通義（續前）〉，《飲冰室文集點校》，第一集，頁 39。

[43]　梁啟超，〈《說群》序〉，《飲冰室文集點校》，第一集，頁 128。

> 所以有此國與天下者，則豈不以能群乎哉？以群術治群，群
> 乃成；以獨術治群，群乃敗；己群之敗，它群之利也。……
> 天下之有列國也，己群與他群所由分也，據亂世之治群多以
> 獨，太平世之治群必以群……。抑吾聞之，有國群，有天下
> 群，泰西之治，其以施之國群則至矣，其以施之天下群猶未
> 也。……

按在甲午戰爭之後，士大夫所以強調「合群」和「群學」，除了
包含個人聚合成集體外，還尤其強調廣大紳士團結在有為君王周
圍，以形成強有力整體的意思。故而，「群」與「君」之間具有高度
的關係[44]。在此思潮為背景下，我們便可得知「群心智」乃為一種
「群術」，且要把個人聚合成一「國群」，即要採取開「議院」此一
「群術」。

我們可以發現，在清廷官方奏摺等文件中，「國會」使用在介紹
西方的制度，但涉及中國自身的改制時，基本上均使用「議院」一
詞。此外，另有使用「議會」一詞者。例如，考察英國的載澤在其
奏摺中，有謂：「立法操之議會，行政責之大臣，憲典掌之司法，君
主裁成於上，以總其之」等語[45]，而他在第二次奏請宣布立憲的密
摺中，也有「凡國之內政、外交……，以及操縱議會，君主皆有權
以統治之」的說法[46]。究竟「議會」和「議院」是否表達不同的概

---

[44] 金觀濤、劉青峰，〈從『群』到『社會』、『社會主義』──中國近代公共領域變遷的
思想史研究〉，《中央研究院近代史研究所集刊》，第 35 期（2001 年 6 月），頁 15。

[45] 沈桐生輯，《光緒政要》，台北：文海出版社，1969 年，影印本，卷 32。轉引自
荊知仁，前引書，頁 98。

[46] 引自〈鎮國公載澤奏請宣示立憲密摺〉，輯於中華民國開國五十年編纂委員會編
纂，《清廷之改革與反動（下）：中華民國開國五十年文獻第一編第八冊》，台北：
中華民國開國五十年編纂委員會，1965 年，頁 487。

念呢？依據本書從整個文意的脈絡來分析，則認為「議會」一詞所欲表達的概念，應係同時指「上議院」及「下議院」時的總稱。或者，對某些人來說，也兼泛指「議院」及「國會」而言。

總而言之，如就英國的民主發展歷程來看，「巴力門」係「大會議」（Great Council）演化而來，並由國王徵稅的對象，包括貴族、主教、騎士及有產階級平民等所組成。也因此，「巴力門」最早係基於國王徵稅的目的，而讓納稅者得以有發議論的機會，並在隸屬國王之下，設置供國王諮詢與顧問的機構。相對來說，清末知識份子與政治菁英所主張的「議院」，無論構成份子是否限於一般庶民，其主要功能是為了擴大「參與議政」，而同樣屬於供君主諮詢或顧問的性質。然而，英國「巴力門」的產生，可謂源自於保護個人財產權的「私權利」，但清末所主張的「議院」，則是基於強國與富國的「公權利」[47]。亦即，開議院以擴大參與議政之權，係人民基於「公天下」或與君主「共有天下」為前提，而要求擁有參與議政以貢獻國家的權利。

清末知識份子引介西方「議院」制度，係將開議院視為能使國家強盛的方法，但他們為何認為議院制度具有此一效用呢？從上述的討論中，我們應可看出清末的知識份子，係以中國傳統政治思想來詮釋西方議院制度，並與當時盛行的「中體西用論」不無關係。同時，他們論證西方議院制度的功效，係以中國傳統政治思想為背景，也說明了對傳統思想進行「創造性轉化」（creative transformation）的意圖[48]。

---

[47] 此處使用「私權利」與「公權利」二詞，並不包括當前從西方法學轉譯來的概念，而係根據當時的思想脈絡與使用詞彙的語境。

[48] 有關對中國傳統的創造性轉化，可參閱林毓生的〈五四反傳統思想與中國意識的危機─兼論五四精神、五四目標、與五四思想〉及〈民主自由與中國的創造轉化〉

第二節　國會：代表國民意思或主權在國民

我們可以發現，在 1908 年（光緒三十四年）滿清政府下詔預備立憲所頒發的《憲法大綱》和《九年預備立憲清單》中，所將要設置的是「議院」而非「國會」。直到辛亥革命爆發後，在滿清政府為挽回民心而被迫頒發的《十九信條》中，才有了「國會」一詞的出現[49]。因此，我們便有理由質疑，至少對清廷而言，中文使用「國會」與「議院」的概念未盡相同。接下來，將主要檢視梁啟超與孫中山等人對「國會」認知，來說明「國會」一詞表達異於「議院」的概念。

壹、「君主」與「國民」共主的國會

始終維護君主地位的康有為，在 1897 年 12 月中國正面臨著帝國主義的瓜分狂潮，德國人強佔了膠州灣的背景下，在給光緒開了救國良方的第五次上清帝書中，即有「國會」一詞的出現。茲舉其要者略述如下[50]：

> 伏願皇上因膠警之變，下發憤之詔，先罪己以勵人心，次明恥以激士氣。集群才咨問以廣聖聽，求天下上書以通下情，明定國是，與海內更始。自茲國事付國會議行，行尊降貴，

等論文，輯於林毓生，《思想與人物》，台北：聯經出版，1983 年。

[49]　《憲法大綱》、《九年預備立憲清單》及《十九信條》之詳細內容，可參荊知仁，前引書，〈附錄一〉至〈附錄三〉，頁 475-487。

[50]　康有為，〈上清帝第五書〉，輯於湯志鈞編，《康有為政論集》，上冊，北京：中華書局，1981 年，頁 207-208。

延見臣庶，盡革舊俗，一意維新。大召天下才俊，議籌款變
法之方；采擇萬國律例，定憲法公私之分。

上述的「國會」究係何指並不明確，但無非也是種君上能通下
情的方法。到了戊戌變法時，在康有為代內閣學士闊普通武所擬的
「請定立憲開國會摺」中，則對「國會」有較為進一步的說明[51]：

臣竊聞東西各國之強，皆以立憲法開國會之故。國會者，君
與國民共議一國之政法也。蓋自三權鼎立之說出，以國會立
法，以法官司法，以政府行政，而人主總之，立定憲法，同
受治焉。……。伏乞上施堯舜三代，外採東西強國，立行憲
法，大開國會。以庶政與國民共之，行三權鼎立之制，則中
國之治強，可計日待也。

由上述內容來看，在康有為認知中的「國會」，乃為「君與國民
共議一國之政法也」。亦即，將治國之權「分工」為三後仍由「人主
總之」，但其中的立法權則在君主「以庶政與國民共之」的前提下，
經由分工而歸屬於「國會」掌有。因此，康有為此處所主張的「國
會」，在性質與功能上與稱為「議院」者，其實差異不大。即使如此，
卻並不意味時人使用「國會」一詞時，所欲表達的概念也與「議院」

---

[51] 康有為，〈請定立憲開國會摺〉，輯於康有為著，《戊戌奏稿》，台北：文海出版社，
影印本，1985年，頁76。(該書為麥仲華編，《南海先生戊戌奏稿》之影印本)
該摺被質疑為「偽摺」，相關的爭論可參，黃彰健，《戊戌變法史研究》，台北：
中央研究院歷史語言研究所，1970年，頁560-561。黃彰健，《康有為戊戌真
奏議》，台北：中央研究院歷史語言研究所，1974年，頁471。孔祥吉編著，《救
國圖存的藍圖：康有為變法奏議輯證》，台北：聯合報系文化，1998年，頁VII-VIII。
汪榮祖，《從傳統中求變─晚清思想史研究》，南昌：百花洲文藝出版社，2001
年，頁267-283。

即無不同。事實上，此處康有為使用「國會」而非「議院」一詞，可能與「國民」概念的興起有關，而「國民」與「國會」兩者間有何關係？在下面的討論中將再予以詳述。

我們先來看梁啟超對「國會」概念的闡釋，主要是以國家法人說為其立論的基礎。梁啟超在 1902 年發表的〈論立法權〉一文中，以國家和自然人一樣擁有人格為立論，並進而以凡人必有意志然後有行為，說明了行政是國家的行為，而立法則是國家的意志[52]。梁啟超另在 1908 年發表的〈中國國會制度私議〉一文中，把國家之機關分成了「大權機關」、「立法機關」、「行政機關」及「司法機關」四類，故「國權」也可分成「大權」、「立法」、「行政」及「司法」四種。其中需要說明的是，梁啟超所謂「大權機關」之最為重要的作用，則是「改正憲法權」，他並指出德國國會為單獨操此「大權」之機關，而英、法、美、日諸國則為與其他機關共同組成「大權機關」。梁啟超比較了各國的憲法制度，除指出國會雖不僅只掌有「立法權」，且「立法權」也未必僅歸於國會所專有外，還說明了國會具有「時而為單獨之大權機關或與他機關共同組成大權機關」、「時而兼為司法機關」及「時而兼為行政機關」等的性質[53]。然而，由於各國國會的性質未盡相同，梁啟超在取大同而棄小異和略形式而稱精神的原則下，認為各國國會間之共通性質如下[54]：

> 曰國會者為制限機關以與主動機關相對峙是已。凡立憲之國家，必有兩直接獨立之機關相對峙。而此兩機關者，其中必有一焉，能以自力發動國權，對於人民而使生拘束力，若此

---

[52]　梁啟超，〈論立法權〉，《飲冰室文集點校》，第二集，頁 924。
[53]　梁啟超，〈中國國會制度私議〉，《飲冰室文集點校》，第二集，頁 969-970。
[54]　同上註，頁 970-971。

者謂之主動機關；又必有一焉，不能以自己之意思直接以生
拘束國民之力，顧能以其力制限主動機關之發動國權，非得
其同意，則不能有效，若此者謂之制限機關。其在前者，則
元首也；其在後者，則國會也。故苟無制限主動機關之權者，
必非國會；惟有此權者，乃為國會。此又萬國國會共通之性
質也。

　　由上述所引可知，梁啟超在「國會請願運動」時期所闡釋的「國
會」，除了以往強調為掌「立法權」的機關外，還另外增加了「制限
機關」的概念。並且，此一被「國會」所制限的主動機關，則係是
指居於元首地位的君主而言。在此我們仍須留意的問題是，雖然梁
啟超主張「元首」要受到「國會」的制限，但卻也意味他所要維護
「能以自力發動國權，對於人民而使生拘束力」的「主動機關」，亦
即是君主的地位與權力。因此，儘管梁啟超此時強調「國會」的功
能，在於擁有對君主「自力發動國權」時的「同意權」或「監督權」，
但他基本上還是站在維護君主地位的立場。此外，梁啟超 1909 年
發表的〈各國憲法異同論〉一文中，除說明「君主立憲國」（即他所
謂的『立憲之國』）的立法權由君主與國會同掌之外，他還對「國會」
附註曰：「即議院也」，同時也謂「古代國會體裁未完備，有分為數
院即議院者，亦有惟置一院者」[55]。然而，如果「國會」和「議院」
的概念並無差別，為什麼梁啟超此處除了「議院」詞彙外，也還使
用了「國會」一詞呢？本書認為，原因或即應和「國民」一詞的提
出有關。

---

[55]　梁啟超，《各國憲法異同論》，《飲冰室文集點校》，第二集，頁 1057。

　　按梁啟超對「國民」一詞的概念，自己便曾有過闡釋。1899 年他在《清議報》上發表〈論近世國民競爭之大勢及中國前途〉一文中，劈頭就說：「中國人不知有國民也。數千年來通行之語，只有以國家二字並稱者，未聞有以國民二字並稱者」，他進一步對「國民」一詞的解說如下[56]：

> 國民者，以國為人民公產之稱也。國者，積民而成，舍民之外，則無有國。以一國之民，治一國之事，定一國之法，謀一國之利，捍一國之患，其民不可得而侮，其民不可得而亡，是之謂國民。

　　為什麼「國」、「民」二字連綴成詞的提出，梁啟超特別強調其重要性呢？因為，當時「國民」一詞的概念，意味了「民」的僭越而有違倫常與大逆不道。例如，1903 年在《國民日日報》上有篇文章即寫到[57]：

---

[56] 梁啟超，〈論近世國民競爭之大勢及中國前途〉，《飲冰室文集點校》第二集，頁 810。根據沈松僑的考證，國民二字連綴成詞，最早見於《左傳·昭公十三年》：「苟慝不作，盜賊伏隱，私欲不違，民無怨心。先神命之，國民信之」，其後若不計《清史稿》，歷朝正史自《史記》以迄《明史》，「國民」二字連綴成詞者凡十四處。但值得注意的是，魏晉南北朝以前，國民一詞屢見不一見，唐宋以降，則僅於《遼史》及《元史》偶或可見，且皆用於外夷藩屬，不復據以指稱中土民人。同時，沈松僑還以梁啟超 1896 年在上海主持《時務報》，譯載日本《文明日本報·中國論》一文時，自己便已採用了「國民」一詞，因而認為「梁固亦不免於英雄欺人之識」或「實則有其獨特的用心」。儘管沈松僑考證出了國民二字的連綴成詞，在中國古代典籍中乃屢見不鮮，但以其使用的頻度放在數千年的中國歷史中來看，梁啟超稱未聞以國民二字而成數千年來「通行」之語，則未必是懷有英雄欺人或特別的意圖。見沈松僑，〈國權與民權：晚清的「國民」論述，1895～1911〉，《中央研究院歷史語言研究所集刊》，第 73 本第 4 分（2002 年 12 月），頁 692 及註 23、24。

[57] 〈嗚乎國民之前途〉，《國民日日報彙編》，第二冊，第 3 集，台北：中國國民黨黨史會影印本，1968 年，頁 602。

> 國民二字在東西文明各國之價值，無不敢知，而在吾國，則
> 確為大逆不道之徽號。何以言之？民者，出粟米、通貨財以
> 事其上之名詞也。自數千年之歷史觀之，以言名義，則蟻民
> 可已、小民可已、頑民可已，與國家果有若何之關係？……
> 國者，誰之國也？太祖以之傳之太宗，太宗以之傳之高宗。
> 名不正則言不順，言不順則民不從；數千年來社會之所習慣、
> 腦筋之所模印，悉如於此。……顧甘冒不韙、干犯名器，自
> 號主人，妄圖竊國，此非大逆不道而何？

顯然，上引文章認為「民」這個字原所具有的概念，和「君主」
所擁有的「國」之間，並不應該發生直接的關係。且即使有點間接
的關係，也不過是「出粟米、通貨財以事其上」的義務而已。相對
來說，梁啟超強調「國民」之概念，正是要把歸屬世襲君主一家一
姓的「國家」，轉換成為和「國民」所共同擁有。因此，他在 1903
年 5 月間，於《新民叢報》上連載發表〈政治學大家伯倫知理之學
說〉一文裏，說明他奉伯倫知理（Johann Caspar Bluntschli）的「有
機國家論」為規臬，而將「國家」與「國民」的概念緊密聯繫在一
起。他認為[58]：

> 伯氏乃更下國民之界說為二：一曰國民者人格也。具有有機
> 之國家以為其體，而能發表其意想，制定其權利者也；二曰
> 國民者法團也，生存於國家中之一法律體也。國家為完全統
> 一永生之公同體，而此體也，必賴有國民活動之精神以充之，
> 而全體乃成。故有國民即有國家，無國家亦無國民，二者實
> 同物而異名耳。

---

[58] 梁啟超，〈政治學大家伯倫知理之學說〉，《飲冰室文集點校》，第一集，頁452。

　　梁啟超信奉德國的「有機國家論」，自與中國當時面臨的處境有關。相對來說，德國提倡「有機國家論」，也正反應出建立統一的民族國家，是近代德國最為急切的政治運動。因此，在德國人的政治思想裡，長久以來便傾向於把國家人格化（personify the state），視之比個人還尤為重要[59]。例如，黑格爾（Georg W. Hegal）即認為，國家是個自然的有機體（natural organism），代表著歷史之世界進程中的一個階段（a phase of historical "World process"），而不相信國家基於契約論，係起源於人為革命的信念。同時，黑格爾還視國家如真實的人（real person），而國家的意志（will）的形成，係普遍的（universal）及個人的自由之綜合體，故為完美理性之展現（manifestation of perfect rationality）。所以，黑格爾對於國家的構成，否定係源自於擁有自然權利，且分享了總意志（general will）或主權的個人集合體。他還強調，個人若要臻於完美，則有賴於根據「普遍意志」（universal will）來生活，且唯有作為國家的一份子時，個人才有其真實的存在（individual reality）[60]。

　　黑格爾是 19 世紀德國理想主義政治思想集大成者，這一派的政治思想強調民族國家的榮耀，並信奉日耳曼民族負有神聖的使命。因此，他們主張國家的權威，要較自由佔有更重要的地位，而他們的理念，也顯然鼓舞了德國對統一的追求[61]。由此來看，梁啟超從德國的「有機國家論」中，體會出要以「國民」的概念，將人民和國家緊密聯繫在一起，並藉「國民」一詞使人民知有國家，進而激

---

[59] Alex N. Dragnich and Jorgen S. Rasmussen, *Major European Governments*, 7th ed. (Chicago: The Dorsey Press, 1986),p.345.

[60] Lawrence C. Wanlass, *Gettell's History of political Thought*, 2nd.ed. (New York: Appleton-Century-Crofts, Inc.,1953), p.360.

[61] Ibid., p.362.

發人民的愛國心。同時，梁啟超視「國民」為集體概念的「法團」，並和前面提到的「群」與「國群」，應屬相連貫的思想。換言之，梁啟超講的「群」或「國群」，以及他認為君主應該善用「群術」，都是以中國文化來闡釋「有機國家論」的表述。

當「國民」一詞已被提出，同時在「議院」的詞彙外，復又有召開「國會」的主張，便意味了「國會」與「國民」兩者間，在概念上應有一定的聯繫關係。也因此，梁啟超在〈中國國會制度私議〉中有謂：「故就政治上以論國會，則國會者代表全國人民各方面之勢力者也」，且因合國民全體聚議一堂勢所不逮，故需採用代議制度。而他對代議制度的精神，則理解為「其一則在以國民全體之意思，為國家意思也；其二則在使之能以適當之方法，發表其意思也」[62]。另一方面，1907 年率先發起了國會請願運動的楊度，他也謂：「國會者，所以代表國民之機關，國中而有此機關，則民權之伸張不待言矣」[63]。由此看來，「議院」的概念至多係從「謀及庶人」所推導出，而當「國民」的概念形成後，「國會」與「議院」的差異，則在於「國會」尚具有「代表國民」的性質。

楊度和梁啟超皆為擁護君主地位者，他們主張儘速召開代表「國民」的「國會」，目的並不在於貶抑君主的地位，更不是要以代表「國民」的「國會」，取君主主權而代之。相反地，這些君主立憲派主張速開「國會」的理由，無非認為「是國會一開，四海歸心，國是大定，人人沐憲政之福矣。故吾國召集國會早一日，即早收一日之人心，遲一日，即增一日之荊棘。且即為保存君權一事起見，亦當速

---

[62] 梁啟超，〈中國國會制度私議〉，頁 972-973。

[63] 楊度，〈金鐵主義說〉，輯於劉晴波主編，《楊度集》，長沙：湖南人民出版社，1986年，頁 384。

應人民之要求」[64]。故而,「國民」概念的提出和民權的主張相一貫,主要目的都應在於激發人民知有「國家」,並進而具備積極愛國熱忱的「國民」意識[65]。然而,由於「國會」和「國民」的概念彼此間具有緊密之關連性,故清廷對於「開國會」的「立憲」要求,自易解讀為係衝著滿族的既有地位而來。所以,梁啟超於 1907 年在東京成立的「政聞社」,曾經致電憲政編查館請於三年內召開國會,但清廷回應的下諭,卻答以「朝廷豫備立憲,將來開設議院,自為必辦之事」等云[66]。我們若留意清廷面對速開國會之請時,用詞上排拒「國會」而以「議院」一詞來回應,即至少說明了在清廷的認知中,「國會」與「議院」乃表達不同的概念。換言之,清廷認知中的「議院」,係指在王權至上的君主立憲制中,作為庶民參與議政的制度;而「國會」則因係公舉議員代表國民參與議政,讓清廷與「國民主權」產生了聯想。

在中國的政治制度史上,若以官方文件正式使用而認可「國會」之設立者,則為宣統三年九月十三日滿清政府頒布的《十九信條》。民國成立之初,依據「中華民國臨時政府組織大綱」(以下簡稱『組織大綱』)所建立的政府屬臨時性質,故依「臨時政府組織大綱」第八條規定,而設置由各省都督府派出參議員所組成的「參議院」。另外,從「組織大綱」第二十條:「臨時政府成立後六個月以內,由臨時大總統召集國民議會,其召集方法由參議院議決之」,以及第二十一條:「臨時政府組織大綱施行期限,以中華民國憲法成立之日為止」

---

[64]　張枬、王忍之編,《辛亥革命前十年間時論選集》,第三卷,北京:生活、讀書、新知三聯書店,1960-1977 年,頁 608。

[65]　參閱沈松僑,前引文。桂宏誠,《中國立憲主義的思想根基—道德、民主與法治》,北京:北京大學政府管理學院博士研究生學位論文,2005 年 12 月,頁 82。

[66]　轉引自荊知仁,前引書,頁 126。

的規定旨意來看，臨時政府成立後即負有在六個內召集「國民議會」以制定憲法的義務，故只能確定此「國民議會」應為制憲機關。後來，由於在六個月內召集「國民議會」勢所不能，於是在 1911 年 3 月 1 日制定公布了「中華民國臨時約法」（以下簡稱『臨時約法』）。從「臨時約法」第十六條：「中華民國之立法權以參議院行之」、第十八條：「參議員每行省、內蒙古、外蒙古、西藏各選派五人，清海選派一人，其選派方法由各地方自定之」，以及第二十八條：「參議院以國會成立之日解散，其職權由國會行之」等條規定來看，在「臨時約法」中賦予給「參議院」的職權，即包括在未來成立之「國會」所應掌有的職權範圍內，但「參議院」為何仍不是「國會」呢？以下將再加以說明。

貳、象徵主權在國民的國會

在君主立憲派的陣營裡，楊度為最早搴起速開「國會」大旗者。楊度在清廷遲不定立憲法以改革政治制度的背景下，尚需面對與孫中山的共和革命派競爭，故他力主先開「國會」後立憲法，無不是因共和革命派逐漸取得優勢，而為舒緩日益增加的革命氣氛。或許受到楊度先開「國會」後定憲法之主張的影響，共和革命派於建立民國之後，便視制定憲法為「國會」當有的任務。茲將楊度主張先開國會後定憲法的理由，引述如下[67]：

> 惟專心竭力以求國會之早成而已。既有國會，斯不患無憲法；且必有國會，而後能有程度較高之憲法。何以故？必有國家

---

[67]　楊度，〈金鐵主義說〉，頁 392。

　　　　而後國民有提議憲法、承認憲法之機關，始可以國民之意思
　　　　加入於憲法範圍之內，乃可望憲法程度之高也。

　　我們應留意楊度認為先開國會的理由中，關於「必有國家而後
國民有提議憲法、承認憲法之機關，始可以國民之意思加入於憲法
範圍之內」乙段的意義。並且，首先應再說明的是，對楊度或梁啟
超等君主立憲派來說，「立憲」以行「立憲政體」和君主專制政體兩
者間，最根本的差異即在是否「開議院」或「開國會」（以下另將詳
述）。由此來看，無論憲法係君主欽定或君民協定，其實「開議院」
或「開國會」與「立憲」以行「立憲政體」，在君主立憲派的眼中本
屬同件事情。然而，楊度此時使用的是「國會」而非「議院」，則意
味了「國會」係代表國民意思的一方，而與僅表達「謀及庶人」而
擴大參與議政的「議院」，在概念上應該已有了差別。

　　就新興民主國家的制憲過程來說，當推翻了舊政權後，勢必須
先召開一個象徵代表國民主權的制憲會議。由此看來，共和革命派
既主張廢除君主世襲，而制定憲法自也應以國民意思為依歸，故憲
法須由代表國民意思的「國會」所制定，則屬當然的推論。並且，
既然要廢除君主世襲制度，則「國會」自也將成為象徵「主權在國
民」的機關，憲法也理所當然應由「國會」來制定。也因此，如就
「開國會」與「制定憲法」的先後次序來說，「先開國會，後定憲法」
可為共和革命派和君主立憲派的共同主張。只不過，君主立憲派視
「國會」為糾集國民智識、意思與力量的機關，而共和革命派則更
強調「國會」為代表「國民主權」的機關，故對君主立憲派而言，「國
會」儘管擁有立法及監督政府的權力，但並不表示國會即為象徵「主
權在國民」的機關。例如，到了民國建立以後，在梁啟超於 1913 年
3 月 15 日提出的《中華民國憲法草案》中，雖然定有由「國會」兩

院議員組成的「國會特會」及「國會」兩個專章，並賦予「國會」
擁有立法及在一定範圍內監督政府的權力，但其第一條卻規定：「中
華民國永遠定為統一共和國，其主權以本憲法所定之各機關行之」[68]，
即表示並不認為由公舉議員組成的國會，乃為象徵「主權在國民」
的機關。

　　此外，無論君主立憲派或共和革命派認知中的「國會」，其與「議
院」的概念仍有不同之處，便在於「國會」必定需由國民以選舉方
式所組成。故而，在民國成立之初的臨時政府時期，代行「國會」
職權的機關由於並非經國民選舉所組成，遂乃稱之「參議院」而不
稱之為「國會」。同時，「國會」最主要的任務既在於制定憲法，故
即使定有「憲法」性質或地位的國家根本法，但只要不是由「國會」
所制定，名稱上便不能稱之為「憲法」。例如，「中華民國臨時約法」
或「中華民國訓政時期約法」的制定即是。從而，此也說明開「國
會」、立「憲法」與行「憲政」間的關係，乃為沒有「國會」即無「憲
法」與「憲政」。我們從 1912 年的「臨時約法」第五十四條：「中華
民國之憲法由國會制定，憲法未施行以前，本約法之效力與憲法等」
的規定中，也可得到相當程度的說明。

　　前已提及，「臨時政府組織大綱」第二十條規定，臨時政府成立
後六個月以內，由臨時大總統所召集者乃為「國民議會」；而在「臨
時約法」中，規定將要召開的則為「國會」。除了「國民議會」和「國
會」的名稱外，參議院依據「臨時約法」第五十三條「本約法施行
後十個月內，由臨時大總統召集國會，其國會之組織及選舉法由參
議院定之」的規定，於 1912 年 8 月 10 日制定的「中華民國國會組

---

[68]　梁啟超，〈中華民國憲法草案〉，輯於繆全吉編著，《中華民國制憲史料彙編—憲
　　法篇》，台北：國史館，1991 年 2 月，再版，頁 191-200。

織法」中，則又規定了「民國議會」由參議院與眾議院所組成。由此看來，「國民議會」與「民國議會」應該都和「國會」具有相同的概念，其須經由國民選舉而召開，皆是為表彰代表主權在民的機關，且最主要的任務也都在於制定憲法。

中華民國正式的國會經由選舉組成，但自 1913 年開幕以後，卻歷經了袁世凱等北洋軍閥的三度解散。孫中山在這段與北洋軍閥鬥爭的期間，曾對國會的性質與地位多所表達看法，且主要即認為國會乃象徵「主權在民」的機關。例如，袁世凱死後，1916 年 7 月 13 日，孫中山在上海歡送國會議員北上演講時說到[69]：

> 袁氏今已自斃，民國之大障礙已除。此後中國存亡責任，將在我國會諸君。何者？主權在民。民國之通義，若諸君則民國之代表，實中華民國之統治者也。……。立憲國之權鼎立，立法機關實為稱首之一部，立法機關無能自外，亦無能外之者。

從上述所引的內容可看出，在孫中山的觀念中的「立憲國」，雖然分成立法、行政及司法三權鼎立，但掌立法權的「國會」則因象徵「主權在民」，故具有「立法機關實為稱首之一部」的地位。1917 年 7 月孫中山在廣州為開非常國會（亦即護法國會），而和當地報界人士談話中，仍然強調了國會乃為主權在民的表徵。他說[70]：

> 兄弟以為今日救國之第一步，即當恢復國會，尤宜在粵開會。中華民國之約法，明定主權在民，國會為人民代表，議員之

---

[69]　孫中山，〈國會主權論〉，《國父全集》，第三冊，頁 160。
[70]　孫中山，〈恢復國會與組織正式政府〉，《國父全集》，第二冊，頁 510。

任期未滿，當然可以復會。有國會然後有統治機關，一切問題皆可由此解決。

由前述所引來看，孫中山對「國會」一詞所表達概念，則著眼於「國會係代表全國人民」，亦即國會乃為主權在民的表徵。是故，他也認為「有國會然後有統治機關」，而似乎把「國會」視為具有英國國會至上般的地位。1917 年 7 月在廣州另一場與記者會談時，孫中山強調地說到[71]：

> 國會係代表全國人民，今召集於此，即係未免分裂起見。……。查民國成立，國會一經開會，美國即首先承認。今召集於廣州之國會，猶見第一次在北京召集之國會。在共和國，國會具最高權，而今召集之國會，又即各國數年前所公認之舊國會，則外交方面如何能發生困難乎？

在此一與北洋軍閥鬥爭期間，經由選舉產生而組成的「國會」，則被孫中山視為象徵「主權在民」的「立法機關」。然而，若就「國會」所應掌有的權能而言，除了包括制定憲法在內的「立法權」外，還包括前已提及梁啟超所認為的「監督權」。因為，對君主立憲派來說，「國會」既係代表國民之一方來監督政府施政，「監督權」自也為象徵「主權在民」之「國會」所理應掌有。何況，就西方的「國會」而言，「立法」也僅是其諸多的功能之一，且並不能算是最重要的功能。對此，袁世凱解散國會之後設立備其諮詢「政治會議」，對「國會」的功能即已有類似的見解[72]：

---

[71] 孫中山，〈解決時局最美最易之法厥惟〉，《國父全集》，第二冊，頁 511。

[72] 吳宗慈編纂《中華民國憲法史前編》，頁 64-65。文句中之標點符號為本書作者

> 查造法機關專以改造國家之根本法為其唯一之權能，而並無
> 監督政府之責任，其性質與國會懸殊。蓋國會雖通稱為立法
> 機關，而其實質上之作用則在代表人民監督政府，故憲法學
> 者以為與其稱國會為立法機關，毋寧稱以監督之為愈也。

　　上述指出了「國會」的功能除了「立法」之外，更為重要者則在代表人民來監督政府，此對孫中山後來建構「權能區分」的理論，應當也造成了一定程度的影響。事實上，早在清廷公布預備立憲上諭後不久，1906 年 12 月 2 日孫中山在東京民報一週年紀念會上演講，於闡釋他的五權分立憲法理念時，即主張監督彈劾的糾察權，應該獨立於立法機關之外。他說[73]：

> 就是現在立憲各國，沒有不是立法機關兼有監督的權限；那
> 權限雖然有強有弱，總是不能獨立，因此生出無數弊病。比
> 方美國糾察權歸議院掌握，往往擅用此權，挾制行政機關，
> 使他不得不頫首聽命，因此常常成為議院專制，⋯⋯。

　　由上述所引內容可知，孫中山所已了解之立憲各國的立法機關，尚兼有監督彈劾的「糾察權」。故而，他還主張「糾察權」應如同中國本有的御史制度，要從立法機關中獨立出來，否則便容易造成「議院專制」。此處孫中山所以使用「議院專制」的詞彙，當係因具體地指稱美國國會中的「參議院」（Senate）而言[74]。然而，若就孫中山所認知的「國會」來說，性質上為象徵「主權在民」的機關，

所加。

[73] 孫中山，〈三民主義與中國民族之前途〉，《國父全集》，第三冊，頁 14。

[74] 實際上，美國國會彈劾權之行使，係由眾議院提出，經參議院批准才能成立。

而在權能上則為立法（包括制定憲法）並兼掌監督政府的「立法機關」。我們發現，孫中山在上述 1906 年 12 月時的演講中，雖然已提到了「五權分立」的憲法理念，但尚未形成他的「權能區分」之理論，而民國之初實施國會制度的失敗，當是他建構「權能區分」理論的經驗基礎。故概略來說，完成北伐統一之後，中國就不再有以「國會」為稱謂的制度。此一情形，至少就中華民國憲政制度之發展而論，當是受到孫中山「權能區分」之理論的影響。

眾所皆知，孫中山把「權能區分」理論正面表述為「人民有權，政府有能」，但若從負面來表述，則未嘗不也意味了「人民應有權，但人民不一定有能」。換言之，本書認為孫中山歷經了實施國會制度的失敗後，除了驗證所主張「軍政」、「訓政」及「憲政」之革命建國三步驟的合理性外[75]，他還進一步地從實施國會制度的失敗中，體認了「人民應有權，但人民不一定有能」的現實，並進以之作為建構「權能區分」論理的經驗基礎。因此，孫中山主張區分「政權」和「治權」，即意味了「人民主權」機關與「立法」機關應該有所區分，而這也正是針對「國會」選出了「豬仔議員」[76]等現象所發。由於「民國議會」或「國會」均表達象徵「主權在民」與掌理「立法」的概念，故依據孫中山的「權能區分」之理論，當象徵「主權在民」與掌「立法」功能的機關應予分離後，「民國議會」或「國會」的詞彙便不再使用。所以，除訓政時期本不舉辦選舉而不談外，我們可以發現，「國民大會」為孫中山規劃中的「政權」機關，實亦即為象徵「主權在民」的機關；而「立法」則被歸為的政府治能，故乃成為以「院」為名稱的「治權」機關。

---

[75] 孫中山，〈孫文學說・第六章能知必能行〉，《國父全集》，第一冊，頁 387-389。
[76] 孫中山，〈民權主義・第四講〉，頁 98。

　　其次,「國民大會」的組成份子稱「代表」,已不若「國會」的組成份子稱「議員」,此一改變,也當與「國民大會」不具有「議政」的功能有關。同樣地,立法院的組成份子稱「委員」也非「議員」,則與孫中山設計中的立法院為專家立法,且屬於政府權能的「治權」機關有關。並且,稱「委員」也意味了並非由國民直接選舉產生,而是受「國民大會」之委託而專責立法的人員,故並不是象徵「主權在民」的機關。孫中山在其所著〈民權初步〉中說:「委員會,乃受高級團體之命令而成,以審查所指定之事,而為之解決,或為之籌備者」[77],依此應可說明立法「院」的立法者所以稱為「委員」,當係因其乃受政權機關之「國民大會」所委託之故[78]。由此來看,在孫中山權能區分下的五權憲法理論,「國會」的性質與地位由「國民大會」所承續,但若論及功能,則又再分出了「立法院」及「監察院」兩個治權機關。

第三節　我國議會思想的淵源

　　本節將討論形成我國議會思想的淵源,而此處所稱的「議會」,係泛指「議院」或「國會」而言。關於形成我國議會思想的重要淵源,本節將先從討論民權的概念出發,進而論及中國傳統思想中的公、私觀念,以及內聖外王的德治思想。

---

[77]　孫中山,〈民權初步〉,《國父全集》,第一冊,頁 556。

[78]　1871 年(清同治十年)清政府在上海設立「幼童出洋肄業局」,專司帶領幼童出洋留學的招生事宜。並委派四品銜刑部候補主事陳蘭為駐洋「正委員」,而容閎則為「副委員」。由此看來,「委員」之概念亦係指受委任辦理特定事務之人員。

壹、謀及庶人的議政與自主之權

大約在 1870 年代以後，中國的言論界才漸漸開始使用「民權」一詞。基本上，清末時人開始使用「民權」一詞時，其語境係相對於「君權」而言的概念；亦即，「民權」係指從「君權」中，再分出來讓人民參與議政的權利。然而，「民權」並不僅具有「參與議政」的涵義，但它的確切內涵究竟為何呢？本書在此略做說明。

孫廣德曾經對戊戌前後「民權」的意義，歸納為三項要點：(1)權之在民者，包括「國權在民」及「主權在民」；(2)人人自主之權；(3)人民本有之權。而對民權的內容，則歸納為：(1)參政權，包括了選舉權、罷免權、被選舉權、議政權、立法權及服官權等六種；(2)自由權；(3)平等權；(4)其他權利：如所有權、請願權、身命權及財產權等。他並強調，民權的意義是就當時談民權者的分別解釋，故彼此未必相關而不能替他們加以綜合，並從而認為民權的意義就是這三者所構成。但相對地，也並不表示這三者因不相關連而無須綜合，而即可以分別單獨地解釋民權[79]。上述孫廣德的歸納，大致上可稱允當。只不過，他所據以做成歸納的「民權」，似乎是他自己內心中預設的「民權」，而未必皆是倡言民權者的原意。也就是說，即使倡言民權者自述某種「權」即為「民權」，但卻可能基於後世研究者自己的認知，而將該種權排除於「民權」之外。例如，孫廣德徵引梁啟超 1899 年 6 月的〈論中國人種之將來〉一文，對其中謂：「泰西所謂文明自由之國，其所以保全人類，使之發達者，有二端：曰

---

[79] 孫廣德，〈戊戌前後的民權思想（1894-1903）〉，輯於中央研究院近代史研究所輯，《中國近代的維新運動—變法與立憲》，台北：中央研究院近代史研究所，1982 年，頁 12-20。

參政權，曰自治權」的說法[80]，他取「參政權」卻排除了「自治權」為「民權」[81]，即係以自己認知中的民權概念為取捨，而非根據作者梁啟超自己的界定。

事實上，在近代中國形成「民權」思想的過程中，由於每個言說者隨著時間的推進，不僅在認識與理解上互有差異，即使個別言說者在不同的時期，也會對「民權」做出不同的詮釋。因此，對於「民權」涵義的研究，就只能從那個時代言說者淩亂紛陳的看法中，來加以探知、歸納與解釋，但未必即能精準地全盤掌握。雖然如此，「議政之權」為「民權」的內涵之一，而議會制度即為體現民權的制度，則當無疑義。

民權固然主要係指人民的議政之權，但民權之說的立論基礎，卻可謂出自於「人人有自主之權」。康有為在 1885 年所著的《實理公法全書》中，他以西洋的幾何公理為比喻，認為「人各分原質以為人及各具一魂」，並進而論證出「人人有自主之權」[82]。而他的弟子歐榘甲也曾說[83]：

> 變之自下者何，泰西諸國是也。當美、法之民大變也，全球震盪，民智豁開。歐洲諸國，人人知有自主之權，人人知有當為之事，而譁然而起，英民尤甚。……迨其後，民氣日昌，民權日重。

---

[80]　梁啟超，〈論中國人種之將來〉，飲冰室文集（三），台北：中華書局，1960 年，台初版，頁 48。

[81]　孫廣德，〈戊戌前後的民權思想（1894-1903）〉，頁 15。

[82]　康有為，〈實理公法全書〉，《中國現代學術經典：康有為卷》，石家莊：河北教育出版社，1996 年，頁 6。

[83]　歐榘甲，〈變法自上自下議〉，輯於麥仲華編，《皇朝經世文新編》，卷一中，通論，台北：文海出版社，影印光緒戊戌本，頁 96-97。

　　上述歐榘甲這段話的意義，即意味了「人人知有自主之權」以後，「民權」乃日重。此外，張朋園認為梁啟超曾經給「民權」做出了如下之定義：「西方之言曰：人人有自主之權。何謂自主之權？各盡其所當為之事，各得其所應有之利，公莫大焉，如此則天下平矣」[84]。此一「民權的定義」，係出自梁啟超 1896 年 10 月 27 日在《時務報》上所發表的文章，但在這篇題為〈論中國積弱由於防弊〉的文章中，梁啟超卻未明確提及「人人有自主之權」即為「民權」[85]。儘管如此，在戊戌前後倡言「民權」者的著述中，雖然未必直接而明確地指稱「人人有自主之權」即為「民權」，但由於在論述「民權」時，往往還以「人人有自主之權」來做說明，故當可視「人人有自主之權」為「民權」的立論點。

　　然而，何謂「自主之權」呢？根據劉廣京的考察，1864 年由美國在華傳教士丁韙良（William Alexander Parsons Martin）[86]主譯的《萬國公法》中，將 independent sovereignty 翻譯為「自立自主之權」，而將庶民的 rights 翻譯為「權利」。但是，書中對「自主之權」、「主權」及「權利」等詞彙，也經常互換使用，而在「庶民的權利」與「國家對外的主權」間，給予讀者覺得應有所關聯的印象[87]。基於

---

[84] 張朋園，《梁啟超與清季革命》，台北：中央研究院近代史研究所，1999 年，版 2，頁 43。

[85] 梁啟超，〈論中國積弱由於防弊〉，《飲冰室文集點校》，第一集，頁 81-83。

[86] 丁韙良（1827-1916）係美北長老會派至中國的傳教士，在中國生活了 62 年（1850 年-1916 年，期間有 4 年時間不在中國），曾長期擔任中國著名教育機構北京同文館和京師大學堂的總教席，是當時在華外國人中的「中國通」，參閱 http://zh.wikipedia.org/wiki/%E4%B8%81%E9%9F%AA%E8%89%AF，上網檢視日期：2005 年 12 月 18 日。孫中山在〈民權主義‧第五講〉，曾說過一個「美國教授，叫做丁韙良」在北京西山和當地農夫對話的故事，見《國父全集》，第一冊，頁 109。

[87] 劉廣京，〈晚清人權論初探—兼論基督教思想之影響〉，《新史學》，第 5 卷第 3 期（1994 年 9 月），頁 6。

此，我們或可推知，「人人自主之權」當含有人民的「權利」之義，
且此庶民的「權利」，還是從「國家對外的主權」之意義上，再衍伸
至庶民的「權利」。此外，美國傳教士林樂知（Young J. Allen）在
1875 年 6 月 12 日的《萬國公報》中，為文介紹西方民主制度時，
即係從「自主」為立論點，而推衍出「公舉國王」的道理。他寫到[88]：

> 按泰西各國所行諸大端，其中最緊要而為不拔之基者，其治
> 國之權屬之於民，仍必出之民，而究為民間所設也，推原其
> 故，緣均是人也。……不觀人之耳目手足乎？或為君或為臣，
> 耳目手足無所加焉；降而至於民，耳目手足無所損焉。因恍
> 然於治國之法亦當出之於民，非一人所得自主矣。然必分眾
> 民之權彙而集之於一人，以為一國之君，此即公舉國王之義
> 所由起也，而輔佐之官亦同此例矣。

　　在上述所引林樂知的這段話中，所謂的「治國之權」，應理解為
「治理國家的權利」，亦即指人民應有治理國家的「資格」或「能力」。
並且，林樂知說明了國家係為了人民而設，或治國之權係由人民所
創設，而無論君、臣或民，也都是具有相同耳目手足的人。所以，
治理國家的方法亦應由人民參與來決定，而非一個人所得「自主」。
也因此，國家元首的權利，必定要由眾民的「自主」之權彙集而來，
而這也是國家元首應由公舉產生的理由。關於林樂知的這段文字，
劉廣京認為「已可看出他們所用的『自主之權』一詞，意義和自由
與權利都很相近」[89]。

---

[88]　見《萬國公報》，第 7 卷第 340 號，台北：華文書局影印本，1968 年，第二冊，
　　華文版總頁 1083-1084。
[89]　劉廣京，前引文，頁 5。

　　然而，中國傳統儒家的倫理觀念，強調每個人皆應有其應有的社會位置，以及盡其所應盡本分、義務與責任。因此，雖然「民權」即係指人民的「權利」，但西方「權利」概念融入於儒家文化後，卻往往意味了人民理應為國家貢獻心力，進而擔負起參與政治的責任。基本上，在中國的儒家倫理文化裡，原本即傾向於菁英政治，而一般平民百姓為「庶人」，自需遵循「庶人不議」的倫理份際。所謂的「庶人不議」，簡單來說，係指平民百姓不應對政治好發議論；而其根據，則為孔子在《論語‧季氏》中所說的：「天下有道，則政不在大夫。天下有道，則庶人不議」這段話。也因此，「庶人不議」的儒家義理，就成為反對民權之說的依據。

　　儘管如此，主張民權之說者從中國古代典籍中，同樣找出了倡言民權的依據。他們除了強調「庶人不議」的前提是「天下有道」外，更以提倡民權之說係因「天下無道」而必須「謀及庶人」。所謂的「謀及庶人」，係語出《尚書‧洪範》的記載，時殷人箕子對武王談到：「汝則有大疑，謀及乃心、謀及卿士，謀及庶人，謀及卜筮」這一段話。簡單來說，這段話是指君主處理國家大事有「大疑」時，應該首先要「謀及乃心」的「自省」；其次為「謀及卿士」而向重要的臣屬官吏請教；再其次是「謀及庶人」，而需要詢問民眾的意見；最後則是「謀及卜筮」，亦即以卜筮的方法來探求神意或天意。例如，1896 年 10 月 27 日，梁啟超在其〈論中國積弱由於防弊〉一文中，對於其主張開議院的理由，即以「謀及庶人」為依據。他強調[90]：

---

[90]　梁啟超，〈論中國積弱由於防弊〉，《梁啟超文集點校》，第一集，頁 82。

> 古者國有大事，謀及庶人，漢世亦有議郎、議大夫、博士、
> 議曹，不屬事，不直事，以下士而議國政（餘別有《古議院
> 考》），所以通下情，固邦本。

　　由上述所引可知，梁啟超面對「庶人不議」的儒家義理時，則
同樣以古代儒家經典裡的「謀及庶人」之說，來作為主張民權的正
當性基礎。所以，清末倡言民權並主張開議院者，首先要解決的問
題，便是要從儒家經典的義理中，找到可將「庶人不議」轉變「謀
及庶人」的依據。其次，他們從西方引進了「人人有自主之權」的
概念，並以為只要人人具有了自主之權，人民便能藉由開議院而參
與議政，進而達到使國家強盛的目標。換言之，一開始形成的「民
權」思想，是為了用來救國與強國，既不是為了反映或彙集人民本
身的利益，也不是為了控制政府或限制君權。基於此，清末主張的
「民權」，雖然指的是人民的「權利」，但在實質內涵上，卻表現出
了傳統知識分子對國家民族的責任觀。

貳、傳統的公、私觀念及其運用

　　在中國傳統政治思想中，「公」與「私」的觀念是一條主流，且
直到現今的政治文化，「公」與「私」仍然是政治上的道德規範。基
本上來說，「私」被視為不道德的，但在建構「開議院」或「開國會」
的原理時，卻曾採取了鼓勵「私」的觀念。因此，接下來將說明主
張建立議會制度背後的「公」、「私」觀念。

　　西方近代的「公」（public）「私」與（private），主要指社會上
公共的和非公共的兩個不同畛域，故也常為政治學或社會學上的概
念。但中國傳統思想裡的「公」與「私」，則主要係屬於倫理學和形

上學的概念，且要深切瞭解中國的公、私觀念，則必須從認識宋明理學的傳統著手。

基本上，「公」的概念在中國傳統思想中，雖等同於純粹至善的天理，但卻難以從正向給予一個積極的定義，而須從反向的「無私」或「背私」之消極釋義的方式來定義。並且，經過宋明理學家五百多年的共同努力，「公」與「私」成為了善與惡的二分法，早已積澱在中國文化的最深層結構裏，並成為價值系統中最核心的組成部分[91]。因此，「公」與「私」之間存在著「破私」才能「立公」，或是「滅私」才能「存公」的關係，並意味了宋明理學將一切道德與不道德，都化約成了「公」與「私」的問題[92]。

在宋明理學中，「私」最主要被視為一種不道德的自我「私欲」，而「公」則是以「刪除法」來界定；亦即，去了「自私自利」等私欲後，便能成就「公」或保存「公」。就政治上而言，在滿清入主中國之初，此種觀念就有了轉變，且還為受異族統治之辱的投射。例如，黃宗羲為明末清初批判君主專制最力者，在他的《明夷待訪錄》中，表現出了限制君主的思想與方案，狄百瑞（Wm. Theodore De Bary）遂視之為中國憲政主義的本土資源，並將黃宗羲的思想與主張稱為「儒家憲政主義」（Confucian constitutionalism）[93]。然而，黃宗羲的「儒家憲政主義」思想之原理，其實還是立基於「公」與「私」的觀念上。基本上，黃宗羲的立論點，係將滿清異族統治看成「私

---

[91] 瞿志成，〈宋明理學的公私之辨極其現代意義〉，輯於黃克武、張哲嘉主編，《公與私：近代中國個體與群體之重建》，台北：中央研究院近代史研究所，2000年，頁 1-3。

[92] 黃克武，〈引言〉，同上註書，頁 iii。

[93] Wm. Theodore De Bary, *Asian Values and Human Rights: A Confucian Communitarian Perspective* (Cambridge: Harvard University Press, 1998), pp.100-104。

天下」，以凸顯「私」的不道德，進而質疑滿清統治的正當性。也因此，在黃宗羲的看法中，君主專制就成了天下大害之私欲的源頭，他認為[94]：

> 後之為人君者不然。以為天下利害之權皆出於我，我以天下之利盡歸於己，以天下之害歸於人，亦無不可。使天下之人不敢自私，不敢自利，以我之大私為天下之大公。始而慚焉，久而安焉，視天下為莫大之產業，傳之子孫，受享無窮。……，古者以天下為主，君為客，凡君之所畢世而經營者，為天下也。今也以君為主，天下為客，凡天下之無地而得安寧者，為君也。是以其未得之也，屠毒天下之肝腦，離散天下之子女，以博我一人之產業，曾不慘然。曰：我固為子孫創業也。其既得之也，敲剝天下之骨髓，離散天下之子女，以奉我一人之淫樂視為當然。曰：此我產業之花息也。然則為天下之大害者，君而已矣。向使無君，人各得自私也，人各得自利也。嗚呼！豈設君之道固如是乎？

上述所引這段話，說明了黃宗羲是從「私欲」的角度，來批判君主專制的「私天下」。故而，狄百瑞以黃宗羲對君主權力的運用，提出了制度化限制的主張，而認為具有了將憲政主義制度化的意義。然而，黃宗羲所提出的「憲政主義」原理，其實正係根源於中國傳統思想裏的「滅私立公」，或是「去私欲」以成「天下為公」。需要留意的是，儘管黃宗羲反對君主「私天下」的「私欲」，但從「後之為人君者不然。以為天下利害之權皆出於我，我以天下之利盡歸

---

[94] 黃宗羲，《明夷待訪錄‧原君》，台北：新興書局，1968 年，清道光十九年原刻本影印，頁 9-10。

於己，以天下之害歸於人，亦無不可。使天下之人不敢自私，不敢自利，以我之大私為天下之大公」中可看出，他已肯定了主要是指個人欲望和私有財產的「私」，而這也可說在明清之際，中國思想界對「私」的觀念有了進一步的發展[95]。

顧炎武對於「私」，更明確地表達了肯定的立場，且他並不認為非得去私始能存公，故對「私欲」也未全盤地予以否定或抹煞。顧炎武認為，地方官吏的私欲是造成明朝覆亡的重要原因之一，但他卻從中體會出了「以私成公」的道理。在顧炎武的看法中，私欲既為不可盡滅的人之常情，故不如將之融入制度設計中，使之反而能夠具有「以私成公」的效用。然而，顧炎武為什麼改變了傳統對「公」與「私」關係的看法呢？由於他在明朝末年時，看到地方官吏因有任期制度，不僅在位時竭盡搜刮與聚斂財富，當遇流寇和滿清入關時，又為了保存自身性命與財富而諉棄百姓。顧炎武因而認為，如果在制度上把地方官所轄之地改成守令的封邑，由於這些封邑本為他們的私產，故除了不必在短期內汲汲於聚斂財富外，更會在「私欲」的驅使下勇於捍衛自己的私產。這些想法，即是顧炎武在其〈郡縣論〉中的要旨[96]，而他認為「私欲」若在特定情勢下能夠操控得宜，也可能產生某些「公」的效果。換言之，未必要靠「滅私」或「去私」始能「立公」或「存公」，「轉私成公」一樣能夠「合天下之私以成天下之公」。

---

[95] 黃克武，〈從追求正道當認同國族—明末清初至清末中國公私觀念的重整〉，輯於黃克武、張哲嘉主編，前引書，頁 61。另參余英時，〈中國近世宗教倫理與商人精神〉，輯於余英時，《中國思想傳統的現代詮釋》台北：聯經出版事業公司，1987年，頁 346。

[96] 參閱顧炎武，〈郡縣論〉，《亭林文集》卷一，收於《四部叢書》（077 冊），台北：台灣商務印書館，1987 年，頁 10b。

　　儘管顧炎武此處對「私欲」的看法，與其他人有些許的不同，但在他絕大部分的思想中，卻仍是主張「滅私存公」，而站在宋明理學核心價值的立場上[97]。但須注意的是，主流儒家論述中對「恆產」、「因民之所利而利之」與通商觀念皆持肯定的態度，而這也是明清思想家肯定「私」（特別是私有財產）的重要基礎。在此基礎下，晚清時通過對「私」的概念再予以細緻化的區分，例如，統治者之私與庶民之私，或是道德上應貶抑的損人利己之私與合乎情理之私，而和明、清之際時相同，皆是以「合私以為公」的角度來肯定某種的「私」。但是，明末所注重的私是指個人欲望和私有財產權，清末對公私的討論則更為關注全體國民能夠「私其國」[98]。

　　到了晚清時代，「公」與「私」的觀念及其兩者間關係發生了轉變，並成為我國議會思想的重要原理。例如，梁啟超在〈論中國積弱由於防弊〉一文，就是從「公私之義」為起點，將「人人有自主之權」論述為「各盡其所當為之事，各得其所應有之利，公莫大焉」，並進而認為「國者積權而立，故全權之國強，缺權之國殃，無權之國亡」[99]。很明顯地，梁啟超在論述「人人有自主之權」或民權時，即係以公、私的觀念為其理論的起點，並認為國家不能強盛，完全

---

[97] 「合天下之私以成天下之公」語出顧炎武《日知錄》的〈言私其豵〉條。尚須注意者是，「合天下之私以成天下之公」中的私字，指的是人們仰事俯畜的生計以及由此而衍生的一切計度思量。而這些計度思量，雖然也包括了私欲在內，但在絕大多數的時候，卻代表著一種合情、合理和合法的正當思維，故宋明理學家從不視為私欲而加以非議。然而，「合天下之私以成天下之公」其實不過是孟子「明君制民之產」的另一種表述方式，但卻常為近、現代學者誤解為提倡私欲的證據。此外，顧炎武談到「轉私成公」之處，和他批評私欲的言論相比也簡直微小的不成比例，所以，「滅私存公」還是他們思想裡的核心價值。詳細請參閱瞿志成，前引文，頁 43-45。

[98] 黃克武，〈從追求正道當認同國族—明末清初至清末中國公私觀念的重整〉，頁 64。

[99] 梁啟超，〈論中國積弱由於防弊〉，《飲冰室文集點校》第一集，頁 83。

起源於「公私之義」的混淆。因此,梁啟超所建構的人人有自主之權或民權的理論,係認為累積或合成人人的自主之權或民權,即能夠成就國家的「國權」。換言之,在人人有自主之權或民權背後,指導此一理論的思想,即可說是「合私以為公」或「積私成公」;而若論及具體落實人人有自主之權或民權的制度,則是君民共主前提下的「開議院」。此外,1901 年梁啟超在《清議報》發表〈十種德性相反相成義〉一文中,從楊朱的「人人不拔一毫,人人不利天下,天下治矣」之說中[100],又體會出養成人人「自利」的德性後,國民反而可以將國家權利當成自己的權利。換言之,國民擁有自主之權或民權的目的,既然係賦予國民擔負救國與強國的義務與責任,故才須先經由「開民智」的內化過程,使國民養成愛國與為國貢獻的德性。由此看來,梁啟超這套理論背後的指導思想,即可謂是「轉私成公」或「假私濟公」,而若落實到具體可操作的制度,則仍然是「開議院」或「開國會」。

除了梁啟超外,何啟與胡禮垣在其《勸學篇書後・正權篇辨》裏,就張之洞在其《勸學篇上・正權第六》中認為,人人有自主之權導致了「家私其家、鄉私其鄉」為等「自私」的看法[101],也是從「轉私成公」或「積私成公」的角度予以批駁。例如,他們兩人對張之洞的批駁即是從公私之義為立論點,並同樣採取了墨翟、楊朱等學說,主張「但能知人之私之未能,一知己之私之未能盡蠲,如此則合人人之私以為私,於是各得其私,而天下亦治矣」[102]。從而,藉由「合私以為公」便成為了「各得其私者,不得復以『私』名之

---

[100] 梁啟超,〈十種德性相反相成義〉,《飲冰室文集點校》第二集,頁 695。

[101] 詳參張之洞,何啟及胡禮垣撰,馮天瑜、蕭川評注,《勸學篇・勸學篇書後》,武漢:湖北人民出版社,2002 年,頁 93。

[102] 同上註書,頁 343-344。

也，謂之『公』焉可也」，也就是認為「各得其私」可以達到「轉私成公」或「積私成公」的效果。最後，基於「天下為公」之目的，人人便應擁有的自主之權或民權，且在政治制度上需要藉由一種得以「轉私成公」的機制來實現，故「議院之設，謂欲各得其私耳」，就是這種得以「轉私成公」的機制。基於此，「轉私成公」即可謂是設立議院制度的原理。

我們還應注意到的情形是，論證「合私以為公」具有道德的正當性，基本上是針對統治階層所提出的訴求。相對來說，「轉私成公」或「積私成公」則為人民所亟待具有的德性，故開議院雖然是得以「轉私成公」或「積私成公」的制度設計，但卻又要以「開民智」為前提。對此，梁啟超有名的「公德」與「私德」之分與提倡公德[103]，自也與先「開民智」後「開議院」屬同一思想脈絡。同樣地，嚴復認為要使人民從「私」自身出發，再合為「私中國」的「公德」，就必須於京師設議院，以動員與激發人民對中國的忠愛之心。他說[104]：

> 是故居今之日，欲進吾民之德，予以同力合志，連一氣而禦外仇，則非有道焉使各私中國不可也。顧處士曰：民不能無私也，聖人之制治也，在合天下之私以為公。然則使各私中國奈何？曰：設議院於京師，而令天下郡縣，各公舉其守宰，是道也欲民之忠愛必由此；欲教化之興必由此；欲地利之盡

103　梁啟超，〈新民說〉，《飲冰室文集點校》第一集，頁 547-608。
104　嚴復，〈原強〉，1895 年二月初八日上天津《直報》，1896 年七月增刪上《時務報》。引自李宗侗主編，《中國學術名著第七輯：嚴幾道文鈔》，台北：世界書局，1971 年，根據蔣貞金輯，1922 年上海國華書局刻本影印，第一卷，頁二十六（總頁 65）。

必由此，欲道裏之闢商務之興必由此；欲民各束身自好而爭
濯磨於善必由此。嗚呼！聖人復起，不易吾言矣！

　　總而言之，無論是針對統治者的「合私以為公」，或是針對被統
治人民的「轉私成公」或「積私成公」，「公」就是晚清以來的最高
道德。並且，在晚清時的內、外環境下，在「公」的涵義裡，還包
括了具備為中國圖強救亡而獻身的德性。

參、成德成賢的內聖外王思想

　　對中國人來說，政治可說是一種道德事業，而參與政治除了是
自我的道德實現外，也是對自我的道德實現之最後檢驗。孔子在《論
語》中的思想體系核心可謂是「仁」，而在《論語・里仁篇》中，曾
子認為「夫子之道，忠恕而已矣」，即表示「忠」和「恕」是行「仁」
的兩種方法。基本上，「仁」表示一種雙重準則的人生理想，它講「修
身」，表示個人負有不斷追求人格上道德修養的義務。並且，當一個
人修練自己的道德品德時，他同時還負有「擴大」自己的道德修養，
也就是幫助他人實現道德修養的責任。所以，「忠」為關心自身的義
務與「恕」為關心他人的義務，兩者間乃不可分割地聯繫在一起。
也因此，儒家思想還認為關心他人的責任或義務，只能通過致仕為
官才能達成，故用儒家的術語來說，「對君子而言，關心他人的義務
幾乎肯定就是對『經世致用』的承認」[105]。然而，本書所關切的問
題是，無論是個人道德修養的「忠」，或是進而幫助他人完成道德修

---

[105] 張灝著，崔志海、葛夫平譯，《梁啟超與中國思想的過渡》，南京：江蘇人民出版
社，1997年，頁6-7。

養的「恕」，政治既然是一個講求「內聖外王」的道德事業，參與政治也就成為一位儒生應該負有的責任與義務。換言之，這種實現道德的責任與義務，是基於「道德」的屬性為「應該」要做，而且也是有能力做到的事情。

西方漢學家墨子刻（Thomas A. Metzger）認為，中國從春秋時代以後，主流的政治思想就有樂觀主義的傾向，而與西洋古代以後的思想主流完全不同。例如，儒家不僅有「內聖外王」的理想，且覺得三代已經實現了這個理想，因而樂觀地相信現在的人們同樣也有能力回復而達到這個理想。故按照此一儒家的入世精神，人們也相信能使現實的政府徹底道德化。換言之，由於對人的質性與能力都持樂觀的看法，從而認為人們具有知「道」的能力，且人們也因沒有原罪而可超越所有的成見。因此，中國人相信道德的重要功用，且通過德化的作用，只要君子在位便能使整個社會很快就獲得改善[106]。中國儒家裏的內聖外王之德治思想，是讓德性與智慧來指導和駕馭政治權力，而自先秦儒家以來都是此為解決政治問題的基本途徑。所以，二千多年來儒家政治思想的發展理路，也就順著這個觀念為主要方向，所謂的「修、齊、治、平」便也成了讀書求學問的目的、責任與義務。因此，如果將《大學》這本書所環繞的三綱領、八德目看作儒家思想的基本模式，這個基本模式張灝認為是由兩個觀點所構成：一、人可由成德而臻至善；二、成德的人領導與推動政治以建造一個和諧的社會。而貫穿這兩個觀點的是一個基本信念，則是政治權力可由內在德性的培養去轉化，而非由外在制度

---

[106] 墨子刻，〈從約翰彌爾民主理論看臺灣政治言論〉，《當代》，第 24 期（1988 年 4 月），頁 94-95。

的建立去防範[107]。這也意味了儘管「普遍王權」下的皇帝並非生而德才兼備，但儒家的意識型態為「用德化的理想教育統治者，至少使他們有所戒懼，不敢肆意為惡」[108]。並且，秦漢統一後所建立由士大夫為主體的官僚體制，再經由科舉考試制度將儒生轉化為儒吏，因而實踐儒家道德理想與維護倫理秩序，便皆成為了統治階層所共同胸懷的責任與義務。

所以，儒家思想因認為人皆可以透過修身而成德成賢，故而應由有道德的人來負責政治的推行，如此即為行仁政而能使社會達到理想的境界。在此一思想的脈絡下，政治權利對儒家思想來說，是因為人能成德成聖而負有實現道德的責任與義務，故統治者是以懿行美德而非法律來影響百姓，以為通曉事理的文明人會受統治者這種榜樣和高尚行為規範的指導，並無需繩以法規。同時，中國人也不把法律看做社會生活中來自外界的、絕對的東西，不承認有什麼通過神的啟示而給予人類的「較高法律」，如孔子所講的禮法是來自自然領域本身的到德性質，而並非來自人類無從認識的另外一個世界。因此，所謂的法律條例，都是道德精神的一種表現形式，係用來提供仿效的模範或榜樣，或是施政或守禮的有效準則[109]。故而，中國人雖然也有禮、法等法律的規範，但這種法律是從屬於道德。在晚清時代中國遭受外來的入侵進逼時，對人性抱持積極樂觀態度及應負有道德的責任義務，便與興民權和開議院的救國思想相取得了脈絡的一致性。

---

[107] 張灝，《幽暗意識與民主傳統》，台北：聯經出版公司，2000 年，版 2，頁 28。

[108] 劉述先，〈從民本到民主——為陶百川先生八十大壽而作〉，輯於時報文教基金會編，《近代中國的變遷與發展——人文及社會科學的探索》，台北：時報文化出版公司，2002 年，頁 28。

[109] 費正清（John King Fairbank）著，張理京譯，《美國與中國》，北京：世界知識出版社，2003 年，頁 109。

第四節 小結

在本章的討論中首先指出，在近代中國的政治發展史上，比提出「立憲」或「憲政」的訴求還更早，且一直是倡導民權者主張政治制度改革的核心內容，便是「開議院」和「開國會」。然而，儘管「議院」和「國會」都是轉譯自西方制度的詞彙，但連同「議會」一詞，何以都是用來指稱這套西方制度的不同譯名？對於此一疑問，本書尚未發現對此進行研究的著作，但卻認為「議院」與「國會」所表達的概念應該有所不同。

同時，轉譯自西方制度的概念並作為一種政治上的訴求，從中文詞彙選擇的本身來說，不僅可從中探究所受到的本國文化之影響，且從政治訴求的詞彙發生變化當中，也可藉以看出政治思想的變遷，或是政治行為者的行動策略有所改變。因此，本章即是以不同詞彙應表達不同概念之假設出發，就近代中國政治史上具重要地位的政治行動者或思想家者，從他們使用「議院」或「國會」一詞時的語境中，來分析所要表達的確切概念，並進而區別「議院」與「國會」在政治主張上的不同之處。

經過本章的研究分析，基本上可證明「議院」和「國會」二詞彙的使用，的確在其所欲表達的概念上，乃具有重要性意義的差別。並且，儘管我們仍可發現，對同一位政治行為者或政治思想家來說，他們在使用「議院」或「國會」的詞彙時，仍會發生互替使用或未加區別的混淆。但是，這除了可歸因於觀念思想正處於變遷之際，而造成此種難以避免的現象外，也可能是為了有效的宣傳，而暫先使用人們已熟知的詞彙，但卻對該詞彙已增加了新的概念。

無論如何，「議院」和「國會」為不同詞彙，故應表達不同的概念，透過本章提出「國民」一詞的提出，再經與「謀及庶人」的「庶

人」一詞做個對照,當可說明從「議院」到「國會」在概念上的不同所在。除此之外,經由本章的討論,還得到以下幾點結論:

第一,「議院」的概念,較傾向於中國傳統的「言官」或「諫官」制度,故視「議院」的性質為擴大參與議政所設置的「衙門」。故而,「議院」的「議員」即使由公舉產生,但卻為另一種出仕為官而參與議政的管道。

第二,儘管基於興民權而主張開議院者,也是從中國傳統的民本思想出發,而向君主提出能夠使國家強盛的方法。他們的基本邏輯認為,國家未能強盛是因為君、民之間有了壅蔽,若君主開議院而力行政治動員,不僅能去除君、民間的壅蔽以通上、下之情,且還能糾集人民的智識與力量而使國家強盛。

第三,「國會」一詞的提出,意味「國民」概念的興起。對君主立憲派來說,「國會」乃代表「國民」一方的意思,並與君主一方的意思共同合為國家的意思。但對孫中山的共和革命派而言,「國會」一詞則具有了「主權在國民」的概念。

第四,「國會」和「議院」相同,在「三權分工」下皆為立法機關。但「國會」則因代表「國民」意思之一方,或即是象徵「主權在國民」的機關,則尚具有對政府的「監督權」。並且,民國建立後,也因「國會」為象徵「主權在國民」的機關,而同時成為憲法的制定機關。

第五,「公」與「私」的觀念,是中國傳統思想中的一個核心。在中國傳統道德思想裡,「私」代表著不道德,應該受到摒棄的行為。但是,清末時人在論述議會制度的正當性時,卻是以先培養「私己」,進而才能「私國家」為策略。故而,民權雖也具有「私己」的內涵,但卻仍負有「成公」的義務。因此,「開議院」或「開國會」均為體

現民權的制度，而「轉私成公」或「積私成公」，也成為建立議會制度的原理。

　　第六，清末形成的「民權」思想，是為了用來救國與強國，既不是為了反映或彙集人民己身的利益，也不是為了控制政府或限制君權。究其原因，則係清末知識份子以傳統的內聖外王思想，來詮釋西方設立議會制度的理由。因此，他們認為成德成賢之人，應該負責政治的推行，故人民應擁有參與議政的「權利」。所以，將儒家思想創造性轉化後的「民權」，其內涵實表現出中國傳統知識分子對國家民族的責任觀。

　　第七，孫中山「權能區分」理論的提出，不僅與民初國會制度失敗的經驗密切相關，其實還源自清末即已提出的「民智未開」。故而，在孫中山以「權能區分」為前提的五權憲法理論中，西方「國會」的權與能，則分別劃歸給了「國民大會」、「立法院」及「監察院」。

　　第八，從西方議會民主的最新發展來看，有愈來愈多的國家對行政部門日常運作的監督，設置了具有獨立性質的「監察使」（Ombudsman）負責，故孫中山將監察權從立法權分出的設計，比西方議會民主早了 100 年。並且，監察院從事權的角度分出而獨立，具有憲政制度設計上的先進性。至於孫中山主張的「國民大會」，則因概念模糊與未能了解其具體設計，故容易與「蘇維埃」發生混淆。同時，由於「國民大會」為非日常性的機構，就已註定了將被淘汰的命運。

第三章　建立議院或國會的憲政觀

　　清末提出「開議院」或「開國會」的主張，要較「立憲」或「憲政」稍早。然而，同樣都是改革政治制度的主張，但隨時間經過而改以不同的語彙為訴求，是否意味改革的內容有了根本性的改變？此外，當我們要表達 constitutionalism 的概念時，目前除較常以「憲政」或「憲政主義」來翻譯外，清末即已使用的「立憲政體」或「立憲主義」等詞彙，也被視為表達相同的概念。但是，在清末民初開始使用「立憲」、「立憲政體」或「憲政」等詞彙時，其所要表達的概念，是否與我們當前理解的 constitutionalism 仍然相同呢？換言之，清末追求「立憲」、行「立憲政體」或實行「憲政」，難道是在找尋使國家富強的方法上，認為引進 constitutionalism 便可達到國家強盛的目標？上述兩個疑問，將在本章的討論中找出解答。

　　要解答上述的兩個疑問，無可避免地牽涉了諸如「民主」、「民權」、「共和」及「憲法」等詞彙，其涵義在過去與當前恐怕並不相同。同時，這些詞彙儘管都是轉譯自西方概念的詞彙，但在選擇相對應的中文翻譯詞彙時，卻可能涉入了傳統文化的觀點在內。再者，當使用諸如「民權」、「民主」或「共和」等詞彙時，還經常與「立憲」、「立憲政體」或「憲政」等詞彙有著密切關連；例如，或為連綴而成「民主立憲」或「民主共和」之特定詞彙，或是以「民權」來說明「立憲」或「共和」的合理性等是。基於此，本章在探究上述問題之前，需就清末民初使用「民權」、「民主」或「共和」等詞彙時，對其所欲表達的概念先予說明與釐清，以能進一步了解「議

會」和「憲政」等詞彙的使用，在當時的中文語境裡有何重要的關連性？

第一節　「民主」、「民權」與「共和」的涵義

中華民國政治體制的設計，深受孫中山民權主義思想的影響，但孫中山的民權主義思想的形成，除了淵源自西方的學說事蹟者外，還包括了中國傳統儒家的民本思想，以及中國相傳的考試和糾察（監察）制度。故而，他自己曾總結地說：「余之謀中國革命，其所持主義，有因襲吾國固有之思想者，有規撫歐洲之學說事蹟者，有吾所獨見而創獲者」[1]。因此，當我們現在以「民主」的概念，來論述或評價近代以來中國所追求的「民主」制度時，就不得不先處理諸如孫中山等時人使用的「民權」一詞，和我們現在據以論述或評價的「民主」之概念，究竟兩者間有何異同之處？

壹、「民主」與「民權」的辨明

清末民初使用「民權」和「民主」這兩個詞彙時，皆是用來表達政治改革的概念，如孫中山主張「民權」、「民主立憲」或「民主共和」即是。然而，為何孫中山創建的是「民權主義」而非「民主主義」？難道在孫中山使用的詞彙中，「民權」和「民主」是用來表達相同的概念？相對來說，1899 年 7 月 28 日梁啟超在《清議報》

---

[1]　孫中山，〈中國革命史〉，輯於秦孝儀主編，《國父全集》，台北：近代中國出版社，1989 年，第二冊，頁 355。

上曾發表文章說：「夫民權與民主二者，其訓詁絕異」[2]，則明確說明了在梁啟超使用的詞彙裡，「民權」和「民主」乃表達不同的概念。

　　基本上，「民權」一詞的涵義，實具有多面向的指涉。根據日本學者溝口雄三的分析，中國使用民權一詞時，所要表達的概念可涵括「作為反君權的民權」、「作為地方分權的民權」、「作為國民權之民權」及「生民權問題之民權」等四個面向[3]。然而，這些「民權」的概念，是否也包括了當時所講的「民主」？或是蘊含了目前democracy 之義？則需要再加以探究與釐清釐清，避免未能精確掌握清末民初時人所慣用的政治術語。例如，梁啟超曾謂：「有君主立憲，有民主立憲，兩者同為民權」，孫廣德遂據此論斷：「凡當時諸人所講的君主立憲、民主立憲、虛君共和、民主共和、民權、立憲等，我們都以民主政治視之」[4]。孫廣德以清末一般人將「君主立憲」簡稱「立憲」，遂讓人以為與民主、共和及民權相對，而並不屬於「要為人民有權」的民主政治之範圍，但實則君主立憲和民主之立憲（共和）均屬民主政治。事實上，孫廣德此處係以「人民有權」來界定「民主」政治，也意味了時人使用「民權」或「民主」兩詞彙時，在概念上並無差別。然而，這樣的解釋卻過於簡略，並容易使讀者將孫廣德對「民主」一詞的界定，誤以為即是梁啟超那個時代的人，在使用「民主」一詞時所欲表達的概念。因此，對於清末民初時人

---

[2]　梁啟超，〈愛國論〉，輯於梁啟超著，吳松、盧雲昆等點校，《飲冰室文集點校》，第二集，昆明：雲南教育出版社，2001 年，頁 668。

[3]　溝口雄三，〈中國民權思想的特色〉，輯於中央研究院近代史研究所編，《中國現代化論文集》，台北：中央研究院近代史研究所，1991 年，頁 343-362。

[4]　孫廣德，《清末民初的民主思想論集》，台北：桂冠圖書公司，1999 年，頁 1-2。此處所引係此書的第一章「清末憲政運動時期民主政治的提倡」，而該章原載於《國立政治大學學報（下冊）》，第 71 期（1995 年 10 月），頁 1-34。

所使用的重要詞彙，便仍有必要先探究他們所要表達的確切概念，而避免以現在這些詞彙所具有的概念來理解。

孫廣德上述引證梁啟超的一小段話，係出自於梁啟超在 1901 年 6 月 7 日於《時務報》上發表的〈立憲法議〉一文。但恰正與孫廣德據以用「民權」來界定「民主」相反，梁啟超在該文中說明：「有君主立憲，有民主立憲，兩者同為民權」之目的，乃係用來強調「民權」不等於「民主」，且「民權」是以「立憲」來界定的。為避免產生「斷章取義」的情形，茲將完整的前後文字摘錄如下，並於重點部分劃底線強調以為證明。梁啟超謂[5]：

> 吾儕之昌言民權，十年於茲矣；當道者憂之、嫉之、畏之，如洪水猛獸然。此無怪其然也，蓋由不知民權與民主之別，而謂言民權者必與彼所戴之君主為仇，則其憂之、嫉之、畏之也固宜。不知有君主之立憲，有民主之立憲，兩者同為民權，而所以馴致之途，亦有由焉。凡國之變民主也，必有迫之使不得已者也。使英人非虐待美屬，則今日之美國，猶澳洲、加拿大也；使法王非壓制其民，則今日之法國，猶波旁氏之朝廷也。

由上引梁啟超的文字中可看出，他使用「民主」一詞所要表達的概念，不僅和目前使用的「民主」一詞不同，而且他做此文的一個重要目的，還正是為區別「民權」與「民主」乃係不同的概念。同樣地，1902 年康有為在〈答南北美洲諸華商論中國只可行立憲不可行革命書〉一文中，使用「民主」一詞所要表達的概念，也和「民權」並不相同。茲引述康有為的文字如下[6]：

5　梁啟超，〈立憲法議〉，《飲冰室文集點校》，第二集，頁 921-922。
6　康有為，〈答南北美洲諸華商論中國只可行立憲不可行革命書〉，湯志鈞編，《康

夫孔子刪《書》，稱堯、舜以立<u>民主</u>；刪《詩》，首文王以立君主；系《易》，稱見群龍無首，天下治也，則平等無主。其為《春秋》，分據亂、升平、太平三世。……今日為據亂之世，內其國則不能一超直至世界之大同也；為君主專制之舊風，亦不能一超至<u>民主</u>之世也。……僕在中國實首創言公理，首創言<u>民權</u>者，然民權則志在必行，公理則今日萬不能盡行也。……<u>凡君主專制、立憲、民主三法，必當一一循序行之</u>，……。

　　在上引康有為的文字中，他同時使用了「民主」、「民權」及「立憲」三個詞彙。然而，若對康有為使用這些詞彙的概念不加探究，便含混地驟爾認為他亦主張「民主」政治，則與康有為所講的「民主」，在概念上顯然即有所不同。然而，康有為使用上述三個名詞時，是用來表達什麼概念呢？基本上，康有為此處所講的「民主」，乃為與「君主」相對立的詞彙。亦即，「民主」係指經由公舉的程序，而由「人民」來擔任「一國之主」的國家元首，而「君主」則係指由「世襲之君」，來擔任「一國之主」與「國家的主人」。至於他使用「民權」一詞時的概念，則係用來主張「立憲」，實亦即「君主立憲」的簡稱。而且，他還同樣強調了「民權」及「立憲」的涵義，乃與「民主」有所不同。基於此，可知康有為係藉「據亂世」、「升平世」及「太平世」的三世之說，作為從「君主專制」經「立憲」再過渡到「民主」的理論基礎。故而，康有為所認為的「立憲」（君主立憲），不僅與「民主」乃為不同的階段，亦如同「君主專制」的發展，也須先過渡至「立憲」的階段一般。

有為政論集》，上冊，北京：中華書局，1986 年，頁 475-476。

再者，「民主」在中國古典文籍中原有的涵義，乃為「民之主」的意思，且指的就是君主或皇帝[7]。到了清末至民初的一段期間，「民主」一詞的涵義發生了變化，而具有「由人民擔任一國之主」的概念。並且，差不多到了 1919 年的五四運動之後，由於高舉「德先生」與「賽先生」的「民主」與「科學」，才使「民主」一詞才逐漸被用來表達 democracy 的概念[8]。換言之，在此之前所講的「民主」，幾乎是從「國體」的意義上，表達由人民來擔任國家元首的概念。並且，在孫中山所使用的詞彙中，也屬於相同的情形。例如，他在 1923 年發表的〈中國革命史〉中說到[9]：

> 余之民權主義，第一決定者為民主，而第二之決定則以為民主專制必不可行，必立憲然後可以圖治。歐洲立憲之精義，發於孟德斯鳩，所謂立法、司法、行政三權分立是已。

上述這段話裡的「民主」一詞，其意義若是指 democracy，則「民主專制」便成為「民主」與「專制」這兩個相反概念構成的複合詞，原本即因無存在之可能，而也無所謂可行與否的問題。然而，若是把「民主」一詞的意義，理解為改由人民來擔任國家元首的「一國

---

[7] 相關的考證研究，可參熊月之，《中國近代民主思想史》，上海：上海社會科學院出版社，2002 年，頁 8。謝放，〈戊戌前後國人對「民權」、「民主」的認知〉，《二十一世紀月刊》，2001 年 6 月號（總第 65 期），頁 43-44。謝放，〈「張之洞反對民權」說剖析──兼析 19 世紀後期中文辭彙「民權」與「民主」的涵義〉，《社會科學研究》（北京），1998 年第 2 期，頁 100-101。陳鵬仁，《孫中山先生思想初探》，台北：近代中國出版社，2000 年，頁 17。

[8] 熊月之，同上註書，頁 12。另外，廖仲愷在 1920 年翻譯的著作中，則將 democracy 翻譯為「民政」，見廖仲愷，〈全民政治〉，輯於中國國民黨中央委員會黨史委員會編，《廖仲愷先生文集》，台北：中國國民黨中央委員會黨史委員會，1983 年，頁 121。

[9] 孫中山，〈中國革命史〉，《國父全集》，第二冊，頁 355-356。

之主」，則才發生選擇「專制」或「立憲」始可圖治的問題[10]。我們可從梁啟超 1906 年在《新民》報上連載發表了〈開明專制論〉一文裡，看到他對專制的國家又再區分為「君主的專制國家」、「貴族的專制國家」及「民主的專制國家」三種[11]，再對照他在該文中多次提到的「民主專制」一詞，即可證明與孫中山講的「民主專制」為相同的涵義，而都是指改由人民成為了一國之主與元首後，仍然可以存在著專制政體。換言之，此處所講的「民主」，僅是就「民」為「一國之主」或「國家元首」的意義而言。

因此，若依與孫中山同時期者所慣用的中文詞彙，本書可以說英國因屬世襲「君主」國家，故本非「民主」的國家；而美國則因國家元首係經公舉人民所產生，並採取民選的代議政體，故美國則為「民主共和」國家。然而，論者有以孫中山在〈民權主義・第一

---

[10] 賀凌虛引述孫中山在〈中國革命史〉中：「余之從事革命，以中國非民主不可，……故余之民權主義，第一決定者為民主，而第二之決定則以民主專制必不可行」等語，遂認為：「民權與民主，兩者實在互為表裡，惟有實行民主的社會才會有民權，也惟有實行民權的社會，民主才獲得保障」，見賀凌虛，《孫中山政治思想論集》，台北：國立台灣大學三民主義研究所，1995 年，頁 170。然而，由於賀凌虛將孫中山講的「民主」當成了 democracy 之義，故在引據上述〈中國革命史〉中的文字時，便產生了斷章取義的問題。按在賀凌虛所引文字之前，尚有：「歐美諸國有行民主立憲者，有行君主立憲者；其在民主立憲無論矣，即在君主立憲，亦為民權漲進君權退縮之結果，不過君主之遺跡猶未剗絕耳」，而在所引文字中省略的部分，則為「其理由有三：既知民為邦本，則一國以內人人平等，君主何復有存在之餘地，此自學理言之者也。滿州之入據中國，使中國民族處於被征服之地位，國亡之痛，二百六十餘年如一日；故君主立憲在他國君民無甚深之惡感者，猶或可暫安於一時，在中國則必不能行，此自歷史事實而言之者也。中國歷史上之革命，其混亂時間所以延長者，皆由人各欲帝制自為，遂相爭相奪而不已。行民主之制，則爭端自絕。此自將來建設而言之者也。有者三者，故」，上述未為賀凌虛引出的文字中，「民主」與「君主」為相對立的詞彙，且「民主」應僅係指「人民」來當「一國之主」或國家元首的意思。並且，緊接著賀凌虛所引文字後，尚有「必立憲然後可以圖治」一句話，並未為他所引據而獲重視，可見他因將「民主」理解為 democracy，遂無法解釋「民主專制」與「立憲始可圖治」的涵義及其關係。

[11] 梁啟超，〈開明專制論〉，《飲冰室文集點校》第三集，頁 1389。

講〉中謂美國係「現在世界中頭一個實行民權的國家」[12]，遂認為
在孫中山的心目中，美國才是真正的民主國家，而英國則好像稱不
上民主[13]。事實上，若以孫中山使用詞彙的概念而言，英國既係以
「君」為國家元首的「君主」國，自本非屬於以「民」為國家元首
的「民主」國。並且，孫中山還認為唯有改「君主」為「民主」後，
始能夠真正實行民權，故他才說美國是現在世界中頭一個實行「民
權」的國家。換言之，孫中山係主張唯有廢除世襲國家元首的「君
主」，而改成公舉「人民」為國家元首後，才能夠真正實行「民權」。
因此，若以孫中山使用的詞彙而言，「民主」應係實行「民權」的前
提，而改「君主」為「民主」也是為了實行「民權」，但孫中山所講
的「民主」，原本即不是 democracy 的意思。

　　然而，孫中山若要表達 democracy 的概念，他又是使用哪一個
詞彙呢？並且，孫中山最為顯著的政治訴求為「共和革命」，同時他
也常講「共和政體」或「共和政府」，但到底他講的「共和」係為何
指？下文將繼續討論這些問題。

貳、孫中山的「共和政體」即「代議政體」

　　孫中山除了使用「民權」、「民主」或「立憲」等詞彙外，由於
他還主張「共和革命」，故他應也是最常使用「共和」詞彙者。然而，

---

[12]　孫中山，〈民權主義・第一講〉，《國父全集》，第一冊，頁 61。

[13]　盧瑞鍾，〈試論國父的兩大失策〉，輯於曾一士總編輯，《第五屆孫中山與現代中
　　　國學術研討會論文集》，台北：國父紀念館，2002 年，頁 250。該文以孫中山認
　　　為英國稱不上民主，遂堅定地鼓吹民主共和國，並聽不進君憲派的說理。事實上，
　　　在孫中山使用的詞彙裡，英國本係「君主」國而非「民主」國，且他聽不進君憲
　　　派的說理，根本的原因則在於「排滿」的種族革命。對此，本書在第一章之註
　　　20 中，業已有說明。

「立憲」一詞在晚清時代裡，最主要被認知為「君主立憲」的簡稱，而孫中山固然同樣主張「立憲」，但他在訴求革命時最主要提出的政治語彙，則應為「共和」、「民主」與「民權」。

孫中山提出「共和」一詞的概念，應與《史記》中記載周厲王被放逐，而由周公和召公共同執政的「周召共和」，或即係為「共和行政」之典故有關。1897 年 8 月孫中山和日本友人宮崎寅藏等人的談話中，即曾謂：「共和者，我國治世之神髓，先哲之遺業也。我國民之論古者，莫不傾慕三代之治，不知三代之治，實能得共和之神髓而行之者也」[14]。因此，孫中山提及的西方「共和」國家，自也是以中國原有的「共和」概念來理解。例如，孫中山在〈民權主義・第二講〉中，即分別比較了中國周朝和羅馬帝國滅亡的情形，並還謂：「民權這種事實，在希臘羅馬時代已發其端，因那個時候的政體是貴族共和」[15]。由孫中山使用了「貴族共和」一詞來看，應可推知他所謂的「貴族共和」，當僅係相對於君主一人獨治天下之「君主專制」而言，故「貴族共和」亦未必即有「民權」。孫中山對此也曾有過說明[16]：

> 當時的希臘、羅馬名義上雖然是共和國家，但是事實上還沒有達到真正的平等自由，因為那個時候，民權還沒有實行。……。所以二千多年以前，希臘、羅馬的國家名義雖然是共和，但是由於奴隸制度，還不能夠達到平等自由的目的。……。所以中國國民黨發起革命，目的雖然是要爭平等

---

[14] 孫中山，〈中國必革命而後能達共和主義〉，《國父全集》，第二冊，頁398。該一談話另附有內容互有出入的版本，題名為〈與宮崎寅藏之談話〉，頁399-400。

[15] 孫中山，〈民權主義・第二講〉，《國父全集》，第一冊，頁69。

[16] 孫中山，〈民權主義・第三講〉，《國父全集》，第一冊，頁84。

自由，但是所定的主義和口號，還是要用民權。因為爭得了
民權，人民方有平等自由的事實，便可以享平等自由的幸福。
所以平等自由，實在是包括於民權之內，……。

從上述引文的內容來看，說明了孫中山講「民權」一詞時的概
念，當係指人民應具有真正平等自由之權利。故而，非由君主一人
獨治天下的「共和」，未必即包含在實行「民權」的概念內。惟應可
確定的是，人民具有平等自由之權利，則包含在孫中山使用「民權」
一詞時的概念內。然而，「民權」作為使人民具有平等自由權利之手
段，且還需要靠「爭來」始能具有，故其概念實最為貼近目前我們
也翻譯成「民主」的 democracy。孫中山同樣在〈民權主義・第二講〉
中的一段話，當可對此做出證明[17]：

大家要知道自由和民權是同時發達的，所以今天來講民權，便
不能不講自由。……。歐美發生民權，已經有了一百多年，推
到民權的來歷，由於爭自由之後才有的。最初歐美人犧牲性
命，本來是為爭自由，爭自由的結果，才得到民權。……。由
此可見歐美人民最初的戰爭是為自由，自由爭得之後，學者才
稱這種結果為民權。所謂「德謨克拉西」，此乃希臘之古名詞，
而歐美民眾至今對這個名詞亦不大關心，不過視為政治學中之
一句術語便了；比之自由二字，視為性命所關，則相差遠了。

從上述所引文字的語境來看，孫中山使用「民權」一詞時的概
念，實係指「德謨克拉西」而言，因為「民權」或即「德謨克拉西」

---

[17]　孫中山，〈民權主義・第二講〉，頁 68。

的來歷，則是爭自由之後才有結果。既然孫中山表達「德謨克拉西」
的概念係使用「民權」一詞，故也可從反面來證明，他使用「民主」
一詞時並非用來表達「德謨克拉西」。同時，孫中山既講「共和」也
講「民主」，若將兩個詞彙連綴成「民主共和」，再對照他也使用過
「貴族共和」一詞來看，則說明了「民主共和」的概念，當係指由
「人民擔任一國之主」下的「共和」。換言之，在「民主共和」中的
「民主」係指「國體」（form of state），而「共和」則係指「政體」
（form of government）而言。對此，廖仲愷在其〈全民政治・譯序〉
中，亦有：「蓋以我國國體則民主，政體則代議，兩者之制，皆步武
歐美，非所固有」等語[18]，可見當時「民主」一詞，係經常用來指
「國體」。

　　然而，1915 年梁啟超為反對袁世凱稱帝，在所作〈異哉所謂國
體問題者〉一文中有謂：「夫立憲與非立憲，則政體之名詞也；共和
與非共和，則國體之名詞也」[19]，而把「共和」一詞用在指稱「國
體」的問題上。且就現代政治來說，「國體」與「政體」的區分雖已
無實際意義[20]，但目前有許多政治學或憲法學者，則仍將「共和」
一詞用來指稱「國體」，而另外把「民主共和」中的「民主」用來指
「政體」[21]。因此，上述謂「民主共和」在孫中山的觀念裡，「民主」

---

[18] 廖仲愷，〈全民政治〉，輯於中國國民黨中央委員會黨史委員會編，《廖仲愷先生
文集》，台北：中國國民黨中央委員會黨史委員會，1983 年，頁 111。

[19] 梁啟超，〈異哉所謂國體問題者〉，輯於《飲冰室合集》，第 4 冊，北京：中華書
局 1989 年，頁 88。

[20] 華力進，〈政體〉，見羅志淵主編，《雲五社會科學大辭典第三冊：政治學》，台北：
台灣商務印書館，1985 年 12 月，版 7，頁 212。張明貴，《Top 100 憲政用語熱
門榜》，台北：書泉出版社，2005 年，頁 140-141。

[21] 薩孟武，《政治學》，台北：三民書局，1986 年，增訂再版，頁 127。劉慶瑞，《中
華民國憲法要義》，台北：作者自版，1990 年，頁 32。陳新民，《中華民國憲法
釋論》，台北：作者自版，1995 年，頁 61。

指「國體」而「共和」指「政體」的說法，是否能夠找到依據？且即使找到孫中山的確表達過這樣的觀念，是否便意味他在「國體」與「政體」的概念上發生了混淆[22]？事實上，前面已經討論過，「民主」一詞大約是在 1919 年五四運動時，以「德先生」的面貌介紹給國人後，才逐漸被用來表達 democracy 的概念。因此，包括康有為與梁啟超等人所講的「民主」，原即和孫中山一樣，都不是用來表達「政體」的概念。至於孫中山所講的「共和」，除在許多文獻中可說明他是指「政體」外，本書還將指出孫中山之所以講「共和政體」，應該係受到了《聯邦論》（The Federalist Papers）的影響，並藉以說明為我們翻譯成「共和」一詞的 republic，原本即未必非用來指「國體」不可。

　　1916 年 7 月 15 日，孫中山在駐滬粵籍議員歡迎會上的演講中，闡釋了他賦予「中華民國」之國名所具有的特定涵義。他說[23]：

> 顧僕尚有一重大意志，欲白於今日者，諸君知中華民國之意義乎？何以不曰「中華共和國」，而必曰「中華民國」？此「民」字之意義，為僕研究十餘年之結果而得之者。歐美之共和國，創建遠在吾國之前。二十世紀之國，當含有創制之精神，不當自謂能效法於十八九世紀成法，而引為自足。共和政體為代表政體，世界各國，隸於此旗幟之下者，如希臘，則有貴族奴隸之階級，直可稱之曰「專制共和」。如美國則已有十四省，樹直接民權之規模，而瑞士則全乎直接民權制度也。雖吾人今既易專制而成代議政體，然何可故步自封，落於人

---

[22] 認為混淆者，如牛彤，《孫中山憲政思想研究》，北京：華夏出版社，2003 年，頁 20。

[23] 孫中山，〈中華民國之意義〉，《國父全集》，第三冊，頁 163。

後。……。代議政體旗幟之下，吾民所享者，只一種代議權。若底於直接民權則有創制權、廢止權、退官權。但此種民權，不宜以廣漠之省境施行之，故當以縣為單位。……。如是數年，必有一莊嚴燦爛之中華民國發現於東大陸，駕諸世界共和國之上矣。

　　從上述所引孫中山的說明可知，國號稱「中華民國」而不稱「中華共和國」的原因，與他主張直接民權與間接民權之差異有關。簡單來說，孫中山想要凸顯的觀念是，「民國」是指真正實現「民權」之國，而真正的「民權」又是指「直接民權」，亦即我們目前所理解的「直接民主」。反之，「共和國」則是指採「共和政體」的國家，而「共和政體」即是「代表政體」或「代議政體」，亦即為「間接民權」或當前所講的「間接民主」（indirect democracy）。所以，他認為在「共和政體為代表政體」之下，「如希臘，則有貴族奴隸之階級」，故在貴族階級之間雖為「共和」，但對奴隸階級來說卻仍是專制，且還「直可稱之曰『專制共和』」。換言之，在孫中山此處的語境（context）裡，「專制共和」也就是專制的「代議政體」之意。然而，孫中山為什麼說「共和政體為代表政體」呢？這與他分不分得清楚「國體」與「政體」之區別無關，但卻可證明他受到了麥迪森（James Madison）在《聯邦論》第10號文章的啟發。

　　麥迪森作《聯邦論》的第10號文章，主要就是為闡述「共和政體」的設計與理論。麥迪森就美國當時所普遍存在的「黨派」（faction）現象與其發生原因，主張在美國聯邦政府成立後，關於政府體制不該採取直接民主的「民主政府」，而應採取代議政府的「共和政府」。用麥迪森的辭彙來說，就是採取「共和原則」（republican principle）所設計的「代議政府」（representative government），來取代直接民主的

政府型態（popular government）。並且，在麥迪森所使用的辭彙中，democracy 和 republic 是相對立的體制，而前者是指直接民主體制，後者則是指間接民主的代議體制[24]。孫中山還主張與麥迪森相反的直接民權，但從他說明國名不採「中華共和國」的理由，且明確指出「共和政體」即是「代表政體」或「代議政體」來看，相當程度上可證明他此處的「共和」一詞，可能即是從《聯邦論》中傳譯而來。

此外，在前已提及 1897 年 8 月孫中山和日本友人宮崎寅藏等人的談話中，從他談到共和政治有利於革命號召的理由，可也可看出他受到了美國《聯邦論》的影響。他說[25]：

> 嗚呼！吾同胞之受禍，豈偶然哉！今欲求避禍之道，惟有行此迅雷不及掩耳之革命一法，而與革命同行者，又必在使英雄各竟其野心。竟其野心之法，唯在聯邦共和之名下，夙著聲望者，使為一部之長，以盡其材，然後建中央政府以馭之，而作聯邦之樞紐。方今公理大明，吾既實行此主義，必不至如前此野蠻，割據之紛擾，綿延數紀，而梟雄有非分之希望，以乘機竊發，殃及無辜。此所謂共和政治有革命之便利者也。

按麥迪森在《聯邦論》第 51 號文章中，主要是對所欲建立之「共和政府」（republican government）的討論。麥迪森認為，避免權力逐漸集中在某一部門（department）的最佳保障，就必須要再給每個部門抵抗其他部門侵犯的合法手段與動機，而且要使每個人的利益與其所在之處相結合。簡單說，就是「必須用野心來對抗野心」

---

[24]　James Madison, Federalist No.10, in Clinton Rossiter, ed., *The Federalist Papers* (New York: The New American Library of World Literature, Inc. 1961), pp. 77-84.

[25]　孫中山，〈中國必革命而後能達共和主義〉，頁 399。

（Ambition must be made to counteract ambition）[26]。此處若對照麥迪森和孫中山的「共和」觀念，則可證明孫中山多所借鑒了美國聯邦派的共和政府思想。

1924 年 4 月 13 日孫中山在〈民權主義・第四講〉中，還提到了美國獨立戰爭勝利以後，在民權究竟應該行到什麼程度的問題上，分成了以「哈美爾頓」（按：即 Alexander Hamilton）為主，並主張「中央集權」而民權應受到限制的「聯邦派」，以及以「遮化臣」（按：即 Thomas Jefferson）為主，而相信民權為天賦的另一派[27]。故而，孫中山的「共和」政體之觀念，應該受到以《聯邦論》為代表的「聯邦派」思想之影響，而我們在他的〈民權主義・第四講〉中也可找到證明。孫中山說到[28]：

> 現在就世界上民權發達一切經過的歷史講：第一次是美國革命，主張民權的人分成哈美爾頓和遮化臣兩派，遮化臣主張極端的民權，哈美爾頓主張政府集權，後來主張政府集權派佔勝利，是民權的第一次障礙。

在上述所引文字中，我們應思考孫中山為什麼認為哈美爾頓派的獲勝，乃為「民權的第一次障礙」呢？答案正可從遮化臣主張「極端的」民權之失敗，找到思考的線索。同時，我們也可從孫中山在〈民權主義・第四講〉中，主要是講述「代議政體」或所謂「議會政治」的流弊，使民權並不算得到充分發達，因而主張人民應有罷免、創制及複決權的「全民政治」來看[29]，佐證說明了他不贊成哈

---

[26] James Madison, Federalist, No.51, *op. cit.*, p.322.

[27] 孫中山，〈民權主義・第四講〉，《國父全集》，第一冊，頁 89-90。

[28] 同上註，頁 97。

[29] 同上註，頁 97-99。

美爾頓派在《聯邦論》中所宣揚的「代議政體」。畢竟，麥迪森在《聯邦論》中使用的辭彙，「代議政體」就是基於「共和原則」（republican principle）所設計的政府形態。

在本書的討論中強調，只要天下不是一家一姓之天下，就是孫中山所謂「共和」的最原初涵義。因此，在孫中山所講的「民主」，是指經由「國民」公舉國民身份者成為「一國之主」的前提下，「民主」自也是他所講的「共和」。但是，「共和」卻可能是中國的「周召共和」而和希臘、羅馬一樣是「貴族共和」，故未必即為實行「民權」。整體來說，從清末到民國十幾年這段期間內，「民主」、「共和」、「民權」或「立憲」等辭彙，需要從使用這些詞彙時的語境分析中，方能看出彼此間具有的聯繫或對立關係，且和我們當下使用這些詞彙時所欲表達的概念，也有相當程度的差異[30]。無論「共和革命派」的孫中山，或是「君主立憲派」的康有為與梁啟超等人，他們講「民主」時都不是表達 democracy 的概念，而是指改世襲帝制為由人民擔任「一國之主」。另一方面，當他們表達 democracy 的概念時，則使用的是「民權」一詞，且雙方都認為「立憲」乃為實行「民權」的制度。然而，「立憲」以行「憲政」，究竟是指建構何種實現「民權」的制度？則是接下來所要釐清與說明的問題。

第二節　無「憲政主義」的「立憲政體」

在本書的第一章中，已指出中文翻譯為「憲法」的 constitution，其概念即使在西方的學術界，也並非毫無爭議可言。相對來說，孫

---

[30] 可參閱桂宏誠，〈孫中山的「民權」、「民主」及「共和」之涵義〉，《近代中國》，第 162 期（2005 年 9 月），頁 32-53。

中山與梁啟超等人所講的「立憲」或「憲法」，儘管都是翻譯自 constitution[31]，但他們對 constitution 之概念的理解，或因文化差異或政治目標的選擇而有侷限，致使翻譯為「立憲」或「憲法」等詞彙，未必均能夠掌握 constitution 的要義。

有鑑於此，在本節的討論中，將對中國近代所興起的「立憲」或「憲政」思想，著重於語境分析的方法，來探究其確切的概念與涵義。當然，在進行這項研究分析之前，辨明西方的「憲法」與「憲政」之概念，乃為基本的前提課題。

壹、「憲法」與「憲政」的關係

「憲法」（constitution）在近代西方的主要概念為何呢？戈登（Scott Gordon）就此曾做過簡明的歷史考察[32]：

> 根據《牛津英文辭典》，「憲政主義」（constitutionalism）一詞在 1832 年首度使用。柏曼（Harold J. Berman）則斷言，這個詞是在美國革命期間發明出來的。柯萊米斯（S. B. Chrimes）則提示，形容詞「憲政的」（constitutional）即使在十八世紀中葉仍屬「新奇」（novelty），但是帶有政治意義的「憲法」

---

[31] 如 1903 年時孫中山謂：「夫立憲者，西語曰 Constitution，乃一定不易之常經，非革命不能改也」，見孫中山，〈駁保皇報〉，《國父全集》，第二冊，頁 242-243。1901 年梁啟超有謂：「憲法者何物也？立萬世不易之憲典，……，為人民，皆共守之者也，為國家一切法度之根源。……西語原字為 THE CONSTITUTION，譯意猶言元氣也。蓋謂憲法者，一國之元氣也」，見梁啟超，〈立憲法議〉，《飲冰室文集點校》，第二集，頁 922。

[32] Scott Gordon, *Controlling the State: Constitutionalism from Ancient Athens to Today* (Cambridge: Harvard University Press, 1999), p.5, note3.

（constitution）一詞，則在導致英國 1642 年內戰爆發的大辯論期間已然使用。《牛津英文辭典》說明了這個字的使用最早是在十二世紀，但牢固地將「憲法」一詞及其所具涵義，確立為在現代政治辭彙中具有相同詞義要素的，則是在英國內戰期間的大辯論及在 1688 年的光榮革命（Glorious Revolution）之後。

從上述戈登所做的歷史考察來看，儘管「憲法」一詞早在十二世紀即已使用，且在 1688 年光榮革命之後，這個名詞始確立了與現代使用該詞時具有相同涵義之要素。但是，無論「憲政主義」（或簡稱『憲政』）一詞是在 1832 年首度被使用，或是在美國革命期間才發明出來的，都表明了這個名詞的產生與所具有的概念，應該和美國制定的是「成文憲法」有直接的關係。故而，當講到「憲政主義」一詞時，主要是用來強調如同美國制定了一部「成文憲法」，以作為政府運作依據的政體型態。換言之，同時也意味了美國所以制定「成文憲法」，目的即在於實行一種叫做「憲政主義」的政治。因此，若依戈登所考察「憲政主義」一詞產生的時間或歷史事件來看，可說與美國制定「成文憲法」相生相隨，因而使「憲法」一詞所具有的概念，還應包括「憲政主義」在內始能稱之為「憲法」。在本書第一章中提及，薩托利主張「憲法」的概念必須包括「憲政主義」，即是基於相同的道理。

事實上，我們把英國的「憲法」分類為「不成文憲法」，則是因英國所謂「憲法」的內容，尚包括了許多不成文的「政治慣例」，但這些「政治慣例」卻構成了英國的「憲政主義」或「憲政」。依據英國憲法大儒戴雪（A. V. Dicey）的見解，英國的「憲政主義」或「憲

政」講的就是「法治」（rule of law）[33]，且「法治」是指「專斷權力的不存在」、「普通法律與普通法院居優勢」及「憲政律則（constitutional law）[34]的普遍通則形成於普通法院的判決」三個聯立的概念[35]。由此來看，戴雪認為英國的「政治慣例」也屬於「憲政律則」且「憲政律則」還構成了英國的「不成文憲法」，從而說明「不成文憲法」具不具有「法律」的性質，和英國的「憲政」或「法治」都無關係。

---

[33] 戴雪認知中的「法治」即為「法律至上」（supremacy of law），並且是英國「憲法」（constitution）的一個特性，見 A. V. Dicey, *Introduction to the study of the law of the constitution*, 8th. ed. (London: Macmillan and Co., 1915), p.183.

[34] 不成文的「政治慣例」也屬於「憲政律則」，見 A. V. Dicey, *op. cit.*, p.23.另外需要說明的是，constitutional law 和 constitution 的涵義應該有所不同，但卻少為學者所注意。較早為文主張 constitution 與 constitutional law 必須分辨而分別迻譯者為馬漢寶，見馬漢寶，〈龐德論中華民國憲法之發展〉，收錄於氏著，《法律與中國社會之變遷》，台北：翰蘆圖書出版公司，1999 年，頁 81-93。而胡佛對於美國所講的 constitutional law，理解為行憲過程中所發展的「憲法判例法」，並認為將 constitutional law 直譯為憲法顯係誤導。見胡佛，〈憲政結構的流變與重整〉，輯於氏著，《政治學的科學探究（五）：憲政結構與政府體制》，台北：三民書局，1998 年，頁 179 及註 4。本書認為 constitutional law 和 constitution 自有不同，如戴雪在前引書中，constitutional law 和 constitution 所指便非同樣的內涵。同樣地，美國使用 constitutional law 和 constitution 時也非當成同義詞，可參閱 Edwin Meese III, "The Law of the Constitution", *National Review* (July 17/1987), p.30.; Lino A. Graglia, "Does Constitutional Law Exist?", *National Review* (June 26/1995), p.31.; Lino Graglia, "A Theory of Power", *National Review* (July 17/1987), pp.33-36.關於 constitutional law 和 constitution 的不同，以及美國與英國對 constitutional law 的使用也具有不同的涵義，可參閱桂宏誠，《中國立憲主義的思想根基：德治、法治與民主》，頁 20-30。此外，本書將英國的 constitutional law 翻譯成「憲政律則」，乃取其憲政運作上的「規律」或「法則」之義，而美國的 constitutional law 則翻譯成「憲政律例」，前者係為避免誤以為係指「憲法」或是為國會所制定的「法律」，而後者則以「律例」來強調係指法院判決所揭示的的憲法理念或原則。

[35] A. V. Dicey, *op. cit.*, pp.183-193.

正因為英國「憲法」的內容與範圍並不確定，而且國會還可以隨時修改「憲法」，導致了潘恩（Thomas Paine）認為：「英國國會對於『憲法』這個名詞的一再使用，正顯示了他們根本沒有『憲法』」[36]。潘恩的論斷並非毫無道理，因就美國「憲法」的制定而言，其目的在於預先約束後世者做出決策的程序與內容，故其「憲法」為具有「先定約束」（precommitment）之法律意義的成文憲法[37]。是故，「先定約束」的法律意義可看成存在一部具體的法典，而該法典中的規定又具有最高的法效力，使國會制定的法律也不能與憲法的規定相牴觸。換言之，由於英國國會可用一般議決方式更改所謂的「憲法」，故顯示其「憲法」並不具有「先定約束」的法律意義，從而被潘恩認為根本就不是「憲法」。然而，我們雖可認為英國沒有「憲法」，但卻不會否認英國為「憲政主義」或「法治」的發祥地。

英國不僅被公認為近代「憲政」或「法治」的發祥地，同時也具有近代民主政治的「母國」之地位。那麼，需要先予以釐清的問題是，「憲政」和「民主」之間有何關係？亦即，是不是實施民主政治便為「憲政」？本書探討此一問題的取材，則藉英國政治史上「大憲章」（Magna Carta）所具有的政治意義來作說明。

---

[36] Thomas Paine, "Rights of man, Part I ", in Bruce Kuklick (ed.), *Political Writings* (New York: Cambridge University Press, 2000), p.140.

[37] 有關憲法的「先定約束」之討論，可參閱 Jon Elster, *Ulysses and the Sirens : studies in rationality and irrationality*, Rev. ed. (Cambridge: Cambridge University Press,1984)；Jon Elster, "Don't Burn Your Bridge Before You Come To It: Some Ambiguities and Complexities of Precommitment", *Texas Law Review*, Vol. 81, No.7 (June/ 2003).；Stephen Holmes, *Passions and Constraint: On the Theory of Liberal Democracy* (Chicago:The University of Chicago Press,1995).；Stephen Holmes, "Precommitment and the Paradox of Democracy", in John Elster & Rune Slagstad (eds.), *Constitutionalism and Democracy* (New York: the Press Syndicate of the University of Cambridge,1988).

英國在 1215 年所頒佈的「大憲章」，基本上被視為具有開創英國憲政之里程碑的意義，但也有將之視為民主政治之起源者。例如，曾任英國首相的溫斯敦・邱吉爾（Winston Sr. Churchill）即視「大憲章」為英國的憲政與民主之濫觴，且他還強調「大憲章」的簽署，意味在國王之上還存在著一個即使國王也不能破壞的法律[38]。不過，若就當時的實際政治來看，則僅有國王一人獨佔「造法權」（power to make law）[39]，故而，簽署「大憲章」的國王約翰（King John）及其後繼者，即使也願意遵守自己制定的一切法令規範，但國王卻仍然擁有修改這些法令規範的權力。

揆諸歷史，在簽署頒佈「大憲章」後十六個月，國王約翰為了維護他的王權，就已試圖使「大憲章」失效。因此，「大憲章」所具有的重要性，乃在於政治史的象徵意義（symbolic significance），因為它傳達出國王之權力並非不可制約的哲學，以及國王的權力仍可透過「法律」來加以限定。然而，國王對「法律」的有效執行卻仍有權規避，且國王約翰所以簽署「大憲章」，也僅意味在王權上的一時退讓。相對來說，由於立法權（legislative power）仍緊握在國王的手裡，故在英國的政治史上，國王簽署「大憲章」並不算是開創對王權限定後的民主結構（democratic structure）[40]。故而，國王簽

---

[38] 見 Winston Sr. Churchill, *A History of the English-Speaking Peoples*, Vol. I (London: Cassell, 1956), p.201.

[39] 本書認為，此處的「law」應該理解為一切具有強制效力的規範，而非僅指國會或立法機關制定的法律。馬漢寶依據龐德（Roscoe Pound）的看法，說明了英文 law 字對英美學者而言，通常有兩種意義。其一指政治社會藉公力以調整關係及管理行為之制度，其二指此一政治社會之法院，為維持法律秩序而從事判決所依賴的權威根據或指示之制度。見馬漢寶，前引文，頁 83。

[40] Ann Lyon, *Constitutional History of the UK* (London: Cavendish Publishing Limited, 2003), p.39.

署「大憲章」在英國政治史上具有的重要意義，乃在於開創了限定
王權的「憲政」，而不是開創民主結構的「民主」。也因此，「憲政」
是指對政治權力的行使施予約制（constraints）的政治體制，而「民
主」則是指一種參與政治過程的機會，向全體公民開放而無明顯限
制的政治型態[41]。

　　更進一步來說，英國當時的貴族、主教及騎士等有產階級，由
於他們是國王徵稅的對象，故也組成了「大會議」（Great Council）
作為備國王諮詢的顧問機構。因此，依據柏克（Edmund Burke,
1729-1797）的說法，徵稅需經「大會議」之認可的「原則」，實際
上在「大憲章」簽署前一個世紀就已存在，但經由「大憲章」的簽
署，便從此使該原則獲得了確立[42]。因此，亦有人認為「大憲章」
在英國憲政發展史上，不僅只具有象徵性的重要意義，因為在「大
憲章」的此一文件中，凸顯了自由有賴於財產的穩固持有為前提，
而此又進一步需靠著對王室徵稅權力的控制[43]。

　　再者，在「大憲章」中所創設的「普通法院」（courts of common
pleas）也是一大創新。在此之前，英國的法院是隸屬國王之行政官
僚體系的一部份，並於陪同國王出巡時宣判未決的訟案。而「普通
法院」此一常設性地方法院的建立，在當時或許不過被視為是個權
宜之計，但日後卻促成了一種與君主皇家法院（prerogative courts of
the monarch）分離之司法體制的發展。雖然直到 18 世紀末，法院才
完全從王權中獨立出來，但在 17 世紀已有了顯著的發展，便是「大

---

[41]　Scott Gordon, *op. cit.*, pp. 236-237.
[42]　Edmund Bruke, Peter J. Stanlis, ed., ***Selected Writings and Speech*** (Washington:
　　　Regnery Gateway, 1991), p.82, footnote.
[43]　Scott Gordon, *op. cit.*, p.231.

憲章」已確立該司法體制的成果[44]。故而，柏克認為「普通法院」的創立是個偉大的革命，因為法庭的裁判僅對於「法規範」（law）的產生而言，即確立了獨立於國王個人權力以外的地位。並且，此一將王權與國王的個人意志予以分離，對於引入了自由的觀念和承認「法規範」的神聖性與尊嚴，均為具有重要影響的事件[45]。也因此，在戴雪界定中的「法規範」（laws），是指經由法院援引為執行依據的「規則」（rules），而不論其為成文或不成文的形式，也不論是否為國會所制定，或者是否源自於習慣或傳統，以及是否為我們所熟知的由法官判決時揭示之諺語（maxims）的普通法（Common Law）等[46]。

　　從上述來看，「憲法」形式的成文與否，或是否具有「先定約束」意圖的法律意義，都未必與「憲政主義」或「憲政」有必然的關係。而戈登也指出，從戴雪的觀點裡可看出，他認為美國制定成文憲法的重要意義，並不在於憲法中開列了人權清單（Bill of Rights），而是憲法將立法權力區分為全國和各州層次各自掌有的聯邦體制。因此，美國和英國在政府體制上的制度設計雖然不同，但對同為政治社群（political communities）所具有的顯著特徵來說，係在於有效地控制國家權力上具有相似性，而原本及不在於制度上的差異[47]。換言之，政府體制的設計，若符合「有限政府」（limited government）而重視人權之保障，或是體現了自由主義的精神者，即為所謂的「憲政主義」或「憲政」。

---

[44] Ibid., p.231

[45] Edmund Bruke, *op. cit.*, p.84.

[46] A. V. Dicey, *op. cit.*, p.22.

[47] Scott Gordon, *op. cit.*, p.49.

貳、中文語境下的「憲法」概念

當前我們對「憲法」的概念，多採取馬多士（Graham Maddox）的主張，而將「憲法」界定為包括了有關「國家秩序」（state order）、「政治秩序」（political order）或「公民秩序」（civic order）等的制度設計[48]。也因此，藍尼（Austin Ranney）即認為：「每個國家都有憲法，而憲法是指一套根本性的規則（a body of fundamental rules），無論是成文或不成文的，都是這個國家的政府藉以運作之依據」[49]。然而，藍尼雖指出每個國家都毫無例外地都擁有「憲法」，但卻又認為不是每個國家都是「立憲政府」（constitutional government），且他把有憲法但不是「立憲政府」的國家，排除於民主國家之列[50]。由此可看出，造成所謂「有憲法不一定有憲政」，或存在著「無憲政主義的憲法」（constitution without constitutionalism），原因就是出在對「憲法」的界定上。而此情形，正是本書在第一章中提及，薩托利所以主張「憲法」的界定，要從確立「憲政主義」為目的來界定的原因。

然而，如果依據藍尼或馬多士對「憲法」所下的定義，則每個國家必定皆有「憲法」。因此，中國即使在清朝時代，原本也存在著「憲法」，但為何發生了主張「立憲法」的「立憲」運動呢？同樣地，中國歷朝不可能沒有「憲法」，而且也曾有「文景之治」與「貞觀之治」的漢唐盛世；那麼，孫中山講的「憲法之治」，豈不意味中國過

---

[48] Graham Maddox, "A Note on the Meaning of 'Constitution'," *American Political Science Review*, Vol. 76 (1982), pp. 805-809.

[49] Austin Ranney, *Governing: An Introduction to Political Science*, 8th. ed. (New Jersey: Prentice-Hall, Inc., 2001), p.329.

[50] **Ibid.**, p.73.

去從未有過「憲法」？近代中國有名的思想家與翻譯家嚴復，即曾就「憲法」或「立憲」等詞彙的涵義，提出質疑而欲加以釐清。1906年底，他在安徽高等師範學堂以〈憲法大義〉為題的演講中，曾對時人所講的「憲法」及「立憲」詞彙，分別做出「於辭為贅」與「辭窮也」的評價。嚴復的這篇演講，指出了時人所理解的 constitution 恐為有誤，但似乎當時並未受到重視，故此處乃將嚴復的看法詳為引述如下[51]：

> 按憲法二字連用，古所無有。以吾國訓詁言仲尼憲章文武、注家云憲章者近守具法。可知憲即是法，二字連用，於辭為贅。今日新名詞，由日本稗販而來者，每多此病。如立憲，其立名較為無疵，質而解之，即同立法。吾國近年以來，朝野之間，知與不知，皆談立憲。立憲既同立法，則自五帝三王至於今日，驟聽其說，一若從無有法，必待往歐美考察而歸，然後為有法度也者，此雖五尺之童，皆知其言之謬妄矣。是知立憲、憲法諸名詞，其所謂法者，別有所指。新學家之意，其法乃吾國所舊無，而為西人道國之制，吾今學步取而立之。然究竟此法，吾國舊日為無為有，或古用而今廢，或名異而實同，凡此皆待討論思辨而後可決。故其名為立憲，而不能再加分別者，以辭窮也。

從上述所引看來，嚴復對翻譯為「憲法」及「立憲」詞彙的批評，主要係因中文「憲法」及「立憲」的詞彙，並不能夠讓人明瞭，西人之制的「新」意究竟何在？他還認為，包括一切動植物，「凡有

---

51 嚴復，〈憲法大義〉，輯於林載爵主編，《嚴復合集・嚴復文集編年（二）》，台北：財團法人辜公亮文教基金會，1998年，頁472。

體段形幹可言者，皆有 Constitution」，今譯成了「憲法」二字「可用於國家之法制」，而「官司局社尚可用之」，但「獨至人身草木，言其形幹，必不能猶稱憲法」[52]。嚴復基於中文裡「憲」、「法」二字的原有字義，以及他對 Constitution 一字的理解，做出了「可知憲即是法，二字連用，於辭為贅」及「故其名為立憲，而不能再加分別者，以辭窮也」的批評，實則具有相當的合理性基礎[53]。

其次，除了嚴復業已指出，中文裡的「憲」即是「法」外，在中國歷代以來，性質上與現代意義法律最為相近者，絕大多數或應稱為「律」。至於「法」的指涉，範圍則較為廣泛，除了包括了「律」以外，一切規章制度也都可以稱為「法」。故而，不僅朝廷頒行的統一規則可稱為「法」，地方、衙門甚至家族制定的規則，也都可以稱為「法」[54]。由此看來，嚴復以 Constitution 原為「建立合成之事」的「構成」之義，對於以「法律」或「制度」所「構成」的「官司局社」，遂認為尚可使用「憲」與「法」二字來表達。但對人身草木之形幹的「構成」，卻不能也以「憲」或「法」來表達。所以，從嚴復謂「憲法」於「官司局社尚可用之」來看，至少不能排除他也是將「法」當作「制度」來理解。

然而，梁啟超於 1901 年 6 月 7 日，在《清議報》上發表的〈立憲法議〉一文中，對「憲法」概念的理解，即已將之視為法典化的法律文件。他指出：「憲法者何物也？立萬世不易之憲典，而一國之人，無論為君主、為官吏、為人民，皆共守之者也，為國家一切法

---

[52]　嚴復，〈憲法大義〉，頁 473。

[53]　關於嚴復對此批評的合理性，詳參桂宏誠，《中國立憲主義的思想根基—道德、民主與法治》，北京大學政府管理學院博士研究生學位論文，2006 年，頁 50-60。

[54]　參閱曾憲義、馬小紅，〈中國傳統法的結構與基本概念辨正—兼論古代禮與法的關係〉《中國社會科學》（北京），2003 年第 5 期，頁 65。

度之根源」[55]，由此處提到了「立萬世不易之憲典」看來，即意謂他具有了視「憲法」為法典化的國家根本大法之傾向。再者，梁啟超接著認為，中國的君權本來就有限，故實質上也存在著「憲法」，只是不知道如何使君權有限能夠萬世不易而已。故他繼而強調，這個方法便是要有法典化明文的「憲法」，且在「憲法」中還要明定民權，否則「憲法」將只淪為一紙空文。茲將梁啟超的見解詳述如下[56]：

> 不知君權有限云者，非臣民限之，而憲法限之也。且中國固有此義矣。王者之立也，郊天而薦之；其崩也，稱天而諡之；非以天為限乎？言必稱先王，行必法祖宗，非以祖為限乎？然則古來之聖師哲王，未有不以君權有限為至當不易之理者；即歷代君主，苟非殘悍如秦政、隋煬，亦斷無敢以君權無限自居者。<u>乃數千年來，雖有其意而未舉其實者，何也？則以無憲法故也。</u>而祖宗之法不過因襲前代舊規，未嘗采天下之公理，因國民之所欲，而勒為至善無弊之大典。是故中國之君權，非無限也，欲有限而不知所以為限之道也。……各國憲法，既明君與官之權限，而又必明民之權限者，何也？民權者，所以擁護憲法而不使敗壞者也。……<u>故苟無民權，則雖有至良極美之憲法，亦不過一紙空文，</u>……。

上述梁啟超的意思，雖認為「憲法」的內容應規定「君權有限」，但並不表示君權要受到「限制」，此在下面的討論中再予詳述。其次，我們還可看出，梁啟超對於「憲法」的概念，應係指把國家根本的「制度」，用明文化的法典給確定下來的意思。亦即，梁啟超所主張

---

[55] 梁啟超，〈立憲法議〉，《飲冰室文集點校》，第二集，頁920。
[56] 同上註，頁920-921。

者，乃為成文形態的「憲法」。1909 年梁啟超在《清議報》上發表的〈各國憲法異同論〉文章中，對「憲法」的理解，採取了最為寬廣的界定。他認為，「憲法」基本上係指國家最高法規範的根本大法，但後來的政治家，則認為唯有議院之國所定的國典，才能稱為「憲法」。茲將梁啟超的說法，引述如下[57]：

> 憲法者，英語稱為 Constitution，其義蓋謂可為國家一切法律根本之大典也。故苟凡屬國家之大典，無論其為專制政體，舊譯為君主之國。為立憲政體，舊譯為君民共主之國。為共和政體，舊譯為民主之國。似皆可稱為憲法。雖然，近日政治家之通稱，惟有議院之國所定之國典乃稱為憲法。……。

依上述梁啟超的看法，可知他對於「憲法」的理解，已著眼於要有具體的成文形態。並且，他基本上認為無論專制政體、立憲政體或共和政體，只要可為國家一切法律根本之大典，都可稱之為「憲法」。然而，梁啟超此處透露出了詞彙使用上的混淆，便在於並非僅「立憲政體」才有「憲法」。換言之，清朝政府本存在著「國典」，而「國典」就是「憲法」，故清朝也當已有「立憲」，又何從發生「立憲」的主張與追求呢？正因有如此的混淆，梁啟超遂又稱「惟有議院之國所定之國典乃稱為憲法」。由此看來，梁啟超所認知的「憲法」，端視該國有無「議院」而定，至於該稱為「憲法」的「國典」，係由議院制定、欽定或君民協定？則在所不問。故而，諸如康有為與梁啟超等較早倡言「立憲法」者，他們實際上要表達的概念，無非是指開議院或國會而言。

---

[57] 梁啟超，〈各國憲法異同論〉，頁 1056。

　　孫中山對「憲法」所持的概念，則認為唯有「國會」所制定者，才能夠稱為「憲法」。基於此，他提出「軍法之治」、「約法之治」及「憲法之治」的建國三程序，原因就在於他認知中的「憲法」，僅係指由公舉議員組成的國會所制定的法典。然而，如果依據依藍尼對「憲法」的界定，則不僅清朝政府的運作，自應有可資依循的「憲法」，民國初年制定的「臨時政府組織大綱」及「臨時約法」，實質上也都應屬中華民國建立後的「憲法」。只不過，晚清以來受限於以「立憲」作為政治訴求，故「立憲」僅係指制定名稱為「憲法」的單一法典，且制定或通過「憲法」的機關，必須要具有代表主權在民的性質。也因此，包括「臨時政府組織大綱」及「臨時約法」，其實都是民國肇建過程中的「轉型憲法」或「過渡憲法」（transitional constitution）。但是，為何孫中山僅視「臨時約法」為「臨時憲法」[58]？原因則係「臨時約法」中，已有了經由選舉組成國會，以及列有人權保障的相關規定。孫中山曾謂：「憲法者，國家之構成法，亦即人民權利之保障書也」[59]，可說明他所認知中「憲法」，應包括「國家之構成」及「人民權利保障」兩部分的內容。

　　此外，當代學者於釋義「憲法」一詞時，往往將「法」字等同具有現代意義的「法律」，因而對於「憲法」的理解，傾向以「最高法規範」來看待。然而，如果將「憲法」視為國家中的「最高法規範」，就容易認為凡屬最重要的事項，皆應規定於「憲法」，從而開展出法律實證主義的法階層理論。事實上，源自於美國首先制定的constitution，雖然中文將之翻譯成「憲法」，但constitution具有「構

---

[58]　見孫中山，〈孫文學說‧第六章能知必能行〉，《國父全集》，第一冊，頁390。

[59]　孫中山，〈中華民國憲法史前編序〉，吳宗慈編纂，《中華民國憲法史》，台北：台聯國風出版社，1973年。（未編頁碼）

成」或「組成」之義，卻並不含有「法律」的意義。並且，若以亞理斯多德的觀念來說，他不僅將 constitution 看得同國家一樣，且他還說過：「……'constitution'means the same as 'government,'……」[60]，而也把 constitution 視為與「政府」同義[61]。就此，曾任司法院大法官的馬漢寶也認為，constitution 未必具有「法」的涵義。馬漢寶根據布萊克（Charles Black）：「a"constitution"係純粹政治之事，即權力之結構是。"Law"係用以處理個人間的衝突以及公共秩序的破壞所需之器械或工具」的見解[62]，認為 constitution 在西方文字中，本身並非必有「法」的意義，而可能僅指關於政府組織，或其他事項的一部「文書」（document）而言[63]。

由此看來，「憲法」應該是一套有關國家構成，以及政治權力結構之安排的「制度」或「方法」，而並非必有「最高法規範」的法律意義。事實上，孫中山也說過：「所謂憲法者，就是將政權分幾個部分，各司其事而獨立」[64]，可見孫中山了解的 constitution，應是指一

---

[60] 見張翰書，《西洋政治思想史》（上冊），台北：臺灣商務印書館，1961 年，頁 60-61，頁 91 之註一八。

[61] 1789 年的法國「人權宣言」（Declaration des Droits de l'Homme et du Cytoyen，直譯為人與公民的權利宣言）第十六條，絕大多數人都翻譯為：「一個社會如果人權未能獲得保障，且權力分立亦未能得到確立，就根本不存在憲法」，這樣的翻譯，意味了「憲法」係國家用來規範整個社會，故應為具最高效力的法律，且內容應包括人權保障及權力分立。但是，社會又何來權力分立之所謂？然而，如果將 constitution 視為 government 或國家之構成，則可把「人權宣言」第十六條翻譯成：「一個社會如果人權未能獲得保障，且權力分立亦未能得到確立，就根本不存在著『國家之構成』或政府」，則或更能準確表達 constitution 及法國「人權宣言」第十六條的原意。

[62] Charles Black, *Perspectives of Constitutional Law, Foundations of Modern Political Science series* (Prentice-Hall., 1963) , p.1.轉引自馬漢寶，前引文，頁 84 之註 4。

[63] 馬漢寶，同上註，頁 84。

[64] 孫中山，〈五權憲法演講錄〉，《國父全集》，第三冊，頁 233。

套關於權力結構安排的制度或方法，但中文若用「憲法」一詞來表達，則確實難以與其原意產生聯想。嚴復在距今一百年前，即已指出了類似的看法，但當代學者往往將「憲法」視為專業的法律，卻不無有窄化「憲法」概念的現象，並使「憲法」的研究，降格為技術性的法律適用而已。

參、「憲政」為開議院或開國會的政體

中國從晚清以來也追求「憲法」、「立憲」、「立憲政體」或「憲政」，但他們是如何看待「憲法」與「憲政」的關係呢？前已提及，梁啟超在其 1901 年的〈立憲法議〉一文中，係以中國古代的君權亦受先王、祖宗家法或禮教所限，說明了以憲法限君權，實為與中國的固有之義相同。梁啟超所說的君權受限情形，若以現代的詞彙與說法，則係指君權受到限制的政治「習慣」或「慣例」，即為中國既有的不成文「憲法」。然而，若謂「立憲政體」係表達與「專制政體」處於對立面的概念，則確實難以讓人從中文「立憲法」的詞彙裡，看出有何「非專制」的涵義。

其次，「立憲政體」和「憲政」兩詞彙，其指涉是否相同呢？1909年梁啟超在《清議報》上發表〈各國憲法異同論〉一文中，他對「憲政」一詞所下的註解為：「立憲君主國政體之省稱」，且認為英國是憲政之始祖，以及強調有議院即屬立憲政體。茲將他的見解引述如下[65]：

---

[65]　梁啟超，〈各國憲法異同論〉，《飲冰室文集點校》，第二集，頁 1056。

政體之種類，昔人雖分為多種，然按之今日之各國，實不外
君主國與共和國之二大類而已。其中於君主國之內，又分為
專制君主、立憲君主之二小類。但就其名而言之，則共和國
不與立憲國同類；就其實而言之，則今日之共和國，皆有議
院之國也。故通稱之為立憲政體，無不可也。

由上述看來，梁啟超在「憲法」與「立憲政體」兩詞彙的使用
上，很容易導致概念上的混淆。亦即，即使立了「憲法」的國家，
仍可能是舊譯為「君主之國」的「專制政體」，而惟有舊譯為「君民
共主之國」和也設有議院的共和國，其政體才是他所謂的「立憲政
體」。換言之，「立憲法」與「立憲政體」間並無必然的關係，而只
要設有議院的君主國或共和國，即為他所謂的「憲政」或「立憲
政體」。

梁啟超 1901 年發表的〈立憲法議〉一文中，稱他仿效日本與泰
西國家所得的「立憲政體」，是從「分許可權」的角度來理解。並且，
他還認為君權之受限並不是臣民限之，而是中國自古即有此義的「憲
法」所限之，但以往卻不知所以為限之道在於定立「憲法」。梁啟超
認為[66]：

立憲政體，亦名為有限權之政體；專制政體亦名為無限權之
政體。有限權云者，君有君之權，權有限；官有官之權，權
有限；民有民之權，權有限。故各國憲法，皆首言君主統治
之大權及皇位繼襲之典例，明君之許可權也；次言政府及地
方政治之職分，明官之許可權也，次言議會職分及人民自由

66　梁啟超，〈立憲法議〉，頁 920-921。

之事件，明民之許可權也。……只聞君能限臣民，豈聞臣民
能限君？臣民而限君，不幾於叛逆乎？不知君權有限云者，
非臣民限之，而憲法限之也。

　　從上述所引的內容來看，梁啟超的「立憲政體」是相對「專制
政體」而言，且「立憲政體」是指「有限權」之政體，乃是相對於
「專制政體」為「無限權」之政體。因此，「立憲」的意義便可理解
為針對「君權」而「立」下的「憲」，且君權從「無限權」到了「有
限權」在當時為從「無」到「有」，故建立此種新制度，便堪為以「立」
及「憲」兩字連用來表示。梁啟超又強調，「立憲」所限君權者並非
是臣民，而是體現「天下之公理」的「憲法」所限之。然而，這種
「立憲」如何能使君權有限呢？梁啟超基本上是從「分君權」的角
度來看待，而將獨享治理國家的「君權」，再劃分出「官權」及「民
權」，並使三者間各自擁有各自的權力範圍與分際。換言之，梁啟超
所講的「立憲政體」或「憲政」，也可視為將「國權」再分為「君權」、
「官權」及「民權」三種，故建立實行「民權」的制度，就是「憲
法」或「立憲政體」在政治制度的「新」意所在。然而，建立實行
「民權」制度的「立憲政體」，對原本的君主專制來說固然算是對「君
權」的「限制」，但是否因此也意謂了「有限政府」意義上的「憲政
主義」或「憲政」（constitutionalism）？此問題則要視該實行民權的
制度，其具體形態和目的而定。接下來，本書即要指出的是，該一
實行民權的制度，亦即立「憲法」以行「立憲政體」的「憲政」，主
要應係建立國會制度（或議院）而言。

　　1908 年梁啟超在其〈中國國會制度私議〉一文中，有謂：「天
下無無國會之立憲國，語專制政體與立憲政體之區別，其唯一之表

識，則國會之有無是已」[67]，此乃延續開議院或國會即為「立憲政體」或「憲政」的見解。並且，即使梁啟超也明瞭「立憲政體」應包括「三權分立」下的「司法獨立」，但此一西方「憲政主義」所強調的特徵，在他認知中的「立憲政體」或「憲政」，卻可以省略不談。1911 年 2 月，梁啟超在〈敬告國人之誤解憲政者〉一文中提到[68]：

> 學者言憲政之所以示別非憲政者有三：民選議院其一也，責任內閣其二也，司法獨立其三也。故語憲政之特色，實惟前二義。而議院與內閣，又必相倚而始為用，二義實一義也。

由上述可知，無論梁啟超講的是「憲法」、「立憲政體」或「憲政」，唯一不可或缺的要件，便是開議院或開國會。換言之，有無制定一部名稱為「憲法」的法典，並不是「立憲法」、「立憲政體」或「憲政」的關鍵。也因此，在國會請願運動期間，楊度與梁啟超等人所以主張先開國會後定憲法，也顯現出了開議院或開國會即是「立憲政體」的意涵。

駐法使臣孫寶琦，可謂係清廷官僚中較早正式提出立憲主張者。他在 1904 年曾奏請立憲，從他所持的理由中，可看出在「立憲政體」與「憲法」二詞彙間涵義，尚存在著一些模糊未明之處，茲將他的主張引述如下[69]：

67　梁啟超，〈中國國會制度私議〉，《飲冰室文集點校》，第二冊，頁 967。
68　梁啟超，〈敬告國人之誤解憲政者〉，《飲冰室文集點校》，第二冊，頁 1078。
69　孫寶琦，〈出使法國大臣孫上政務處書〉，《東方雜誌》，第一年第一期，〈內務〉，頁 80-85。

欲求所以除壅蔽，則各國之立憲政體，洵可效法。夫日本之
由變法而強，固朝野之所共知也。……明治六年卻定為立憲
政體，至二十二年始發佈憲法，於是君民上下一心，遂成鞏
固不搖之勢。歐洲各國，除俄國與土耳其外，皆為立憲之國，
而尤以英德之憲法為最完備，此英德兩國所以能俯視列強，
鞏成大國也。……籲懇聖明仿英德日本之制，定為立憲政體
之國。先行宣佈中外，予以團結民心，保全邦本。飭儒臣採
訪各國憲法，折衷編定；飭修律大臣按照立憲政體，參酌改
訂，以期實力奉行。

在上述孫寶琦的「立憲」主張中，我們首先注意到了「欲求所
以除壅蔽」這句話，應該即係孫寶琦主張效法「立憲政體」的目的。
同時，我們還可以看出他主張「立憲政體」的邏輯，係將國家不強
盛的原因，歸於上下之情不通以致壅蔽，故若能除去壅蔽，則當可
使君民上下一心，遂成鞏固不搖之勢。換言之，「立憲政體」是指
君權與民權能夠結合，而建立的一個能夠「團結民心，保全邦本」
以鞏固國權的政體。然而，孫寶琦主張的「立憲」，固然係指以具
體文獻的形式，預先公告週知以期實力奉行。但是，孫寶琦從何得
知英國的「憲法」是為何物，並進而做出英國「憲法」最為完備的
評價？

類此疑義其實也適用在晚清主張效法英國「君主立憲」者的身
上，尤其是一方面既稱仿效英國的君主立憲，一方面又主張定立頒
佈一部具體文獻型態的成文憲法者。因為，被戴雪認為構成英國不
成文「憲法」的「習俗」或「慣例」，乃係因長期被遵循的事實，而
成為所謂不成文「憲法」的一部份。也因此，英國的「立憲政體」
原應無所謂「立」或不「立」的問題，且其「憲法」所指涉的範圍

及內容並不確定，使得「憲法」至今也不過是個「概念」而已。故而，孫寶琦認為英國「憲法」是歐洲國家中最為完備的原因可能有二：其一，是以對日本明治「憲法」的認識而投射至英國的「憲法」，認為英國想當然爾也存在著可得確定內容與範圍之具體文獻型態的「憲法」；其二，則是以英國所實施的政治制度理解為「憲法」，故「立憲」是指建立以國會運作為核心的政治制度，而未必以一套具體的文獻法典為「憲法」涵義構成的要件。

此外，1910 年 1 月，國會請願代表孫洪伊等提議於宣統三年內召集國會而上書資政院，在該上資政院的呈文中有云[70]：

> 洪伊等以為籌備憲政之實之所以不舉者，皆無國會而已。何也？蓋立憲之真精神，首在有統一之行政機關，凡百設施，悉負責任，而無或諉過於君上，所謂責任內閣者是也。責任內閣何以名？以其對於國會負責任而名之也。是故有責任內閣謂之憲政，無責任內閣謂之非憲政。有國會則有責任內閣，無國會則無責任內閣。責任內閣者憲政之本也，國會者又其本之本也。

上述孫洪伊等的呈文中，雖然強調「有責任內閣謂之憲政，無責任內閣謂之非憲政」，但實則卻透露出了有國會才有憲政的隱喻。我們從「責任內閣者憲政之本也，國會者又其本之本也」乙句來分析，可知在他們的觀念裡，即使頒佈了一部「憲法」而未開國會，

---

[70] 〈國會請願代表孫洪伊等請提議於宣統三年內召集國會上資政院呈文〉，引自中華民國開國五十年文獻編輯委員會編纂，《中華民國開國五十年文獻第一編第八冊：清廷之改革與反動（下）》，台北：中華民國開國五十年文獻編輯委員會，1965 年，頁 626。

則尚不能謂之為「憲政」。因此,開國會與「憲政」兩者間實有必然的關係,且主張行「憲政」,無非也是以開國會為根本。由此可見,「憲政」或「立憲政體」的概念,其根本內涵即在於「開國會」或「開議院」的政體。

事實上,嚴復在其〈憲法大義〉一文中,早已指出時人對於「立憲」與「憲法」的認知,並不是從法律或法治的意義來了解,而是指變更中國的「政體」。他強調[71]:

> 民主、獨治二制,雖執政人數不同,而皆有上下同守共由之法,如此謂之立憲政府。……可知今日吾人所謂立憲,並非泛言法典,亦非如《法意》中所云,有法為君民上下共守而已。其所謂立憲者,乃自其深者、精者、特別者而言之,乃將採歐美文明諸邦所現行立國之法制,以為吾國政界之改良。故今日立憲云者,無異云以英、法、德、意之政體,變中國之政體。

除了嚴復在當時就已指出上述的釐清外,我們還可以發現,戊戌之前像王韜、鄭觀應等較早認識英國國會制度的知識份子,他們並未以「君主立憲」或「憲法」等詞彙來表達這種體制的概念。直到康、梁等維新派亡命海外後,尤其透過日本的輾轉譯介,他們才對「君主立憲」及「憲法」有了更進一步的認識與體會,並進而發為政治改革上的主張。由於看到日本明治維新成功的經驗,他們主要的訴求不僅是以「立憲政體」為標誌,而且還由日本明治憲法的頒布,更加瞭解了「憲法」一詞的指稱,尚且包括了法典文獻的形

71　嚴復,〈憲法大義〉,頁 474。

式。同時，由於「立憲」與「憲法」的核心始終在於「議會制度」
（議院或國會）的建立，即使他們也已認識到要制頒一部成文型態
的「憲法」，但卻僅認為「憲法」是用來張舉以議會制度為核心的政
治制度，而未必把成文「憲法」視為具有最高效力意義的「法律」。
換言之，頒布「憲法」具有明定議會制度並昭公信的意義，遠大於
成文憲法在法治意義上所具有的「先定約束性」。也因此，在當時的
語境裡，「立憲」與「憲法」即可等同於建立議會制度，而孫寶琦所
以認為英國「憲法」最為完備，也應係就英國國會制度的完備而言。

　　總而言之，清末民初所講的「立憲政體」與「憲政」，無非係指
開議院或開國會的民權制度。而在孫中山的認知中，則加上了制定
「憲法」後，才算開始實施「憲政」。基於此，中華民國在 1947 年
實施「憲法」以前，雖然民國初年經由選舉組成了國會，若依孫中
山的見解，則還不算實施「憲政」。但若依梁啟超的見解，卻已算是
實行了「立憲政體」與「憲政」。由此看來，在當時使用這些詞彙時，
嚴復就已認為有所混淆與「詞不達意」，而在距今百年後閱讀起來，
這些相同詞彙的涵義又已有了變化，故掌握其要旨便有一定的難
度。唯無論如何，我國所講的「立憲政體」與「憲政」，最為根本的
政治制度形態，即應係指開議院或國會的政體。為了方便查考，茲
將梁啟超相關的重要見解，彙整如表 1。

表 1　梁啟超對立憲、憲法、立憲政體及憲政的說明一覽表

內容	出處	要旨說明
世界之國有二種：一曰君主之國，二曰民主之國。設制度、施號令以治其土地、人民謂之政。世界之政有二種：一曰有憲法之政**亦名立憲之政**，二曰無憲法之政**亦名專制之政**。採一定之	1901 年，〈立憲法議〉，《點校》，第二冊，頁 920 及 922。	1. 「民主之國」應係指透過公舉，而以民為「國之主」的國家。 2. 所引省略之處，為梁啟超依序對君主專制、民主立憲及君主立憲三種政體之良窳做出評價，故舊譯為「君主」者為「君主專制」，

政治以治國民謂之政體，世界之政體有三種：一曰君主專制政體，二曰君主立憲政體，三曰民主立憲政體。……**三種政體，舊譯為君主、民主、君民共主。名義不合，故更定今名。**

憲法者何物也？立萬世不易之憲典，而一國之人，無論為君主、為官吏、為人民，皆共守之者也，為國家一切法度之根源。此後無論出何令，更何法，百變而不許離其宗者也。西語原字為 THE CONSTITUTION，譯意猶言元氣也。蓋謂憲法者，一國之元氣也。

立憲政體，亦名為有限權之政體；專制政體亦名為無限權之政體。有限權云者，君有君之權，權有限；官有官之權，權有限；民有民之權，權有限。……

孟子曰：「天下之生久矣，一治一亂。」此為專制之國言之耳。若夫立憲之國，則一治而不能復亂。……且君主之發一政、施一令，必謀及庶人，因國民之所欲，經議院之協贊，其有民所未喻者，則由大臣反復宣佈於議院，必求多數之共贊而後行。民間有疾苦之事，皆得提訴於議院更張而利便之，而豈有民之怨其上者乎？故立憲政體者，永絕亂萌之政體也。

問者曰：「然則中國今日遂可行立憲政體乎？」曰：是不能。立憲政體者，必民智稍開而後能行之。

本報論文最要之點：曰今日中國萬不能行共和立憲制。而所以下此斷案者：曰未有共和國民之資格。……共和國民之資格不一端，……。然吾櫽括言之，

	1906 年，〈答某報第四號對於本報之駁論〉，《點校》，第三冊，頁

舊譯為「民主」者為「民主立憲」，舊譯為「君名共主」者為「君主立憲」。

3. 嚴復 1906 年在其演講〈憲法大義〉時，似係針對梁啟超的「憲法」及「立憲」觀念提出批評。他說：「按憲法二字連用，古所無有。以吾國訓詁言仲尼憲章文武、注家云憲章者近守其法。可知憲即是法，二字連用，於辭為贅」。又說：「吾國近年以來，朝野之間，知與不知，皆談立憲。立憲既同立法，則自五帝三王至於今日，驟聽其說，一若從無有法，必待往歐美考察而歸，然後為有法度也者，此雖五尺之童，皆知其言之謬妄矣。是知立憲、憲法諸名詞，其所謂法者，別有所指。……然究竟此法，吾國舊日為無為有，或古用而今廢，或名異而實同，凡此皆待討論思辨而後可決。故其名為立憲，而不能再加分別者，以詞窮也」。

4. 立憲政體為有限權之政體，但此「限權」實質上為「分權」之義。亦即，從既有的「君權」及「官權」中再分出「民權」。而所謂的「民權」之體現與「永　萌之政體」，皆是指開議院或國會的立憲政體。

5. 因「立憲政體」係指開議院或國會，故乃有以民智稍開為行立憲政體之前提的問題。

1. 梁啟超做此文前，已發表有〈開明專制論〉一文，其依「進化論」的思維，認為「野蠻專制→開明專制→君主立憲→共和立憲」為一演化的過程。他認為中國應以

吾所認為最重要者,則曰:「有能行議院政治之能力者,斯可以為共和國民之資格」。	1430。(按:某報指同盟會的《民報》)	開明專制為立憲制的準備。 2. 中國不能行共和立憲制的理由,在於中國國民尚未具備共和國民之資格。而尚未具備共和國民之資格最重要者,則是中國國民尚不具備行議院政治之能力。 3. 尚不具備「行議院政治之能力」,就是戊戌變法時以「民智未開」而未開國會的同一理由。 4. 國民具備行議院政治之能力為立憲制的前提,有「議院政治」始為立憲制。
天下無無國會之立憲國,語專制政體與立憲政體之區別,其唯一之表識,則國會之有無是已。	1908 年,〈中國國會制度私議〉,《點校》,第二冊,頁967。	1. 專制政體與立憲政體的區別,端視「國會之有無」而定。 2. 有國會的國家才是「立憲國」,「立憲」即意味「有國會」。
憲法者,英語稱為 Constitution,其義蓋謂可為國家一切法律根本之大典也。故苟凡屬國家之大典,無論其為專制政體,**舊譯為君主之國**。為立憲政體,**舊譯為君民共主之國**。為共和政體,**舊譯為民主之國**。似皆可稱為憲法。雖然,近日政治家之通稱,惟有議院之國所定之國典乃稱為憲法。故今之所論述,亦從其狹義:惟就立憲政體之各國,取其憲法之異同,而比較之云爾。……**憲政立憲君主國政體之省稱**之始者者,英國是也。	1909 年,〈各國憲法異同論〉,《點校》,第二冊,頁1056。	1. 梁啓超此時對於「憲法」的認知,是從法律意義之角度來理解,故推衍致任何國家都有憲法的結論,而和自己以往的認識有所混淆需做註解。 2. 惟「有議院之國所定之國典乃稱為憲法」。 3. 「憲政」一詞是「立憲君主國政體之省稱」,且英國是行此種「政體」的始祖。但此處既以英國的「政體」為「立憲」始祖的表徵,則所謂「立憲」自是指舊譯為「君民共主」的「議會制」。
政體之區別以直接機關之單複為標準。其僅有一直接機關,而行使國權絕無制限者,謂之專制政體;其有兩直接機關,而行使國權互相制限者,謂之立憲政體。……今就現世之君主立憲國而舉其特色,則有三焉:第一,民選議會。議會謂國會也,凡立	1910 年,〈憲政淺說〉,《點校》,第二冊,頁 957-958。	1. 從將國權再予「國家直接機關權限分化」的角度界定「立憲政體」。 2. 只要有「兩直接機關,而行使國權互相制限者」,即可謂之立憲政體,不以「三權分立」與「司法獨立」為必要條件。

憲國必有國會，……第二，大臣副署。凡立憲國君主之詔敕，必須由大臣署名，然後效力乃發生。……第三，司法獨立。凡立憲國皆有獨立之審判廳以行司法權。…… 　　舉此三條件，規定於憲法中，而不許妄動，謂之立憲。立憲之制，首行於英國，……。		
學者言憲政之所以示別非憲政者有三：民選議院其一也，責任內閣其二也，司法獨立其三也。故語憲政之特色，實惟前二義。而議院與內閣，又必相倚而始為用，二義實一義也。……所謂君主立憲之異乎君主專制者，其在專制之國，則立憲（本書作者按：法？）與行政兩大權，皆由君主獨斷而躬行之。立憲國不爾，立法權則君主待議院協贊而行之，行政權則君命大臣負責任而行之。質言之，則專制國之君權無限制者也，立憲國之君權有限制者也。立憲之與專制，所爭只此一點。	1911 年 2 月，〈敬告國人之誤解憲政者〉，《點校》，第二冊，頁 1078。	1. 憲政與非憲政的差別有三，但其特色則為民選議院及責任內閣二義，且實際上僅屬一義，亦即開議院而行議會制度。 2. 「其在專制之國，則立憲與行政兩大權」中的「立憲」兩字若無筆誤或誤印，則「立憲」當即指建立議會制度。 3. 若是為「立法」之誤植，從「立憲國不爾，立法權則君主待議院協贊而行之」來看，立憲與否也是指「立法權」有無從行政權分離而言，故「立憲」仍意味了議會制度的建立。 4. 立憲是指從君權中分離出了立法與行政兩權為表徵，並非就「國權」相對於「社會」乃為有限度之 constitutionalism 的概念。
立憲政體，以君主不負政治上之責任為一大原則。其所以示別於專制政體者，惟在此點。	1911 年 5 月，〈立憲國詔旨之種類及其在國法上之地位〉，《點校》，第二冊，頁 1062。	1. 立憲政體以政治上的虛君元首為一大原則，故自是延續開議院或國會以行議會內閣制的思維，來界定立憲政體。 2. 1905 年同盟會成立後，革命派的言論較立憲派受到了廣泛支持，梁啟超繼主張開明專制後，又改變立場為虛君元首的議會內閣制。

資料來源：作者自製

參考文獻：梁啟超著，吳松、盧雲昆等點校，2001，《飲冰室文集點校》，昆明：雲南教育出版社。

第三節　小結

　　以近代中國之「民主」、「民權」、「共和」、「立憲」或「憲政」等為研究主題者，由於這些詞彙在距今百年前即已使用，且其所表達的概念和目前也未必相同，故釐清這些詞彙在當時所具有的涵義，則應該是首要的基本功課。我們可在以往的相關研究中，發現研究者對這些重要詞彙的涵義，並未釐清與探究在當時所欲表達的概念，遂往往使研究結論乃奠基在「誤解」的基礎上。有鑑於此，本章乃對這些詞彙在當時所欲表達的概念，採取語境分析的方法而加以分析與釐清。

　　經由本章的研究分析，說明了在清末民初的一段時間裡，在「民主」、「民權」、「共和」、「立憲」與「憲政」這幾個詞彙之間，除了「民主」一詞外，其他幾個詞彙的概念均有相當程度的內在關聯性。此一論斷，對於研究近代中國以來的政治發展者來說，便應具有重要性的意義。因為，「民主」正是當代研究者用來評論近代中國政治發展的基本概念，且「民權」、「共和」、「立憲」與「憲政」等詞彙，往往也被賦予了「民主」的內涵。

　　事實上，本章凸顯了「民主」一詞的概念，在清末民初重要政治菁英們的使用上，係從古代的「民之主」之義而轉變為「人民擔任一國之主」的概念。換言之，世襲的君為一國之主的「君主」，與由公舉人民身份者擔任一國之主的「民主」，乃為相對立的名詞。但是，此一「民主」的涵義，尚不包括「人民作主」或「國民主權」的概念，且若要表達此一最接近 democracy 概念的詞彙，則為主張共和革命之孫中山所講的「民權」。相對來說，君主立憲派的梁啟超等人雖也講「民權」，但他們講「民權」時的涵義，卻不包括「國民主權」之概念在內。

釐清了「民主」與「民權」的概念不同後，我們便能夠進一步了解「共和」、「立憲」與「憲政」等詞彙的確切涵義，避免因對「民主」一詞的誤解，而使這些詞彙的正確理解受到了混淆。在本章的研究分析中，還指出了幾項與過去研究成果不同的觀點與結論，茲舉其要者略述如下：

第一，「共和」一詞雖主要用來指「國體」，但孫中山也使用來指「政體」，且此與孫中山是否混淆了「國體」與「政體」的概念無關。因為，孫中山講「共和政體」即為「代議政體」或「代表政體」，他應該受到了《聯邦主義者通訊》中主張「代議政體」的「共和政府」思想之影響，而此為過去的研究所未指出的觀點。

第二，立憲政體即是「憲政」，且為開議院或開國會的民權政體，而制定憲法的意義，則是把開議院或開國會的制度與方法，用法律文字給預先確定下來的意思。戊戌變法之後，「立憲」、「立憲政體」或「憲政」成為了政治改革的新訴求，但其最主要的內涵卻未改變，而仍在於主張開議院或開國會以實行民權。

第三，對君主立憲派來說，開議院或開國會的「憲政」，乃是「民權」與「君權」透過分工，並藉實施開議院或開國會來動員人民的心智力量，進而在「君民共主」的方式下以「鞏固國權」。對共和革命派來說，實施「憲政」的目的在於實現「國民主權」的民權，而國民經由選舉組成國會體制的「立憲」，也正是孫中山說「民主專制必不可行，必立憲然後可以圖治」的道理。同樣地，孫中山講「軍政」、「訓政」及「憲政」三時期，而他所謂「憲政」時期的一個根本指標，也是在於有無選出代表國民主權的機關而言。

第四，開議院或開國會就是「立憲政體」或「憲政」，此種中國式的「立憲主義」或「憲政主義」思想，乃把「憲政」等同於追求民權或近代意義的「民主」（democracy）。並且，「立憲」以行「憲

政」的動機，也是以為開議院或開國會得以動員人民的力量，並藉
建立有能力的政府，而達到「鞏固國權」之目標。相對於西方所講
的「憲政主義」或「憲政」（constitutionalism），其無論講的是「法
治」（rule of law）或權力分立與制衡，目的都是在於使政府的權力
受到限制。換言之，西方講的「憲政」與「民主」是不同的概念，
而其「憲政」始終強調的核心，則在於「有限政府」或「限權政府」
的實現。

第四章　　過渡時期的憲政選擇與實踐

　　自晚清立憲運動以來，無論「君主立憲派」或「共和革命派」，都對「立憲政體」抱有憧憬與想像，並以為只要開了議院或國會，便能夠救亡圖存及使國家強盛。辛亥革命的驟然成功，雖可使國體由君主驟然改為「民主」，但政體從「專制」改為「立憲」，卻尚須經歷過渡轉型的過程。

　　經由前一章的分析，說明了「立憲政體」或「憲政」的涵義，應主要係指開議院或國會的政體。因此，「立憲法」若係指制定一部名稱為「憲法」的法典，則未必即為實施「立憲政體」的必要前提，且民國肇建後隨即開了議院和國會，實際上也已等於實行了「立憲政體」或「憲政」。然而，孫中山認知的「憲政」，係為他所說的「憲法之治」，故實行「憲政」的前提，則必先召集象徵主權在民的「國會」，並由「國會」制定一部據以實行「憲政」的「中華民國憲法」。基於此，本書將民國元年制定的「中華民國臨時政府組織大綱」（以下簡稱『組織大綱』）及「中華民國臨時約法」（以下簡稱『臨時約法』），視為尚未制定憲法以實行「憲政」前，建構過渡性質之國家根本制度的臨時依據。

　　民國初年依據「臨時約法」規定，既已召開了正式國會，自也有了實行「立憲政體」或「憲政」的實質。但由於「中華民國憲法」尚待制定，故本書稱此時期的「憲政」為「過渡憲政」，且依「組織大綱」和「臨時約法」的性質，則也都可視為「臨時憲法」或「過渡憲法」[1]。在此「過渡憲政」時期，首要的任務便是制定憲法，而

---

[1]　民初改「組織大綱」為「臨時約法」的理由之一，係參考構成「憲法」的內容，

制定憲法的目的，則是把以國會為核心的民權制度，用憲法的形式給固定下來[2]。

　　然而，民國初年實行議會政治的結果，卻使原本對議會政治的高度期待，形成了強烈的反差，誠如張東蓀所說的：「議會制度的不能免與議會制度的破產同時駕臨中國」[3]。正因為民初實施國會政治的失敗，孫中山等政治菁英們，遂另外展開適合國情的憲政制度規劃。因此，民初「過渡憲政」的建構與實踐情形，當會影響日後我國憲法中的制度選擇，而應成為一項研究的重要課題。

第一節　影響政治菁英憲政選擇的原因

　　民國肇建之初，依據「組織大綱」所成立的臨時政府，一般皆認為係採取「總統制」。然而，「組織大綱」公布後不久隨即修正一次，且更在二個月後，又為新制定的「臨時約法」所取代。至於「臨時約法」中所建構過渡時期的憲政體制，則係所謂的「責任內閣制」（或簡稱為『內閣制』）。

　　而認為應該包括人權條款。但是，在美國憲法的本書中，也並無規定人權條款，故應可視「組織大綱」為「過渡憲法」。其次，孫中山雖視「臨時約法」為「臨時憲法」，但認為與他主張的建國三程序不符，而反對制定具有「臨時憲法」性質的「臨時約法」。就此，本書將在下一章再詳為說明。

[2]　如果就我國立憲史與孫中山的主張而言，制定憲法以實行憲政，實是指把「民權政體」、「共和政體」或「代議政體」，用法律的形式給固定下來。因此，以現今的語彙來講，就是把民主的成果給確定下來，以追求與實施「民主憲政」。此一理解民主、憲法與憲政的邏輯，係以我國政治發展的情形而言，故毛澤東即曾說過：「世界上歷來的憲政，不論是英國、法國、美國，或者是蘇聯，都是在革命成功有了民主事實之後，頒佈一個根本大法，去承認它，這就是憲法。」毛澤東，〈新民主主義的憲政〉，《毛澤東選集》，第二卷，北京：人民出版社，頁 735。然而，英國 1215 年的「大憲章」意味先有了「憲政」（constitutionalism），「民主」（democracy）則是以後的發展。

[3]　張東蓀，〈憲法上的議會問題〉，《東方雜誌》，第 19 卷第 21 號，1922 年 11 月。

　　為什麼在短期間之內，過渡時期的憲政選擇便從「總統制」改為「責任內閣制」？由於孫中山在武昌革命成功後，曾承諾將大總統之位讓予袁世凱，以誘使袁世凱能和平地促使清帝遜位。因此，同盟會人為防制袁世凱，遂在他即將出任大總統前，將原本的「總統制」改為「責任內閣制」[4]。此一舉措，自會讓袁世凱心生不滿，並產生了「對人立法」的聯想。

　　然而，何以在當時的憲政選擇上，人們認為「責任內閣制」要較「總統制」能夠防範專斷呢？換言之，總統制的本身是否即意謂了較「責任內閣制」容易流於專斷？或者，以中華民國當時的國情來說，採行總統制被認為較「責任內閣制」容易使總統流於專斷？對於這些的問題的解答，以往的研究成果對此較少觸及，本節將就這些問題，嘗試另做個補充說明與討論。

　　基本上，本節將先就民國建立組織臨時政府的過程，先做一個歷史的敘述。其次，對於改總統制為「責任內閣制」為「對人立法」的評價，由於近來有研究者提出否證而持保留的態度，故此處正可藉歷史的敘事方式來說明臨時政府的組成，進而對此提出的否證而再加以廓清其疑點。再者，由於臨時政府的組成僅為政治菁英的抉擇，故對於「組織大綱」中的「總統制」何以改為「臨時約法」規定的「責任內閣制」？本書則把焦點放在了解當時政治菁英做出憲政選擇時的考量，亦即他們是如何看待「總統制」和「責任內閣制」的思維方式。

---

[4]　參閱張玉法，《中國現代史》，上冊，台北：東華書局，1977 年，頁 70；郭廷以，《中華民國史事日誌》，第一冊，台北：中央研究院近代史研究所，1979 年，頁 23，24，26，29-32。

壹、國家建構的方式與「因人設制」

宣統三年八月十九日（西元 1911 年 10 月 10 日）辛亥武昌起義後，湖北都督府在九月十九日即發出通電，請各省派出全權委員赴鄂組織臨時政府。當時，雖然武昌是軍事的中心，但武昌起義以來的各路革命同志大都聚集上海，故上海實際上才是輿論與交通的中心。因此，當武昌方面通電各省時，上海方面也已有組織聯合機關的成議，但因由誰名義發動為求審慎，才遲至九月二十一日由蘇督程德全和浙督湯壽潛名義，聯電滬督陳其美倡議，請各省公推代表赴上海集議。這項通電隨即獲得了響應，九月二十五日在上海召開了第一次會議，並議決定名為「各省都督府代表聯合會」。

到了十月三日，鄂都督府代表居正、陶鳳集抵滬與會時，表達了鄂督黎元洪希望各省派全權代表赴鄂組織臨時政府之意，在滬代表會於是決定同往武昌，但各省仍留一人在滬以為通信機關。十月十日在漢口英租界召開第一次會議時，推舉了譚人鳳為議長，十月十二日的會議時，除選出雷奮、馬君武與王正廷等為臨時政府組織大綱起草委員外，又議決了「如袁世凱反正當公舉為大總統」[5]。是故，關於袁世凱若能促使滿清遜位即公舉其為民國大總統，早在十月十二日在鄂的「各省都督府代表聯合會」即已有了此項共識與承諾。孫中山是十一月初六日始從國外抵達上海，為了儘速在南京組織臨時政府，「各省都督府代表聯合會」決定於十一月十日召開臨時大總統選舉會，並內定孫中山為臨時大總統，而孫中山亦在當日，在十七省的票中獲得十六票而當選。接著，「各省都督府代表聯合會」

---

[5] 　上述經過，參李劍農，《中國近百年政治史》，台北：台灣商務印書館，1998 年，台 1 版，頁 317-319。

議決十一月十三日採陽曆而改紀元為中華民國元年元旦，並派人付滬迎接孫總統於當日在南京就職。

「組織大綱」係在十月十三日即已議決宣布，規定了臨時政府的組織架構，並將行政權歸由臨時大總統職掌，立法權則設單一機關的「參議院」行使。臨時政府本為過渡性質，故其最主要的任務，則係「組織大綱」第二十條規定：「臨時政府成立後六個月以內，由臨時大總統召集國民會議，其召集方法由參議院議決之」。換言之，先推舉出了臨時大總統，表徵國體已改為「民主」，繼而再由臨時大總統召集「國民會議」，以進一步制定憲法。「組織大綱」既係臨時政府組成之依據，本僅具短期內有效的「過渡」性質，故所規定的事項，也只以「臨時政府」的組成為範圍。然而，在「組織大綱」甫宣布之初，即有以不應未規定人民權利，或以所設的行政各部不應該硬性規定在此一具有憲法性質的根本法內，因而迭有提出修改之議。民國元年元旦前後，「組織大綱」又在一些爭議中，隨即做出了如「增設臨時副總統」等的修改[6]。

由於修改「組織大綱」的爭議迭起，參議院認為與其修改臨時性的「組織大綱」，不如另外制定「臨時約法」，方能納入人民權利的相關條款。其次，依據「組織大綱」的規定，須在限期六個月內召集國民會議，由於實際上則難以實現[7]，故也促使了參議院藉修改「組織大綱」之名稱時，進而改為制定了「臨時約法」，並在 1912年 3 月 11 日由臨時大總統孫中山公布實施。然而，在「臨時約法」中的政府體制，係將「組織大綱」中的「總統制」改為「責任內閣

---

[6]　谷鍾秀，《中華民國開國史》，台北：文海出版社，1966 年，影印本，頁 51。

[7]　吳宗慈編纂，《中華民國憲法史：前編》，台北：台聯國風出版社，1973 年，影印本，頁 9。

制」，故無論當時或後世的評價，多認為係基於對袁世凱的不信任。事實上，同盟會人既先對袁世凱做出促成清帝遜位，即舉其為大總統的承諾，其後隨著南北議和逐漸成熟，又有改「總統制」為「責任內閣制」之舉，確實讓袁世凱心生不滿。況且，孫中山以臨時大總統身份公布「臨時約法」的時間，還係袁世凱在北京就任的後一天，袁世凱對外散佈同盟會人係「對人立法」，自也是合乎情理的認定[8]。究竟「臨時約法」是不是「對人立法」呢？藉由對此問題的討論，當可理解時人所理解的「總統制」與「責任內閣制」。

　　荊知仁認為，「臨時約法」改採「內閣制」，原即係參議院的既有主張。因此，在缺乏明確直接資料，以證明僅係為防範袁世凱的情況下，孫中山可能基於屈從眾議與防範袁世凱的雙重目的，而同意在「臨時約法」中改為「內閣制」[9]。此外，新近有大陸的研究者指出，在南北議和尚未明朗化前，臨時政府參議院便已在「臨時約法」草案的審議中，提出了「責任內閣制」之議。因此，對於係為防範袁世凱而「對人立法」的評論，遂認為乃出自於著書論述者自己的分析與判斷，而缺乏直接引證的材料作為依據[10]。

　　當時擔任參議院議員的谷鍾秀，對於「臨時約法」改採「內閣制」，則否認係針對袁世凱而「對人立法」。並且，關於「過渡憲政」

8　時任參議員的吳景濂也反對「對人立法」之說，他還認為此說乃袁世凱所倡，故以他親身經歷，曾有如下的說明：「世人不察，多謂約法所定權限，係為束縛袁臨時總統而設，故與南京臨時政府所行制度不同。袁氏倡之，國人不察而和之，發為怪誕甚多，以此抨擊約法。……關於取美國制度抑取法國制度，當時爭論甚多，有速紀錄可證。並非為袁氏要做臨時大總統，故定此約法，以為牽制。余始終側身與議，故知之較詳」，轉引自李學智，《民國初年的法治思潮與法制建設》，北京：中國社會科學出版社，2004 年，頁 81。

9　荊知仁，《中國立憲史》，台北：聯經出版事業公司，1984 年，頁 225,230-231。

10　李學智，前引書，頁 77-81。

在「總統制」與「內閣制」間的制度選擇上,他也提出了解釋,茲引述如下[11]:

> 各省聯合之始,實有類於美利堅十三州之聯治,因其自然之勢,宜建為聯邦國家,故採美之總統制;但是,自臨時政府成立後,感於南北統一之必要,宜建為單一國家,如法蘭西之集權政府,故採法之內閣制。

上述谷鍾秀的看法,或應有其所本之處。在武昌起義後,蘇督程德全和浙督湯壽潛聯名電滬督陳其美,倡議請各省公推代表赴滬集議時,即曾表明了應學習美國合十三州,以建立美利堅合眾國之制。茲將該電文部分重要內容引述如下[12]:

> 美利堅合眾國之制,當為吾國他日之模範;美之建國,其初各部頗起爭論,外揭合眾之幟,內伏渙散之機。其所以苦戰八年,收最後成功者,賴十三州會議總機關有統一進行,維持秩序之力也。考其第一次第二次會議,均僅以襄助各州會議為宗旨,至第三次會議,始能確定國會,長治久安,是亦歷史上必經之階段。

由上述所引電文的內容看,姑且不論谷鍾秀的說法是否合理,但卻說明了他的見解來源,應出自於與該電文相同的「建國步驟」。並且,谷鍾秀為當時臨時政府參議員中的有力分子,他的意見至少足以代表一部分同僚之見解。然而,將選擇「總統制」或「內閣制」

---

[11] 谷鍾秀,前引書,頁 83-84。
[12] 引自李劍農,前引書,頁 318。

的理由，和聯邦國或單一國間產生了聯繫關係，卻多為論者依憲治
原理而提出反駁，並仍認為實係「對人立法」，以防範袁世凱可能的
專擅[13]。論者針對谷鍾秀所提出反駁，往往僅係依據前面所引他的
說法，而未再能參酌上開電文的內容，故誠如荊知仁所言：「聯邦國
之與總統制，與單一國之與內閣制，其間實在並無必然關係」[14]。
然而，但若衡諸革命建國過程中的不同局勢，總統制與內閣制間的
不同選擇，則確實具有截然不同象徵意義。

　　首先，驟然發生武昌革命後，雖各省次第響應並進而籌組臨時
政府，但滿清政府並未因此而隨即傾覆。在此期間內，由各省代表
公舉一位臨時大總統，除了用以彰顯中華民國已成立外，還意味係
各省響應才成立了中華民國。故而，在各省聯合之始，谷鍾秀為了
強調臨時大總統應擔負的角色，係為聯合各省總而統之，遂認為聯
邦國與總統制的選擇具有直接關係。

　　其次，臨時政府既已組成，象徵中華民國的地位業已底定，但
在臨時政府與清廷議和時期，有感於未來南北統一後，尤須凸顯中
華民國並非由各省聯合所構成。基於建立國權鞏固的單一國家，必
須強調中華民國係由「國民」而非「省」所構成，以及中華民國的
主權應歸屬於國民全體。並且，開國會原本即是清末以來所追求的
「立憲政體」，而在上開電文中也提到，美國十三州議會總機關到了
第三次會議，才確定國會以能長治久安。因此，以「國會」來代表
主權在民的概念，使谷鍾秀參考法國中央集權的制度，而將單一國
和內閣制產生了聯想。此一推論，當可從「臨時約法」第一條規定：

---

[13]　如陳茹玄，《中國憲法史》，台北：文海出版社，1985 年，影印本，頁 30。李劍
　　　農，頁 348-349。荊知仁，前引書，頁 186-187。胡春惠，〈民國初年制憲活動及
　　　其特質〉，《近代中國雙月刊》，第 19 期（1980 年 10 月），頁 113-114。
[14]　荊知仁，前引書，頁 187。

「中華民國由中華人民組織之」和第二條規定:「中華民國之主權屬於全體國民」,得到一定程度的解釋[15]。換言之,至少就谷鍾秀所理解的美、法兩個共和國,由於美國總統並非由國會選出,係由各州組成合眾國的大總統,但中華民國應係由中華人民所組成,故他才以法國為仿效對象,並將內閣制與單一國產生了聯想。

此外,由於當時制定「組織大綱」的二十多位各省代表會成員中,只有五人後來又成為南京臨時政府參議院的議員。並且,維持總統制之「臨時約法草案」的五位起草委員中,只有一位成為後來臨時參議院議員,故此現象也應是分析時需考慮的因素[16]。亦即,從參與制定「臨時約法」的構成份子來說,或也可說明「臨時約法」改總統制為內閣制的原因,未必即係因袁世凱將任臨時大總統而「對人立法」。

本書認為,基於防制即將任臨時大總統的袁世凱,儘管並不是「臨時約法」改總統制為內閣制的惟一原因,但卻應該是主要且直接的原因。本書做出這樣判斷的理由,主要係因南北議和幾告成功之際,臨時參議院乃於審議「臨時約法草案」時,討論並決定將原定的總統制改為內閣制。並且,孫中山就任臨時大總統後,宋教仁曾以臨時政府法制局局長職務[17],擬具了「臨時政府組織法草案」呈經總統咨送參議院審議,但這部與後來採內閣制的「臨時約法」,並沒太多差異的草案,當時卻遭到了參議院的退回[18]。並且,孫中

---

[15] 民國成立後,若干由私人草擬的憲法草案,並非皆主張主權在民,而或有揭示「主權在國」及其他者。對此,本書第六章中將另作說明。

[16] 同上註書,頁81。

[17] 宋教仁所任之職務,有稱之為「法制院院長」者,見荊知仁,前引書,頁225。惟「法制院」應為民國元年臨時政府大總統直隸機關「法制局」之誤植,見錢端升等著,《民國政制史》(上冊),上海:上海書店,影印本,1989年,頁4。

[18] 中華民國開國五十年文獻編纂委員會編,《開國規模:中華民國開國五十年文獻》

山一向主張總統應擁有實權，再加以討論改為內閣制的時機，和南北和議幾近成功的時程相當，至少意味袁世凱即將擔任臨時大總統，也應係決定選擇總統制或內閣制的重要因素。

　　表 2 係南北和議與制定臨時約法改為「內閣制」之相關歷程的大事紀，從中可看出在民國元年元月 22 日以後，南北和議應該已經成熟，故乃有元月 27 日段祺瑞等軍人發電主張立採共和政體之舉。也因此，南京臨時政府此時對袁世凱的意向，應該可從這個動作中看到了樂觀的結果。有論者以直到 2 月 12 日臨時參議院還曾做出「如不依約遜位即取消優待條件」的決定[19]，認為和議尚未有完全把握，並將依承諾推舉袁世凱為臨時大總統前，參議院早在 2 月 9 日便審議決定改採內閣制，故此是否完全針對袁世凱便有值得考慮之餘地。此一見解固然有其可能性，但卻也未嘗不是一種「明迫」清廷，實卻「暗助」袁世凱的作態而已。

　　因此，本書仍傾向於認為，由於和議已經成熟，孫中山依諾將舉袁世凱為臨時大總統，此際卻改總統制為內閣制，兩者間自應有直接的關係。換言之，一般稱此情形為「對人立法」，當屬公允。然而，立國之初的政治領袖，即已立下了制度隨人轉的例子，影響所及，使整個中國始終脫離不了治亂相循的夢魘[20]。同時，從民國建之初，關於選擇內閣制或總統制的考量，也始終環繞在總統可能獨裁的疑慮上，並意味內閣制係用來防範總統專制的制度選擇。

　　（第二篇，第二冊），台北：中華民國開國五十年文獻編纂委員會，1974 年，頁 113-118。

19　見《民立報》，1912 年 2 月 12 日。

20　高朗，〈內閣制與總統制之比較分析〉，《政治學報》，第 21 期（1993 年 12 月），頁 58。

表2　南北和議與制定臨時約法改為內閣制之相關歷程大事紀

時間	事件
宣統三年十月十二日	「各省都督府代表聯合會」決議：若袁世凱能使滿清退位，當舉其為民國大總統。
宣統三年十月十三日	宣布「中華民國臨時政府組織大綱」，採「總統制」。
宣統三年十一月十日	孫中山當選臨時大總統；同日去電向袁世凱表示：「雖暫時承乏，而虛位以待之心，終可大白於將來」。
宣統三年十一月十二日	宋教仁提議修改為責任內閣制未果。
民國元年元旦 （舊曆十一月十三日）	孫中山就任臨時大總統。
民國元年元月二日	袁世凱復電孫中山稱：「臨時政府之說，未敢與聞。謬承獎誘，慚悚至不敢當」，表達對孫中山的懷疑。
民國元年元月四日	孫中山為讓袁世凱放心，遂再復電表示：「倘由君之力不勞戰爭，……推功讓能，自是公論。……若以文為有誘至之意，則誤會矣」。
民國元年元月十八日	孫中山電伍廷芳轉告唐紹儀以清帝退位五項條件，其中第四項為「即向參議院辭職，宣布定期解職」，第五項為「請參議院公舉袁世凱為大總統」。
民國元年元月二十八日	臨時政府參議院正式成立。
民國元年元月二十二日	1. 孫中山命伍廷芳將和議條件電達袁世凱，其中第四項為「由參議院舉袁為臨時總統」，第五項為「袁被舉為臨時總統後，誓守參議院所定之憲法，始能授受事權」。 2. 孫中山亦將該電同時送交報館公布，迫使袁世凱必須及早攤牌，並難以再在清廷與南京政府間繼續玩弄兩面手法。
民國元年元月二十七日	袁世凱支使段祺瑞等將校四十餘人，聯名向內閣軍諮府陸軍部並各王公發出長電，主張立採共和政體以安皇室而奠大局。
民國元年二月三日	袁世凱電伍廷芳，稱「今始有權以議優待之事」，並商訂優待遜位清廷之條件。
民國元年二月六日	南京臨時參議院修正優待清廷之條件諮復臨時政府後，並電達袁世凱。
民國元年二月七日	參議院第二次議程提出制定「中華民國臨時約法草案」，草案內容上仍沿用「總統制」。
民國元年二月八日	討論是否改為「責任內閣制」。
民國元年二月九日	參議院審議會上決定「增設責任內閣」。
民國元年二月十二日	清帝下詔退位。

民國元年二月十三日	1.袁世凱電南京臨時政府,聲言絕對擁護共和,但託言維持北方秩序未允南下。 2.孫中山向參議院辭臨時大總統,舉薦袁世凱繼任。
民國元年二月十四日	孫中山親赴參議院陳述辭職意見。
民國元年二月十五日	臨時大總統選舉會一致選出袁世凱為臨時大總統。
民國元年三月十日	袁世凱在北京就任臨時大總統。
民國元年三月十一日	孫中山頒布「中華民國臨時約法」,採「責任內閣制」。
民國元年三月十三日	袁世凱任命唐紹儀為內閣總理。
民國元年四月一日	孫中山蒞參議院行解職禮。

資料來源:作者自製

貳、對共和國元首應有角色的不同期待

　　「臨時約法」將「組織大綱」中的「總統制」改為「內閣制」,何以招致「對人立法」的負面質疑?理由便係內閣制被視為用來防制總統。然而,若內閣制具有防範國家元首專制的作用,且同盟會也可接受內閣制的制度選擇,則將侵蝕孫中山共和革命的正當性基礎。因為,假若孫中山也主張防範國家元首的內閣制,就說明了他不接受君主立憲的原因,只在種族主義而排滿一端。

　　孫中山本人主張總統應有實權,故並不贊成採取內閣制。根據胡漢民自傳記載,在孫中山歸國抵滬之後,曾與胡漢民、汪精衛、黃興、陳英士、宋教仁、張人傑及居正等人,在他的寓所召開內最高幹部會議,共同研商總統制或內閣制的取捨問題。宋教仁一向主張內閣制,但在孫中山提出他的看法,並經張人傑率先響應後,眾人乃依從孫中山的意見。茲將孫中山選擇總統制或內閣制的理由,引述如下[21]:

---

[21] 胡漢民著,傳記文學出版社編輯,《胡漢民自傳》,台北:傳記文學出版社,1969年,頁 63。

> 內閣制乃平時不使元首當政治之衝，故以總理對國會負責，斷非此非常時代所宜。吾人不能對於惟一置信推舉之人，而復設防制之之法度。余亦不肯徇諸人之意見，自居於神聖贅疣，以誤革命之大計。

　　由上述孫中山的意見看來，他所認知的內閣制，則係平時元首不當政治之衝，而由內閣總理對國會負責的政體形式。並且，孫中山自己也提到，內閣制正是用來防制元首的方法。此外，孫中山並不贊成內閣制，其最重要的理由，則係元首既經由推舉產生，便不應再設防制之法，並使元首成為一神聖贅疣。

　　在孫中山的觀念中，經由推舉出來的元首，就應該是最有能力與值得信賴之人，也應該擔負最大的責任。質言之，孫中山對西方民主政治的選舉制度，係以「選賢舉能」的傳統人治思想來理解，並樂觀地認為「公舉」的效用，即在於能夠使「成德成賢」者在位。同時，他也具有中國人崇古的觀念，相信中國古代曾有三代之世的理想境界，而中國人既然曾創造過「善治」的境界，未來理應也有還能實現的一天。並且，他認為達到這種「善治」境界的方法，就是找出有能力的「人」來當元首。孫中山在〈民權主義・第五講〉中說過[22]：

> 現在雖然是推翻專制，成立共和政體，表面上固然是解放，但是人民的心目中，還有專制的觀念，還怕有皇帝一樣的政府來專制。……比方在專制皇帝沒有發達以前，中國堯舜是很好的皇帝，他們都是公天下，不是家天下。……推到堯舜

---

[22]　孫中山，〈民權主義・第五講〉，《國父全集》，第一冊，頁108。

　　以前，更沒有君權之可言，都是奉有能的人做皇帝，能夠替
　　大家謀幸福的人，才可以組織政府。

　　然而，如何找到有能力的人，來當國家的元首呢？這個方法也
就是選舉。孫中山還曾講過一個小故事，證明中國人的一般心理，
都以為是大本領的人，便可以做皇帝，並認為只要給予充分的民權，
讓人民能夠自由投票，便一定會舉堯舜來當皇帝[23]。由此看來，孫
中山對人性及權力的看法，皆抱持著樂觀的態度，故他將選舉視為
透過「人」達到「善治」的方法，而這也是孫中山對傳統政治文化
的「創造性轉化」。相對來說，西方「憲政主義」對於人性與權力則
持悲觀看法，認為即使由選舉產生的職務，也應該受到防範與控制，
但這卻不是孫中山所持的觀念。基於此，可知孫中山所主張的「總
統制」，乃係源自於中國傳統賢能政治的人治思想，而西方民主選舉
的形式，則被理解為實現賢能政治的方法。

　　宋教仁在民初得有「議會迷」的雅號，同盟會人所主張的內閣
制，自以他的看法為代表。宋教仁倡言內閣制的論證方式，基本上
和孫中山相同，都是以「二分的排除法」為立論點。亦即，在二分
為總統制與內閣制的前提下，以其中之一為不適合，而作為選擇另
一的理由。茲將宋教仁主張應採內閣制的理由，引述如下[24]：

　　若關於總統及國務院制度，有主張總統制者，有主張內閣制
　　者，而吾人則主張內閣制，以期造成議院政治者也。蓋內閣

---

[23]　同上註，頁 109。
[24]　宋教仁，〈宋遯初先生在滬演說詞〉，《民立報》，1913 年 2 月 20-21 日。引自丘
　　　桑主編，《護法使者（民國奇才其文系列：宋教仁卷）》，北京：東方出版社，1998
　　　年，頁 189。

　　不善而可以更迭之，總統不善則無術更易之，如必欲更易之，必致搖動國本。此吾人不取總統制，而取內閣制也。欲取內閣制，則捨建立政黨內閣制無他途，故吾人第一主張，即在內閣制也。

　　在上述所引宋教仁的看法中，可知造成議院政治及總統應有的地位，係他主張內閣制的最主要考量。基本上，宋教仁在考量內閣制或總統制的選擇時，其前提係假設公舉出來的總統，也存在著「不善」的可能行。因此，若將總統只定位於「統」的角色，即使公舉出了「不善」的總統，也不至於導致動搖國本[25]。同時，宋教仁主張總統應為虛位元首，並在實行「責任內閣制」之下，「凡總統命令，不特須閣員副署，並須由內閣起草，使總統處於無責任之地位，以保其安全」[26]。

　　其次，宋教仁所謂的造成議院政治，應僅係指行政權受立法權的「監督」，但並不包括西方議會民主制之下，以「倒閣權」的方式要求行政權向立法權負責。蓋自清末以來，議院或國會應有功能的內容，大致上係逐漸由「議政」、「立法」以至包括「監督」[27]，故

---

[25] 　類似的見解，如有人認為若行總統制，當遇到行政上出現「差失」時，總統就必須「任其咎」，但若總統「一失民望，則舉國有不寧之兆」，見〈共和憲法意見書〉，《民立報》，1912年3月7日。或是認為：「今吾國苟仿美制，則民人政治上之知識閱歷，既尚幼稚，又無大政黨以盡監督之職，其結果必致行政立法衝突不已。苟有衝突，即去總統，則一國之元首更動無常，必致騷亂」，見〈敬告中國人中國民主政府當仿效法國絕不可仿美國之制〉，《東方雜誌》，第8卷第10號。

[26] 　宋教仁，〈國民黨政見宣言〉，《國父全集》，第二冊，頁37。此宣言雖收錄在《國父全集》第二冊中，但實為宋教仁所撰而應代表宋教仁之主張，此在頁42之註1已有說明。論者若未能察於此，則將孫中山的憲政選擇傾向誤以為係「責任內閣制」，例如，洪泉湖等五人著，《中華民國憲法與立國精神》，台北：幼獅文化事業，1993年，頁559-560。

[27] 　有學者認為在梁啟超的國會觀中，除了立法的功能外，還將「監督」也視為應有

所謂的「監督」，實則通常係指「議政」及「彈劾」權而言[28]。基於此，儘管宋教仁主張的責任內閣制係指「總統不負責任，而內閣代總統對於議會負責任是也」[29]，但他所謂的「負責任」，無非係指受到議會的「監督」。

再者，宋教仁強調建立內閣制的方法，則須組成「政黨內閣」，也就是國務員由同一黨派擔任的意思。並且，在宋教仁的構想中，內閣制須以政黨政治為基礎的原因，就是為了建立「責任內閣制」。民國元年同盟會改組為國民黨，目的也正是要造成以政黨政治為基礎的「責任內閣制」。因此，宋教仁效法英國之憲政慣例，主張國務總理應由眾議院推出的「責任內閣制」，但其原因，則係認為此方法可以組成完全政黨內閣。茲將他的主張引述如下[30]：

> 蓋必使國會佔多數之政黨，組織完全政黨內閣，方舉責任內閣之實；而完全政黨內閣，則非采用此法，不能容易成立。故吾黨主張憲法中規定國務總理由眾議院推出，以促責任內閣制之容易成立。其他國務員，則由總理組織之，不須國會同意。

的重要功能，因而強調此為梁啟超之「獨特的國會觀」。見李曉東，《東亞的民本思想與近代化—以梁啟超的國會觀為中心》，台北：中央研究院東北亞區域研究，2001 年，頁 7-10。本書在第二章已提及，西方國家的國會，原本就不是只擁有立法功能，甚且監督係為比立法還要重要的功能。就此來看，梁啟超的國會觀就無謂「獨特」之處可言。

[28] 例如，「臨時約法」第十九條第九款規定，參議院「得提出質問書於國務員，並要求其出席答覆」，此為以「議政」為內容的「監督」。而同條第十款規定參議院「得咨請臨時政府查辦官吏納賄違法事件」，以及第十一款、第十二款分別規定參議院對臨時大總統及國務員提出彈劾的程序，此則為以「糾彈」為內容的「監督」。除此之外，「臨時約法」中並無其他行政向立法負責的規定。

[29] 宋教仁，〈國民黨政見宣言〉，頁 36-37。

[30] 同上註，頁 37。

　　從上述可知，宋教仁係要建立兩黨政治，藉由在野黨監督執政黨，來實現他的「責任內閣制」。然而，宋教仁並未提出倒閣或信任投票等負責任的制度，故他所謂的「責任內閣制」，其實仍係指內閣受國會「監督」而負責任的意思。

　　由前面的討論可看出，國家元首應有的角色，皆是主張內閣制和總統制者，認為最為關鍵的首要問題。並且，在主張內閣制者的看法中，凸顯國家元首具有「統」的角色，並在隱含國家元首為神聖不容侵犯的意義下，強調國家元首涉入實際政治競爭，將極易導致國家不寧與動亂。然而，在共和革命建立民國後，若僅期待總統位居虛位元首的地位，豈不如同實行清末已著手建立的虛君責任內閣制？若由此看來，基於排滿的種族革命，豈不就成了辛亥革命得以成功的關鍵？前述宋教仁主張實行「責任內閣制」的理由，雖仿效自英國之憲政慣例，但共和國總統何以能和世襲國王一樣，皆僅做個虛位元首？宋教仁卻未曾有過說明。因此，民國初年採行責任內閣制的原因，針對袁世凱的「對人立法」，或宋教仁有意藉「責任內閣制」以一展抱負，或即是決定制度選擇的真正關鍵。

　　然而，就當時的政治大勢來說，孫中山本並無意與袁世凱妥協，但迫於政治的實力原則，遂不得不以臨時大總統之位，作為與袁世凱交涉的條件[31]。同時，儘管孫中山就任了臨時大總統，但因他所定的革命方略未獲同志接受，對政治本已心灰意冷[32]。所以，孫中

---

[31] 南京政府成立後，負有重要責任的同盟會同志，大多傾向繼續和袁世凱議和。同時，也有人認為武裝革命時期已過，應當傾注全力於召開國會與制定憲法，才是鞏固共和與實現民治之正軌。此外，在當時的客觀情勢上，革命軍事實上並不堪戰鬥，而無與袁世凱一戰之實力，孫中山遂乃不得不屈從眾議。參見，胡漢民，前引書，頁68-69。

[32] 孫中山曾說：「……乃於民國建元之初，予則極力主張實施革命方略，以達革命建設之目的，實行三民主義，而吾黨之士多期期以為不可。……予於是乎不禁為

山對於後來制定「臨時約法」，並將「總統制」改為「內閣制」，實
已無意再多所堅持己見。由此可看出，孫中山主張共和革命，若非
僅基於排滿為理由，則理應採取他所認為的「總統制」。然而，由於
武昌革命成功來得突然，革命軍實際上並無與袁世凱一戰的實力，
故民國雖然已經成立，但袁世凱卻成為了考慮制度選擇時的重要
因素。

第二節　實行「責任內閣制」的分析

　　張東蓀曾對民國初年首度嘗試的內閣制，評價為「民國約法雖
採用內閣制，而實則具內閣之假面目，而陰行總統制之實」[33]。這
樣的評價固然符合實情，但所謂的「內閣制」或「總統制」之分，
恐怕係出自於當時的政治菁英，多從自己的制度文化中，經由「創
造性轉化」後所得到的理解。

　　近代法國由於廢除了世襲君主，故成為我國直接效法其憲政體
制的對象。然而，由於我國民初「過渡憲政」所欲效法的法國第三
共和之「內閣制」，卻又係仿效英國的「議會內閣制」，故此處仍以
英國「議會內閣制」為據以分析典範。因此，本節將先對英國「議
會內閣制」的起源與形成，做個概要式的介紹。其次，再針對民初
內閣制的實行狀況，作一敘述與分析，並進而說明我國的「責任內
閣制」，其指涉與英國「議會內閣制」有何不同？

　　之心灰意冷矣」，見孫中山，〈孫文學說第六章：能之必能行〉，《國父全集》，第
　　一冊，頁 388。

[33]　張東蓀，〈行政權消滅與行政權轉移〉，輯於經世文社編，《民國經世文編》，第一
　　冊，台北：文星出版社，1962 年，頁 272-273。

壹、英國「議會內閣制」的起源與形成

根據英國首相辦公室網站資料的簡介，英國近代以來的「內閣」（Cabinet），源起於 16 世紀時的 Privy Council，並係由英王的諮詢顧問（advisers）所構成的一個小團體[34]。中文將 Privy Council 翻譯為「樞密院」，或許是經中文「出口轉內銷」而轉譯自日文。但須留意的是，「樞密院」為中國唐、宋以來的重要官制，且多為掌軍事最高權力的機關，故把供國王諮詢與顧問的會議譯為「樞密院」，容易將之誤為正式官制下的機關。再者，Cabinet 原具有密室的意義，因英王與「樞密院」成員在 Cabinet 商議國政，久而久之，Cabinet 遂才逐漸成為政治制度上的機構名稱。

英國由內閣掌握實際政治權力，大致上係起源於 1717 年，由德國迎來了國王喬治一世（George I）後，因他常不親自主持內閣會議，遂逐漸形成了此一政治慣例。尤其到了 1721 年時，喬治一世首度在他主持的內閣會議成員中，任命財政大臣羅伯特・瓦倫波爾爵士（Sir Robert Walpole）為首席大臣（prime Minister，或稱為首相）。自此之後，由於瓦倫波爾長時間握有實權，故由內閣首相掌實權，便成為了政府運作的正常形式[35]。嗣後，在威廉・彼特（William Pitt）擔任首相期間（1783-1801），則確立了首相擁有免去其他大臣職務的權利，並發展出首相領導內閣，以及內閣負集體責任的傳統。於是，首相明確樹立起了領導國務大臣的權威，進而得以和「巴力門」對抗。而到了 1832 年通過的改革法（The 1832 Reform Act）中，則強

---

[34] 參見 http://www.pm.gov.uk/output/Page19.asp，上網檢視日期：2006 年 1 月 15 日。
[35] Ann Lyon, *Constitutional History of the UK* (London: Cavendish Publishing Litited, 2003), p.281.

調政府的組成,還需要基於「巴力門」的信任[36]。自此以後,現代的「議會政府制」或「議會內閣制」大致已獲確立。

事實上,英國內閣制的產生,可謂源起於歷史的偶然。蓋國王大權旁落於參加內閣會議的大臣,原因則係喬治一世不善英文且無心於國政,於是委託首席大臣瓦倫波爾主持內閣會議[37]。因此,內閣成員原本係國王任命的大臣,而內閣的功能,自也在供國王諮詢顧問與參與議政,但經由歷史的演變,內閣才逐漸掌有實際的政治權力。到了 1832 年以後,實質上由「巴力門」選擇決定內閣成員的慣例,業已大致確立,而這也是「巴力門主權」確立後的當然結果。1850 至 1860 年代之間,隨著兩黨制的確立與行政權的不斷增加,又發展出由首相挑選大臣與組織政府,因而被稱之為「內閣政府」(cabinet government)。甚至於,1960 年代隨著英國首相權力的不斷增加,英國政界及學術界還出現了「內閣政府」正向「首相政府」(或總統式政府)過渡的爭議[38]。

然而,英國由國會與內閣掌握了治理國家的權力後,國王扮演何種角色呢?根據英國憲法學者白芝皓(Walter Bagehot)的說法,國王對於內閣的施政還剩有三種權利,即「被諮議權」(the right to be consulted)、「激勵權」(the right to encourage)及「警告權」(the right to warn)[39]。因此,國王乃象徵國家的統一和延續,而扮演「統而

---

[36] 參見 http://www.pm.gov.uk/output/Page19.asp,上網檢視日期:2006 年 1 月 15 日。

[37] 參見 http://en.wikipedia.org/wiki/History_of_Parliamentarism,上網檢視日期:2006 年 1 月 15 日。

[38] 胡康大著,李炳南主編,《英國政府與政治》,台北:揚智文化事業,1997 年,頁 130-131。

[39] Walter Bagehot, *The English Constitution* (New York: D. Appleton & Company, 1898), p.143. 電子版全文內容,可見 http://www.bibliomania.com/2/1/328/2415/frameset.html,上網檢視日期:2006 年 5 月 17 日。

不治」（reign but not govern）的角色[40]。總之，構成現代議會民主體制下的「議會內閣制」，其前提乃基於「國會主權」。因此，「議會內閣制」的組成及運作基本原則，則係由選民經由選舉組成了國會，再由國會決定組成政府的人事。並且，在政治運作上，政府須要向國會負責，國王則為「統而不治」的虛位國家元首。

貳、「內閣」係代元首負責任

如果從 1912 年 3 月 10 日，袁世凱在北京就任臨時大總統起，到 1913 年 5 月 1 日，國務總理趙秉鈞因宋教仁被刺案辭職獲准，這段約有一年三個月的時間，就歷任了唐紹儀、陸徵祥及趙秉鈞三位內閣總理。唐紹儀在任期間不及百日（1912 年 3 月 13 日至 1912 年 6 月 27 日，但 6 月 15 日留下辭呈後即逕走天津不返），陸徵祥因遭失職彈劾，在任時間甚至不及一個月（1912 年 6 月 29 日至 1912 年 8 月 22 日，但 7 月 20 日即請假不理政務），而趙秉鈞在任大約有七個月（1912 年 9 月 25 日至 1913 年 7 月 16 日，但趙秉鈞在宋教仁被刺案指向他後，於 5 月 1 日稱病辭職）。

民國元年初次實施責任內閣制，就產生了內閣頻頻更迭的結果。對此現象，論者多以袁世凱無法治觀念而破壞約法，或是從政黨紛立造成黨爭不斷的角度來解釋，而尚未見從「臨時約法」本身的規定，來加以說明與解釋者。然而，就內閣的組成，若從「臨時約法」的規定來看，或許可發現當時所規定的「內閣制」，並非我們現在所認識或理解的「內閣制」。甚至於，對袁世凱「大權獨攬」的

---

[40] Gordon Smith, *Politics in Western Europe*, 5th. ed. (New York: Holmes & Meier Publishers, 1989), p.136.

評價，若就「臨時約法」的規定而言，還可能會產生異於以往的不同看法。

我們現在所講的「內閣」或「內閣制」，並不是法律所定的正式名詞，即使在採取「責任內閣制」的「臨時約法」中，也同樣不存在「內閣」此一詞彙。事實上，清廷在宣統三年四月初十日（1911年 5 月 8 日）曾頒布「內閣官制及內閣辦事暫行章程」，而將「內閣」一詞當作正式的官制名稱外，若再往歷史上追溯，可知自明朝時代起，「內閣」就已是正式的官制稱謂。按明朝「內閣」的設置，係在明成祖即位之後的建文四年九月（西元 1402 年），此在《明史‧職官二》中，則有：「其年九月，特簡講、讀、編、檢等官參預機務，謂之內閣」的記載。由此看來，儘管「內閣」一詞可能係「出口轉內銷」，而經日文翻譯西文再傳回中國，但卻仍意味了對西方制度的認識，已涉入以中國本身的「內閣」來理解。而我國古代官制中的「內閣」，基本上係指皇帝身邊參與機務的一些臣子。

「臨時約法」既然係採取內閣制，故所謂的「內閣」之組成，依「臨時約法」第四十三條之規定：「國務總理及各部總長均稱為國務員」，當係指國務總理與各部總長的產生而言。然而，「臨時約法」關於內閣產生的方式，係規定在第四章「臨時大總統副總統」中的第三十四條，而非安排在第三章的「參議院」中，此即意味了內閣之組成，應屬臨時大總統的權利。並且，「臨時約法」第三十四條規定：「臨時大總統任命文武職員，但任命國務員及外交大使公使，須得參議院之同意」，說明了臨時大總統具有的「組閣權」，其實與美國總統所擁有的人事任命權相當。因此，在實際政治的運作上，內閣閣員人選的決定，便是大總統的職權與責任。並且，儘管閣員任命須得參議院之同意，但此參議院所擁有的同意權，自也包括了對總統表達信任與否的意義在內。

再者，從上述「臨時約法」第三十四及第四十三兩條規定可知，國務總理和各部總長均稱為「國務員」，且決定國務員人選的職權，係歸屬於總統而非國務總理。因此，國務總理是否能夠領導「閣員」，並進而成為集體概念的「責任內閣」？便是個值得商榷的問題。例如，在唐紹儀內閣時期，工商總長陳其美與交通總長施肇基均未曾到職，外交總長陸徵祥則是唐紹儀辭職之數日前才到北京赴任，而內務總長趙秉鈞則不參加國務會議[41]。造成這些現象的原因，便在於各部總長的人選，雖係由國務總理提出，並向參議院請求同意任命，但國務總理實際上卻只是代表大總統向參議院提出，人選並不是國務總理所可決定。在 1912 年 6 月 26 日參議院頒布的「國務院官制」中，雖規定「國務總理為國務員首領，保持行政之統一」及「對於各部總長之命令或處分，認為有礙行政之統一時，得先中止之，然後再取決於國務會議」等規定[42]，但國務總理實際上對其「僚屬」並無任免權，又何能「領導」閣員而「統一行政」，並進而名副其實地成為「責任內閣」？

我們還可發現，國務總理陸徵祥於 1912 年 7 月 20 日親向袁世凱請辭，袁世凱雖未允准而改以請假，但陸徵祥仍一再稱病而不理政務。直到 8 月 20 日時，袁世凱則命在唐紹儀內閣時，已經參議院同意任命為內務總長的趙秉鈞，「代理」國務總理職務，且 8 月 22 日復批准陸徵祥的辭職，9 月 25 日才又任命趙秉鈞為國務總理。趙秉鈞曾「代理」過一個多月的國務總理，而趙秉鈞於 1913 年 5 月 1 日辭職後，其職又由段祺瑞「代理」了三個月。袁世凱善以「代理」

---

[41] 謝彬，《民國政黨史》，台北：文星出版社，1962 年，頁 145。張玉法，「民國初年的內閣」，輯於張玉法主編，《中國現代史論集第四輯：民初政局》，台北：聯經出版事業公司，1980 年，頁 142。

[42] 參見「國務院官制」第三、四及五條，《政府公報》，1912 年 6 月 27 日。

方式任命國務總理，得以避開參議院行使同意權，原因出在「國務院官制」中，規定擔任「國務會議」主席的國務總理，若遇有事故時，「始呈明大總統，以其他國務員代理」[43]。也因此，遂讓臨時大總統任命「代理」的國務總理時，可不須經由參議院的同意。不僅如此，「國務院」係臨時政府的重要行政機關，而「國務會議」則為「國務院」的最高決策機構，但「國務院」及「國務會議」均規定於「國務院官制」中，而非「臨時約法」。尚有一可議者是，當國務總理辭職時，國務員依法並無須隨之辭職。也因此，各部總長若不自動辭職，新上任的國務總理也只能就缺額部分，向參議院提出同意任命。例如，趙秉鈞並未隨唐紹儀辭職而去職，即使新任國務總理就任，他仍在陸徵祥內閣內擔任內務總長。

　　由上述情形看來，儘管一般認為「臨時約法」採取「內閣制」，但無論就「臨時約法」或「國務院官制」的規定，都使「內閣」傾向為代表總統負責任的「僚屬」，而國務總理也不過是「僚屬」中的「首席」而已。事實上，對照「臨時約法」第四十四條：「國務員輔佐臨時大總統，負其責任」，與清末「內閣官制及內閣辦事暫行章程」第三條：「國務大臣，輔弼皇帝，擔負責任」的規定，實等同臨時大總統雖仍有權，但由國務員「代負責任」而已[44]。因此，若以英國「內閣制」為標準，而對袁世凱做出不遵守「內閣制」的評價，恐怕便有失之簡略而偏頗之嫌。然而，「內閣制」的另一項特徵為副署權，其是否能夠彰顯與確立「內閣制」？接下來繼續討論此問題。

---

[43] 參見「國務院官制」第十及十一條。

[44] 在光緒三十三年九月（1906 年 11 月）慶親王等進奏的「內閣官制草案」中，一開頭便謂：「內閣以內閣軍機處改併，內閣政務大臣共十四人，均輔弼君上，代負責任」。見〈內閣官制草案〉，輯於中華民國開國五十年文獻編纂委員會編纂，《清廷之改革與反動（下）：中華民國開國五十年文獻第一編第八冊》，台北：中華民國開國五十週年文獻編纂委員會，1965 年，頁 638。

參、副署權被運用為使元首免責的制度

袁世凱就任臨時大總統後，任命國務總理以組成內閣，便是他依據「臨時約法」所擁有的「組閣權」。在袁世凱任命的內閣總理中，第一任國務總理唐紹儀，係唯一和他發生衝突而辭職者。因此，認為採取內閣制可防制總統可能的專斷，這樣的想像未免失之於樂觀。袁世凱和唐紹儀原為舊好，唐紹儀也是袁世凱在南北議和期間的代表。但是，二人在分任臨時大總統與首任國務總理後，唐紹儀基於他對責任內閣制的認知與堅持，卻在副署制度上與袁世凱的認知不同，最終導致不告辭職而別去天津。

袁世凱被選為臨時大總統後，曾藉故北京發生兵變辭赴南京就職，而同盟會自也思考些以為因應的措施[45]。並且，同盟會人還運作直隸資議局，公舉原在南京任革命軍軍長的王芝祥，出任直隸都督。此時，唐紹儀獲臨時參議院的同意後，也正在南京組織臨時政府，而他亦主張王芝祥出任直隸都督，遂先將此情電報袁世凱知悉。嗣後，唐紹儀入京並獲得了袁世凱的當面許可，於是便再電請王芝祥來北京赴任，但未料王芝祥來北京之後，袁世凱卻以直隸五路軍界反對為由，而另外委任王芝祥返回南京遣散軍隊。唐紹儀認為此情將使他失信於直隸，故對此一命令拒絕副署，但袁世凱卻仍將此未經副署之委任狀直接交予王芝祥，唐紹儀憤而於翌日，留下辭呈後不告而別[46]。

---

[45] 此時同盟會內出現三種意見，一為以「援助」袁世凱為名，由孫中山率兵北征；二為以迎袁為名，由黃興率兵北上，乘機掃蕩北洋軍隊；三為以保衛北京治安為由，將南方的軍隊調駐北方。但前兩項意見受到宋教仁的反對，後一意見則為袁世凱拒絕。見張玉法，《中華民國史稿》，台北：聯經出版事業，1998年，頁68。

[46] 谷鍾秀，前引書，頁102-103。

　　世人對於此一事件的評價，大都認為袁世凱破壞法治而不遵守「臨時約法」。然而，若就「臨時約法」規定的條文字義觀之，袁世凱未經副署而發出人事命令，未必即屬違反「臨時約法」。依據「臨時約法」第四十五條：「國務員於臨時大總統提出法律案、公布法律、發布命令時，須副署之」的規定看來，在行政權範圍內，無異係指行政權雖由臨時大總統發動，再送交給國務員以副署方式「批准」。因此，此條規定不僅說明了臨時大總統不是虛位元首，更嚴重的問題是，臨時大總統行使行政權，還要經國務員的「批准」才能有效。事實上，袁世凱在一開始時，對唐紹儀都還算容忍，但在王芝祥任命案乙事上，則採取了強硬的態度[47]。

　　然而，在「臨時約法」中最能夠彰顯責任內閣制的副署權規定，若以現今對該一條文字義的理解，則規範的主體是「國務員」，而規範的事項，則係臨時大總統於提出法律案、公布法律及發布命令時，國務總理「須副署」。換言之，「須副署」的文義，使副署成為包括內閣總理在內的國務員，所必須履行而無選擇餘地的法律義務。所以，如果國務員拒絕副署，反而成為違反法律義務的違法。此一立法文字上的可議之處，除為當代學者荊知仁所發現外，過去似乎從來未曾為人指出過[48]。然而，發生文義上可議之處的原因，或許反倒顯示出我們以當下所理解的內閣制，來評價當時不同形態的「內閣制」。事實上，在光緒三十三年上奏的「內閣官制草案」中，對於建立內閣制所設計的副署權，則有：「內閣各大臣恭奉諭旨，皆有署

---

[47]　袁世凱第一次向參議院發布的宣言稿，即經唐紹儀修改過發表。並且，有時總統府發下的公事，唐紹儀以為不可行，便即行駁回。甚至於，唐紹儀在總統府內，還常與袁世凱面爭不屈，以致總統府的侍從武官看到唐紹儀，每每私下相議論說：「今日總理又來欺侮我們總統了」。見李劍農，前引書頁 374-375。

[48]　荊知仁，前引書，頁 231。

名之責」的說明[49]。而前開「內閣官制及內閣辦事暫行章程」第十一條，則規定：「法律敕令及其他關於國務之諭旨，其涉各部全體者，由國務大臣會同署名。專涉一部或數部者，由內閣總理大臣會同該部大臣署名」。因此，若從清末「內閣制」的設計精神來看，便能了解「須副署」的文義，的確具有課以國務員代為負責任的意味。換言之，臨時大總統仍然係行政權主體，而國務員則具有參與議政，並副署而代為負責的義務。再者，「臨時約法」第二十九條規定：「臨時大總統代表臨時政府總攬政務公布法律」，及第四十四條規定：「國務員輔佐臨時大總統負其責任」，故我們還可從「總攬」與「輔佐」的規定中，說明臨時大總統與國務員間，究竟誰應為「主」而誰應為「從」？因此，若以這些明文規定的條文字義來看，袁世凱不理會國務員的副署，似乎並非毫無道理可言。

副署權的運用情形，在黎元洪任大總統而段祺瑞任國務總理時，與袁世凱時期恰成一明顯的反差。按 1913 年 11 月 4 日，袁世凱為使國會無法達到法定開會人數，竟以大總統經國務總理副署的命令，解散國民黨與撤銷國民黨籍國會議員資格[50]。嗣後，歷經了二次革命、袁世凱稱帝、改組為中華革命黨與護國軍的討袁戰爭等，袁世凱乃撤銷帝制而抑鬱以終。洪憲帝制曇花一現後恢復共和，在歷經應依「臨時約法」或 1914 年 5 月 1 日公布的「新約法」（或時人稱為『袁氏約法』）的爭議後，確定由黎元洪依據「臨時約法」繼任大總統。黎元洪繼任大總統後，即提名段祺瑞為內閣總理，其餘內閣人選也經國會同意後任命。

---

[49] 同註 44。
[50] 國會雖然在 1914 年 1 月 10 日正式宣告解散，但實際上在 1913 年 11 月，即已因人數不足無法開會。

　　1917 年段祺瑞在「對德宣戰案」上，想藉北洋軍閥勢力脅迫黎元洪和國會同意參加歐戰，黎元洪遂於 5 月將段祺瑞免職，而段祺瑞則於免職當日，發出一道被李劍農視為「無異於教導督軍團反抗」的通電。茲將該通電內容引述如下[51]：

> 本日總統府秘書傳出大總統命令，國務總理兼陸軍總長段祺瑞免去本職，外交總長伍廷芳著暫行代理國務總理，此令；又令陸軍次長張士鈺代理部務，此令；又特派王士珍為京津一帶警備司令，江朝宗、陳光遠為副司令，此令等因：查共和各國責任內閣制，非經總理副署，不能發生效力；以上各件，未經祺瑞副署，將來地方國家，因此發生何等影響，祺瑞概不負責特此佈告。國務總理段祺瑞漾印。

　　在這道通電中，李劍農似乎為凸出「教唆意味」，而未對段祺瑞就副署權提出的見解，另外多作評價。事實上，唐紹儀不正是因袁世凱未經其副署被發出命令，導致憤而辭職他走天津？因此，若有論者對此事件抨擊袁世凱不遵守「臨時約法」，相對來說，此時段祺瑞在電文中所表達的意見，則正可說明應屬符合「臨時約法」中所定的責任內閣制。尤其，黎元洪未經國務總理副署發出的任免命令，還包括對當事人段祺瑞本人的免職命令，故段祺瑞表示該命令應屬無效的見解，則凸顯了副署權本欲彰顯的內閣制，並非從屬於國家元首的「僚屬」。簡而言之，在西方的「議會內閣制」下，內閣的成立、結束等去留，應係取決於議會，而國家元首的任免權則為形式而已。

---

[51] 羅家倫主編，《革命文獻》，第七輯，台北：中央文物供應社，1984 年，影印再版，頁 29。

　　此處有個值得討論的問題是，大總統所發布的命令，是否必須由國務總理副署始能生效？或只要同為國務員的各部總長副署即可？若依據「臨時約法」第四十三條的規定來說，國務總理和各部總長均為「國務員」，且第四十五條僅規定：「國務員於臨時大總統提出法律案、公布法律、發布命令時，須副署之」，並沒有規定必須由總理副署始能生效。然而，荊知仁對此段歷史，則做出了不知法律與不尊重律的評價。他的主要理由，係認為將段祺瑞免職的命令，既已有外交部長伍廷芳的副署，段祺瑞以須由國務總理副署始生效力的看法，便非常可笑。並且，當時安徽省長倪嗣沖與奉軍張作霖首先通電全國，以及嗣後幾個省督相繼宣告獨立，且擺下進軍北京的態勢等，也均因督軍團既不知法律也不尊重法律所致[52]。

　　荊知仁的見解固然有其所本，但他卻忽略了「國務院官制」第八條，另有：「臨時大總統公布法律、發布教令及其他關於國務之文書，無論關係各部全體者，或關係一部或數部者，以及僅關係國務總理所屬者，均須由國務總理副署；其他國務員則僅在有關係其本身時，纔與副署」的規定。按「國務院官制」原由南京臨時參議院議決，南京臨時政府頒布施行。嗣後，北京臨時政府曾向臨時參議院提出了修正案，並於 1912 年 6 月 17 日，參議院第二十次會議的第一項議程進行二讀會。同時，上述第八條條文在經法制委員會審查提出的條文後，議員們又提出了四種之多的修建意見[53]，而最終才有上開之規定。雖然「臨時約法」被認為具有「臨時憲法」的地位，「國務院官制」及其他法律和「臨時約法」一樣，都是經由參議院所議決，故效力上難謂有所謂高低之分。況且，「臨時約法」因屬

---

[52] 荊知仁，前引書，頁 311。

[53] 李學智，前引書，頁 114。

草創及臨時性質,其本身也未對法階層效力位階另做規定。再加以當時也應無此概念,凡經參議院議決的「國務院官制」或法律便只有遵守與否的問題,自尚不發生「國務院官制」或法律是否牴觸「臨時約法」的疑義。因此,荊知仁僅以「臨時約法」的規定,來評價這段歷史,其實是有待商榷的。只不過,後來段祺瑞在馬廠誓師討伐張勳前後,曾收到兩道大總統特任其為國務總理的命令,但副署者不是原國務總理李經羲,而是教育總長兼內務總長的范源濂。此時,段祺瑞在欣然受任之餘,對他之前遭免職時的說法,不免覺得有些不好意思,故只好說因「時危勢迫」從權接收罷了[54]。

本書以為,當時的國會議員、總統及國務員等,他們對副署權的意義與「責任內閣」的觀念,彼此間各有各的認知與理解。不僅如此,若就「臨時約法」規定的本身,也不免讓政治行動者認為副署權的意義,僅在表徵由內閣代總統負責,但總統未必即無實權。也因此,國務總理段祺瑞被免職後,發生張勳復辟並逼迫黎元洪解散國會時,黎元洪先找外交總長伍廷芳副署被拒,後找尚未就職的新任總理李經羲也依然被拒。最後,在張勳一再壓迫下,黎元洪竟又採取任命江朝宗為「代理」國務總理的老方法,並在江朝宗副署後發布國會解散令[55]。由此可以看出,雖然副署制度在一定程度上讓總統無法專斷恣行,但當總統願意接受副署制度時,卻又未嘗不是基於免除其責任的目的。

總而言之,不論袁世凱有無專制自為的野心,但以他係清、民之交的實力派軍人,同盟會人既不惜以大總統職位者誘之,又何能期待他在迫使清廷遜位後,卻只願換來無權的總統?再說,依據「臨

---

[54] 李劍農,前引書,頁 500。
[55] 同上註書,頁 496-497。

時約法」第四條：「中華民國以參議院臨時大總統國務員法院行使統治權」及第三十二條：「臨時大總統統帥全國海陸軍隊」等之規定來看，「臨時約法」中所規定的臨時大總統，又何嘗僅僅只是個無權之職位？由此可看出，一般認為「臨時約法」係採「責任內閣制」，但所謂的「責任內閣」，則傾向係指由內閣代總統負責的意義。具體言之，行政權固然應受參議院或國會的「監督」，但係由內閣代總統負責任而受到監督，而總統既是國家元首，同時也是發動行政權的主體。然而，國務員擁有副署權的設計，理論上雖對總統具有制衡的意義，但實際上卻缺乏權力來源的正當性。

第三節　民初議會的演變及其走向式微

民國初年國會政治的初次嘗試，其過程可以「三起三落」來形容。然而，若以舉辦選舉方式而成立國會，則應以第一屆國會為考察重點。因此，本節將就民國建立至北伐統一中國前，回顧議會制度的演變外，另將以第一屆國會的選舉情形，說明國會地位走向式微的現實因素。

壹、議會的演變及其原因

1912 年制定了「臨時約法」並據以召開國會，但袁世凱就任大總統後，卻在 1913 年歷經了二次革命、解散國民黨及取消國民黨籍議員的議員資格，終至採取了解散第一屆國會的手段。於是，袁世凱繼而成立「政治會議」、「約法會議」及「參政院」等，進而在 1916年元旦搞起了洪憲帝制。不消幾日，袁世凱稱帝的美夢就破碎，繼之而起的黎元洪、段祺瑞體制恢復「臨時約法」，並在 1916 年 8 月

1 日恢復第一屆國會的第二期常會。其時，以國民黨佔多數的國會，與以皖系軍閥為主體的段祺瑞內閣之間，存在著觀念與利益上的矛盾。1917 年 5 月，在對德宣戰案為導火線下，國會與內閣之間發生了對抗，並終而導致國會再度被解散及張勳復辟事件。段祺瑞起而「再造共和」後，於 1918 年 8 月籌畫產生了第二屆國會，亦即所謂的「安福國會」。嗣後，又分別有奉系軍閥操弄的第三屆國會的籌備選舉，以及直系軍閥吳佩孚以「法統重光」為號召而召集的第一屆國會的第三期常會。到了 1923 年 10 月，又發生了國會議員接受賄選而選舉曹錕為總統，致使國會的形象跌落至谷底。在軍閥馮玉祥發動了「北京政變」後，組織政府的段祺瑞藉口「法統已壞，無可因襲」為由，於 1925 年 4 月 24 日正式宣布廢止「臨時約法」、廢止「曹錕憲法」及解散國會。至此，國會共歷經了三次被解散的命運，是則為本書所謂的「三起三落」也。

若以兼具有代議及立法功能的機構而論，民國元年在南京依據「組織大綱」所設立的「參議院」，則可謂是中國所建立的第一個議會制度。南京時期的臨時政府參議院於 1912 年 1 月 28 日舉行開院典禮，依據「組織大綱」第八條及第九條之規定，參議員由各省都督府派遣，其方法則由各省都督府自定，但每省以 3 人為限。由於當時的 17 個省分中，有些省分並未派足 3 人或者並未到院，故參議員人數有計為 43 人者[56]，亦有謂 41 人者[57]。

1912 年 3 月 11 日「臨時約法」公布施行後參議院改組，依據「臨時約法」第十八條規定：「參議員每行省、內蒙古、外蒙古、西藏各選派五人，青海選派一人，其選派方法由各地方自定之」，故參

---

[56] 依谷鍾秀著《中華民國開國史》一書所附「民國議會人物表」中之名單加總所得。
[57] 依《申報》1912 年 1 月 30 日所刊姓名錄加總所得。

議員總數將增加至 126 人。然而，此時在北京已就任臨時大總統的袁世凱，卻通電各省要求參議員應全部改選，並由各省臨時省議會以投票選出。而其目的，則在於藉機削弱參議院中同盟會原有的勢力，因南京臨時參議院被迫承諾「可以全體改選」，後來的確使同盟會在參議院中的力量受到影響[58]。參議院經改選完成後，並於 5 月 1 日遷往北京正式開幕，但由於西藏一直未能派出議員，新疆只有 2 名、貴州只有 4 名參議院到院，而實際在院議員最多時為 117 人[59]。

　　由於袁世凱就任臨時大總統後仍藉故不赴南京，南京臨時政府為顧全大局乃決定北遷。1912 年 4 月 29 日臨時參議院在北京舉行開院典禮，隨後所要積極進行的任務，便是依據「臨時約法」第五十三條規定：「本約法施行後，限十個月內，由臨時大總統召集國會，其國會之組織及選舉法，由參議院定之」，而為籌備召開國會制定相關的法制。1912 年 5 月 7 日，參議院除議決了國會採取兩院制外，嗣後還議決通過了「中華民國國會組織法」、「參議院議員選舉法」及「眾議院議員選舉法」，並於同年 8 月 10 日公布。在參、眾兩院議員席次分配與選舉方式方面，參議院議員以地方議會為選舉單位選出，故為間接選舉產生，當時 22 個行省每省由省議會選出 10 名、蒙古 27 名、西藏 10 名、青海 3 名、中央學會八名及華僑 6 名，共計參議院議員為 274 名。眾議院議員則依行省的行政區域及人口比例劃分選區選出，基本上每省中人口每 80 萬人可選出一名，但人口不滿 800 萬的行省仍可選出 10 名，總計應選出眾議院議員為 596 名。至於眾議院議員的選舉方式則為「複式選舉制」，是指先以縣為

---

[58] 李學智，頁 106。
[59] 同上註，頁 109。另參李學智，〈北京臨時參議院議員人數及變動情況考〉，《近代史研究》（北京），1998 年第 4 期，頁 230-239。

選區單位選出「初選當選人」，這些「初選當選人」再到省城經由互
選而產生。第一屆國會選舉的結果則殊堪玩味，若干文獻資料對於
實際選出的人數並不一致，故令人不難想像初次辦理國會選舉的混
亂情形。例如，張朋園提出參議員實際當選的數據，乃為除掉青海
3 人與中央學會 8 人為選出外，共有 263 名，而眾議員則選出了 596
名，故兩院合計 867 人[60]。荊知仁根據相關資料做成的統計，參議
員由於青海及中央學會均未選出，蒙古及廣西實際選出名額比應選
名額各少 1 名，故參議院共選出了 261 名，而眾議院則實際選出了
591 名，兩院合計國會議員為 852 名[61]。而另有提出的數據是參議院
實際選出 266 人，眾議院則為 596 人，兩院合計為 862 人[62]。由這
些議員數未能得到確切數據之情形來看，可想見初次舉辦選舉的結
果，不僅因地區不同而響應程度不同，以致有些地區發生未選出足
額或選出不到任等情形，而使這些議員人數在統計上容有不同的數
據資料。

　　由於臨時政府參議院及第一屆國會在民國初年政局中，扮演了
一定的角色，故此處較為詳細地說明了其組成方式。至於日後議會
的演變情形與其原因，為便於看出其歷史沿革之梗概，乃以列表方
式說明如表 3。

---

[60]　張朋園，〈從民初國會選舉看政治參與—兼論蛻變中的政治優異份子〉，輯於張玉
　　　法主編，《中國現代史論集第四輯：民初政局》，台北：聯經出版事業公司，1980
　　　年，頁 84。然而，張朋園此處的「兩院合計 867 人」，卻又不是他提出參議員 263
　　　名及眾議員 596 名的總和。

[61]　荊知仁，頁 243-244。

[62]　李學智，頁 170。

表 3 民國建立至北伐統一前議會演變情形簡要一覽表

機構名稱	起迄時間	成立依據、任務與結束原因
各省都督府代表聯合會	1911.11～ 1912.01	1. 辛亥革命爆發後，由獨立各省派出代表，為籌建臨時中央政府所組織的聯絡議政統一機構，簡稱「各省代表會」。 2. 1911 年 12 月 3 日議決「中華民國臨時政府組織大綱」。 3. 選出孫中山為臨時大總統。
臨時參議院	1912.01～ 1913.04	1. 依「中華民國臨時政府組織大綱」設立，參議員由各省都督府自定辦法派遣，每省並以 3 人為限。 2. 1912 年 1 月 29 日在南京正式開議，5 月 1 日則遷北京後正式開會。 3. 南京臨時參議院時制定了「中華民國臨時約法」、補選袁世凱為臨時大總統及決定國都。 4. 於第一屆國會成立之日起閉幕。
第一屆國會第一次常會	1913.04～ 1913.11	1. 依據「中華民國臨時約法」設參議院與眾議院組成，議員並由選舉產生。 2. 1913 年 10 月，選出袁世凱為大總統。 3. 1913 年 11 月 4 日，袁世凱下令解散國民黨追繳國民黨籍議員證書，國會因開會法定人數不足無法開會。 4. 1914 年 1 月 10 日，袁世凱發布解散國會命令。
政治會議	1913.12～ 1914.05	1. 袁世凱解散國會後所設置的諮詢機構。 2. 1913 年 11 月 5 日，國務院奉令通電各省，選年 35 歲以上、有 10 年行政經驗、明於世界大勢、品學俱優者兩人入京參加地方行政會議。26 日袁世凱下令改為「政治會議」。議員共 76 人，由每省派遣 2 人，共 44 人；大總統特派 8 人；國務總理特派 2 人；各部、法官、蒙藏事務局共派 19 人；打箭爐、熱河、阿勒泰各派 1 人。議員資格主要限於官僚，議長、副議長由袁世凱任命。
約法會議	1914.02～ 1914.05	1. 依據 1914 年 1 月 26 日公佈的「約法會議組織條例」，於 2 月 18 日開幕。議員共 60 人，其中京師 4 人；每省 2 人，共 44 人；蒙、藏、青聯合先出 8 人；全國商會聯合會

		4 人。選舉權和被選舉權有性別、年齡、財產社會地位等資格限制。 2. 為所謂的「造法機關」,是指在諮詢機關與立法機關之外,專為制定國家根本法所設的機關。 3. 1914 年 5 月 1 日制定公布了「中華民國約法」,即時人所稱的「袁氏約法」或「新約法」。
參政院及其代行立法院	1914.05～ 1916.06	1. 參政院設立的依據為「袁氏約法」第四十九條:「參政院應大總統之諮詢審議重要政務」之規定,並於 1914 年 5 月 26 日成立,而參政院的議員皆由大總統簡任。 2. 「新約法」第六十七條規定:「立法院未成立前以參議院代行其職權」,而 1914 年 6 月 29 日袁世凱令參政院代行立法院職權,故參政院及其所代行的立法院,是袁世凱企圖稱帝期間的諮議機關。 3. 袁世凱亡於 1916 年 6 月 6 日,黎元洪繼任總統後,於 1916 年 6 月 29 日令撤銷參政院及其代行立法院以恢復舊國會,而立法院則始終未成立。
第一次恢復的第一屆國會第二次常會	1916.08～ 1917.06	1. 黎元洪繼任總統後於 1916 年 8 月 1 日國會恢復,重開之國會稱為第二次常會。 2. 黎元洪任段祺瑞為總理,1917 年 5 月段祺瑞因對德宣戰案引起政爭,黎元洪請張勳調停,但張勳陰謀復辟而迫以解散國會為條件。 3. 1917 年 6 月 12 日黎元洪下令解散國會。
臨時參議院	1917.11～ 1918.08	1. 段祺瑞以「民國再造」與「國會改造」為由,反對恢復民國二年的國會,而於 1917 年 11 月 10 日正式成立了臨時參議院。 2. 設立臨時參議院的目的,係認為國會組織法不善而造成舊國會不良,故設臨時參議院為過渡機關,目的在於修改國會組織法後再進行國會改選。 3. 1918 年 8 月 11 日因第二屆國會於翌日成立而閉幕。
第二屆國會(安福國會)	1918.08～ 1920.08	1. 依據「臨時參議院」議決修正之「中華民國國會組織法」、「參議院議員選舉法」及「眾議院議員選舉法」等規定,經依選舉後於

		1918 年 8 月 12 日在北京正式成立。 2. 1918 年 9 月 4 日,選舉徐世昌為總統。 3. 1920 年 7 月 14 日皖、直兩系軍閥戰爭,皖軍戰敗後安福俱樂部於 8 月 3 日被解散,國會於 8 月 30 日閉會後因段祺瑞失敗辭職而無形消滅。
第三次恢復的第一屆國會	1922.08～ 1924.10	1. 1922 年 6 月直奉戰爭結束,直系獲勝而主張恢復舊國會,遂於 8 月 1 日舊國會正式恢復開會。 2. 恢復的舊國會發生了究竟是恢復 1917 年或 1919 年的舊國會之爭。後來為 1919 年以遞補方式成為國會議員者,特別組織了政治討論會,始平息爭議而確認恢復的是 1917 年的舊國會。 3. 1923 年 10 月 5 日國會兩院合開大總統選舉會,曹錕賄以鉅資賄賂而當選大總統。 4. 曹錕任總統後,引起奉系、皖系及廣州革命政府聯合倒直系的曹錕,1924 年 10 月直系失敗後,舊國會即告停頓。
臨時參政院	1925.07～ 1926.04	1. 1924 年 10 月直系失敗而舊國會停閉後,段祺瑞組臨時執政,並於 1925 年 7 月 30 日正式舉行所設立之臨時參政院開院式。 2. 臨時參政院為諮詢機構,1926 年段祺瑞失勢後即無形中消散。
南北對峙時期在廣州: 護法國會 (國會非常會議) (第二次恢復的第一屆國第二次常會)	1917.08～ 1922.06	1. 張勳復辟事弭平後,馮國璋繼任為大總統,並任段祺瑞為國務總理。馮、段等持梁啟超的「民國再造」之說,以中華民國一度為復辟所推倒,而舊國會即無恢復之理。 2. 孫中山於 1917 年 7 月 17 日號召部分議員至廣州「護法」,但因法定人數不足,而 8 月 25 日兩院合開「國會非常會議」。8 月 31 日議決軍政府組織大綱。 3. 1917 年 9 月 1 日選舉孫中山為大元帥,成立護法軍政府及護法國會。 4. 1918 年 6 月宣布遞補議員,承 1917 年之續而開正式國會第二次常會,但因遞補過程未達法定人數,實際於 1919 年實施。 5. 1921 年 4 月 7 日開國會非常會議,議決「中華民國政府組織大綱」,並舉孫中山為非常

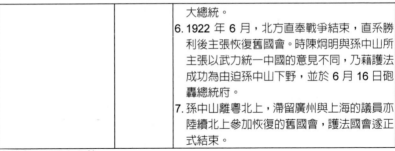

		大總統。
		6. 1922 年 6 月，北方直奉戰爭結束，直系勝利後主張恢復舊國會。時陳炯明與孫中山所主張以武力統一中國的意見不同，乃藉護法成功為由迫孫中山下野，並於 6 月 16 日砲轟總統府。
		7. 孫中山離粵北上，滯留廣州與上海的議員亦陸續北上參加恢復的舊國會，護法國會遂正式結束。

資料來源：作者自製

貳、國會缺乏社會的普遍支持

民國初年政局的不穩定，軍閥勢力掌握了國會，固然個重要的關鍵。此外，第一屆正式國會選舉時，即發生了賄選買票等情形，並嚴重打擊了國會的形象。從此以後，國會便缺乏社會普遍支持的力量，自也無法發揮所被期待的功能。不僅如此，開國會原本係清末以來政治改革的目標，但正式國會卻遭到軍閥三度解散，且還並未引起社會大眾的關注與聲援，其原因何在呢？接下來，本書將探討第一屆國會缺乏社會支持的力量的原因，並從國會議員的形象、賄賂買票及選舉制度本身切入考察。

第一屆國會成立不久，關於國會議員歲費數額的訂定，就對國會本身的形象，造成了嚴重的打擊。根據當時的「議院法」第九十二條規定，議員歲費 5000 元（但可辭謝），議長與副議長則每年分別另支交際費 5000 元及 3000 元，以及依議員所在省（地區）與北京道路之遠近及交通之情形，尚有 200 元至 800 元不等的往返旅費。然而，清末資政院議員係僅於開會期間每月津貼 200 元，而南京臨時參議院制定的「參議院法」第十五條，則規定參議員不受歲費，

並只沿襲清末資政院領取開會津貼的作法。第一屆國會有關歲費的規定，就使國會議員與為己謀私利，產生了聯想。

　　再以當時社會上普通人民的收入情形，來與國會議員歲費相比，就更可看出國會議員為高所得者。當時的《大公報》對這些問題頗為關注，也對國會議員的高額歲費多所撻伐。根據其所指出的資料，當時一個普通勞動者的月收入大約 10 元左右，直隸地區一個中等縣行政公署裡，科長每月薪俸約 30 至 40 元，科員為 20 至 30 元，書記為 10 元，公役則為 5 元[63]。然而，國會議員歲費 5000 元，每月即約有 414 元，其較一般收入者已為數十倍之差。並且，以當時中國的市景狀況，「八口之家月有五六十元，很可以過日子」。並且，在審議有關歲費的規定時，還曾提出了除歲費外，尚可另有出席費的擬議。若再依此來計，國會議員每年便可得 6000 餘元，較之美國國會議員年俸 26000 元，雖僅佔其四分之一，但「若按國內經濟之實際一權衡之，較比美國還有過之而無不及」[64]。事實上，在原提「議院法」草案及審查過程中，各種「巧立名目」的費用支給，已引起當時媒體的大幅報導，並且給予嚴厲的撻伐[65]。例如，參議院在審查過程中，自定的歲費高達 6000 千元，《大公報》在一篇報導中，於是引述報導參議員湯漪的發言：「若報酬太菲，即以國民方面而論，亦必覺不安」之後，還以括弧夾註了「放屁」兩字[66]。由此可見，第一屆正式國會於展開立法工作之始，由於國會議員自身的歲費問題，就使讓報章輿論在他們的身上，已烙印下了極差的印象。

---

[63] 見〈順直各縣行政公署組織劃一辦法〉，《大公報》，1913 年 5 月 1 日。
[64] 詳參〈議員薪俸問題〉，《大公報》，1913 年 6 月 28,29 日。
[65] 可參李學智，前引書，頁 182-190；李學智，〈民國第一屆國會議員歲費的制定〉，《近代史研究》（北京），2001 年第 6 期，頁 194-206。
[66] 〈參議院竟通過六千元之歲費〉，《大公報》，1913 年 7 月 11 日。

不僅國會成立後的歲費問題，第一屆國會議員的選舉，就即已發生了買票與舞弊的情形。此一現象，不僅對國會議員的形象本已造成傷害，甚且於，還可能與當選後國會議員自定高額歲費之間，具有一定程度的關連性。因為，參與競選國會議員時不論賄賂買票與否，多少均需要有些花費，而參與國會議員競選者，又難免將議員職務視為傳統科舉制度外，另一種「致仕為官」方式。故而，在當選為國會議員後，一來認為應與國務員的薪俸相比，二來其競選時的花費，也想從歲費中得到合理的彌補。此外，根據張朋園的研究指出，依當時報紙雜誌所得的印象，眾議員選舉時賄賂及舞弊比比皆是，且賄賂選民係為普遍的現象。以廣東為例，當時的《時報》即曾有導：「收買選票，或一、二元，或四、五元一張，出資數百元即可當選。複選時乃有數百元即儼然可為國會議員矣」，或依路透社的報導，則說有百元一票者，而美國領事館則說，尚有一票高達千元者[67]。藉由了解廣東選風敗壞之例，或可推測第一次國會議員選舉時，買票賄賂的應該甚為嚴重，故造成當選為國會議員後，便企圖從歲費中得到彌補。

然而，究竟有多少國會議員，係靠賄選買票或舞弊而當選？由於並未留下信而可徵的資料，故並不能率爾以賄選買票風氣為前提，進而論斷選出的國會議員，均為「有能力」賄選買票的資產階級。何況，當時「政黨」組織的發展尚未成形，政黨也應尚無行「組織性」賄選買票的能力[68]。在此前提下，若以國會議員選舉的被選

---

[67] 轉引自張朋園，〈從民初國會選舉看政治參與〉，頁 91。

[68] 有認為買票賄賂風氣很盛，且官吏、政黨的控制選舉也很嚴重者，見許秀碧，《民國二年的國會》，台北：國立政治大學政治學研究所碩士論文，1977 年，頁 88-104。本書認為政黨以「組織性」買票賄賂與操作選舉的可能性皆不高，原因在於當時所謂的「政黨」，是個非常鬆散意義上的組織。何況，即使「同盟會」與其他黨

舉資格，以及當選者的社會經濟背景等現有資料來分析，或許尚能部分說明賄選買票，與國會議員的社會經濟背景之間，應該具有若干程度的關連性。

　　依據當時的「眾議院議員選舉法」第四至九條的規定，選舉人及被選舉人尚需具備的財產及學歷條件有四：(1)年納直接稅二元以上者；(2)有值五百元以上之不動產者，但蒙藏青海得就動產計算之；(3)在小學以上畢業者；(4)有與小學畢業相當之資格者。而消極資格限制尚有：(1)褫奪公權，尚未復權者；(2)受破產之宣告，確定後尚未撤銷者；(3)吸食鴉片者；(4)不識文字者。此外，還有所謂「停止選舉權及被選舉權者」為：(1)現役陸海軍人及在徵調期間之續備軍人；(2)現任行政司法官及巡警；(3)僧道及其他宗教師者。由這些限制選舉權的規定來看，對於合格選民人數自會產生一些緊縮的效果。根據張朋園的統計，當時中國的人口總數有四億八百八十八萬多人，而合格的眾議院選舉選民人數，則有四千二百九十三萬多人，故大約選民數佔全國人口的 10.5%[69]。此一合格選民人數與全國人口數之比例，若與西方民主先進國家相比自為偏低。但是，造成偏低的原因，是否即是上述限制所造成？或僅因二十一歲以上為選民年齡資格，而讓合格選民數大為降低？或係因舉辦選舉的先期準備工作，並未確實地辦好人口調查的工作？由於目前缺乏相關資料，故尚難引證得知。同樣地，關於全國的投票率究有多少？也因無資料而無法得知，每位議員需得幾票始能具備複選的資格。

　　合併改組成為「國民黨」後，仍不過是個鬆散的組織。並且，當時還普遍存在著跨黨的現象，故各政黨號稱該黨當選眾議員的人數，加總後竟比應選出名額多了超過二百席以上。見荊知仁，前引書，頁245。因此，若以「政黨」來論賄賂買票或操縱選舉，其並不具有太大的意義。

[69] 張朋園，〈從民初國會選舉看政治參與〉，頁87之表一。

　　若以現有研究成果的資料來看，張朋園認為第一屆國會參、眾兩院議員的成分，無論就教育、職業或經歷等背景來分析，都屬於「優異份子的造型」（elite）[70]。這項二手資料，對於第一屆國會選舉的賄選買票，能做出何種的解釋呢？本書認為，小學以上畢業者取得被選舉的資格，在當時的中國來說，本有已不算普遍。並且，依張朋園的調查，中國舊日人口 90%為文盲，但國會議員中除了受有傳統教育，或者本國新式教育而有功名者外，更有超過一半的人絕大多數曾留學日本。故張朋園以此資料為基礎，認為國會議員多數來自富有家庭，而係屬於上層社會，並補充說明賄選亦可看出財富關係，因為沒有財力甚難當選[71]。

　　除此之外，本書從國會議員在教育背景方面亦優異份子，推測他們也應多是來自於上層社會的富有家庭，而這也可佐證他們應具有賄選買票的能力。同時，若再從國會議員的經歷背景來看，七項分類中的「政府官吏」、「議員」及「教育界」三項即佔 85%以上。其中所謂的「議員」，係指前清時代資議局、資政院議員，臨時參議員、省議員、縣議員、參事會議員及臨時省議員等。然而，他們在國會議員選舉時，雖然特別強調具有「議員」的經歷，但實際上的出身係為官吏或仕紳階級。另外，在經歷資料中「革命」乙項經歷，僅填註為「同盟會」的雖為 11.29%，但他們的目的在於強調自己為「同盟會」會員，實際上或許還有其他職業類別的經歷未填[72]。因此，從經歷背景來看，或許也可佐證第一屆國會選舉的候選人，當多係出身上層社會，並具有賄賂買票的「能力」。

---

[70]　同上註，頁 102。
[71]　同上註，頁 106 之表六及頁 112。
[72]　同上註，頁 111 之表九及頁 112-113。

　　為什麼第一屆的國會選舉，就懂得賄賂買票呢？本書認為與其說是「賄賂」，不如說是「動員投票」。清末倡言民權與開議院以來，對於議會制度的形貌與理解，其實只存在於極少部分之中國官僚、仕紳與留學生等知識份子的想像當中。因此，在缺乏選舉的文化與經驗下，第一屆國會議員選舉時的景象，則應並不缺乏擔綱演出的「主角」，但卻亟需找到能夠搭唱這齣「首演」戲碼的「配角」。也就是說，第一屆國會議員選舉的意義，乃在於藉由選舉制度之實踐，上層社會的菁英（或許有些原本已為政治菁英的上層社會菁英）動員中層社會（社會下層尚無選舉權）民眾的支持，以符合進入新體制之合法性，並尋求轉化為政治菁英的正當性基礎。然而，居於社會中層地位的選民，往往對新制度缺乏認識、理解及信賴，為了動員及誘發投票的意願，「賄賂買票」就能具有效用。簡言之，「賄賂買票」發生的主因，乃係上層社會的候選人和中層社會的選民間，對國會與選舉制度的意義，存在著一熱一疏離現象的反映。

　　再者，隨著新式工商業的興起，第一屆的國會選舉制度，卻未滿足這批新興的資產階級，得以不經科舉考試亦能當「官」的意願。在當時的選舉法中，關於須「年納直接稅二元以上」或「有價值五百元以上不動產」，始具有選舉與被選權資格的規定，即曾經引起了工商業界人士的反對。依「參議院咨大總統請將眾議院選舉法第四條各款轉飭遵照文」的解釋，「直接稅」係指所得稅、營業稅、地丁、漕糧等，而「不動產」則指房產、田產和船舶等[73]。然而，當時尚未開徵所得稅和營業稅，工商業者所納者為關稅、釐金等「間接稅」，且他們也大多係租賃房屋經營而少有不動產[74]。於是，工商業界人

---

[73]　《政府公報》，第 136 號，1912 年 9 月 13 日。
[74]　朱勇，〈論民國初期議會政治失敗的原因〉，《中國法學》（北京），2000 年第 3 期，

士便指出:「商工對於國家負擔已多,而何以享權利則最少?且以學識程度論,商工果不如農人耶?至有不動產五百元以上即得選舉權,而商人有動產數萬、數十萬,反不得與五百元者享同等之權利,尤為不公」,並還為此召開了全國臨時商工大會,請求修改「選舉法」[75],但卻仍未為參議院所接受。參議院並未接受的原因,有論者認為,係因當時參議員一般在政治或經濟上,和工商業人士沒什麼聯繫。因此,參議員對工商業界人士既無興趣,也不曾感到爭取這股社會力量的重要性。相對來說,工商業人士自身力量微弱,並未能引起參議員的重視,也可能是個原因[76]。總之,這兩項規定造成的結果,係排拒了一股來自新興工商業界,並有機會形成國會背後的社會支持力量,更還造成這股新興勢力與國會間產生了疏離。

　　追溯戊戌變法前後的民權主張,所謂「人人有自主之權」正還包括為了促成國家強盛,而主張人民應有創設新式工商產業之權。然而,第一次以直接與間接選舉實踐的「民權制度」,新興工商業界人士卻被排拒了參與的機會,不僅國會未能得到他們的支持,也為日後他們轉向行政權靠攏,埋下了伏筆。再者,在實施議會制度的一開始,本需要有強大資產階級經濟力量的支持,以作為戰勝封建勢力的根本武器。而就中國當時的社會情況言,不僅資本主義尚不發達,即使新興工商業這股代表經濟力量的社會勢力,卻也被排除在議會制度之外。因此,奠基在資產階級之基礎上的議會制度,其失敗乃是可預期或必然的[77]。

頁 143。

[75]　〈工商界之要求選舉之熱〉,《申報》,1912 年 11 月 4 日。

[76]　李新、李宗一主編,《中華民國史》(第二編:第一卷),北京:中華書局,1982 年,頁 176。

[77]　王業興,〈論民國初年議會政治失敗的原因〉,《歷史檔案》(北京),1996 年第 4

第四節　小結

　　本章研究的主旨，係探討民國肇建之初，如何實現清末以來所追求的「立憲政體」。因此，本章分從影響制度選擇的原因，以及實際運作情形兩個角度，分析與考察了民初建立的「過渡憲政」。本書認為，共和國總統應有的權力與角色，無論就憲政制度的選擇或實踐，都是造成政治爭議的核心問題。同時，本章的討論也指出，對於清末以來開國會的期待，則因國會的召開而隨之幻滅。此一結果，不僅影響了孫中山的憲政思想，也決定了日後憲政選擇的基本方向。

　　本章首先重新探討的問題，係對民國元年將「組織大綱」中的「總統制」，改為「臨時約法」規定下的「內閣制」，究竟是否針對袁世凱，並為時人所批評的「對人立法」？經由本章的分析與討論，認為同盟會人既主張共和革命，卻又在民國成立後，採行君主立憲派所主張的「內閣制」，此若非證明革命係為了排滿，便難以找到其他合理的解釋理由。不過，固然許多參加同盟會革命的志士，的確是基於種族革命而排滿，但孫中山認為應採行「總統制」，則與其主張共和革命的理由，在政治制度的規劃上相一貫。

　　本章推考當時從「總統制」改採為「內閣制」的原因，除了基於對袁世凱的不信任外，還可能係宋教仁有意藉內閣制，以達到大展其個人政治抱負的目的。就此來看，當時提出「對人立法」的批評，所「對」之「人」固然係指袁世凱，但也未嘗不是宋教仁為己而「量身訂製」。然而，為什麼「內閣制」被視為防制總統的制度？此又需探討當時所謂的「內閣制」，究竟係何種權力結構？經由本書

期，頁 111。趙小平，〈論民初國會的失敗〉，《四川大學學報》(哲學社會科學版)，1995 年第 2 期，頁，67-68。朱勇，前引文，頁 142-143。

就法律制度及動態運作的考察與分析，說明了民初所謂的「責任內閣制」，主要係指內閣代總統負政治責任，但並不表示總統並無實權。

進一步言之，儘管「責任內閣制」也係指內閣向國會負責，但所謂向國會負責，其實是相對國會掌有的「監督權」而言。至於民初國會所擁有的「監督權」，依據「臨時約法」的規定與相關的主張，則僅指「議政」及「糾彈」兩種權力，並不包括不信任投票或倒閣權。基於此，我們若從清末君主立憲派的主張，或是從清廷所建立的內閣官制中，反而較有助於理解民初「責任內閣制」的概念。

此外，本章也分別從國會議員的社會形象之衰敗、國會議員的社會經濟背景，以及選舉制度的設計等角度，探究民初國會未獲社會支持的原因。本書認為，雖然清末以來所追求的「立憲政體」，即係指開議院或國會而言，但由於此僅為少數政治菁英心目中，以為可以強國與救國的想像，故一般人民信賴行政權要遠大於國會。然而，初次召開的國會，卻造就了與私人利益緊密相關的惡劣形象，因而國會一再地遭到解散，並終至無疾而終。除此之外，本章還有以下幾點研究的結論，茲舉其要者分述如下：

第一，不同的語言之間，未必皆有相對應的概念與詞彙，故從中文翻譯西方制度的稱謂中，也透露出中國人從何種角度來理解西方制度。例如，對於英國以「議會至上」為前提「議會內閣制」，從清末開始就不為我國所接受，故在翻譯詞彙的使用上，則採用「責任內閣制」或「內閣制」。

第二，「內閣」在中文裡的原意，其實係指宮廷大內裡的殿閣之義[78]，且「內閣」也屬於中國宰輔制度的一環。因此，清末民初所

---

[78] 「內閣」創立於明成祖時，本為官制的一種。所以稱之為「內閣」，乃因明成祖

欲建立的內閣制，就容易著眼於「皇帝─內閣總理」或「總統─內閣總理」間，如何安排其權力關係的方向上。因此，雖然學習了西方的副署制度，但國家元首仍是國家大政的發動者，而副署權則被視為代替國家元首負責任的制度。

　　第三，英國政治諺語「國王做不了錯事」或「國王不能為非」（The King can do no wrong），雖係形容副署制度所具有的效用。然而，中國人所理解的副署制度，則往往還融入了中國傳統的「普遍王權」概念，視國家元首為集「政統」與「道統」於一身，故因具有崇高與神聖地位而應無責。所以，在「普遍王權」思想、中國傳統「宰輔制度」及西方內閣副署制度的雜合下，「責任內閣制」的設計，就顯現出既期待總統有權，又賦予總統神聖不可侵犯的地位。也因此，造成副署制度的實踐，經常使得總統既有實權又可免責。

即位後，始開召文學行誼才識之士入值文淵閣贊襄，故因「入閣」者係在皇宮大內裡面的殿閣辦事，從此才有了「內閣」的稱謂。見臧云浦、朱崇業、王云度，《歷代官制、兵制、科舉制度表釋》，南京：江蘇古籍出版社，1987年，頁204。張金鑑，《中國政治制度史》，台北：三民書局，1998年2月，版6，頁107。

第五章　孫中山的訓政思想與憲政制度規劃

「開國會」為實現民權的具體制度，也是清末以來追求的「立憲政體」或「憲政」。然而，民初實行國會制度的結果，證明了冀望這套民權制度能救國與強國，未免是個過於樂觀的想像。更何況，如同薩托利指出，複製一種新的政治模式（political model）雖在「日曆時間」（calendar time）上，和被複製的政治模式可謂是個同步的進程，但若就「歷史時間」（historical time）來說，兩者間卻可能存在相差了千年之久的「鴻溝」（gap）[1]。換言之，儘管君主專制可在一夕之間改變，但所累積二千多年的政治結構，卻不是朝夕之間便可打破。並且，移植西方制度模式或可在短期內完成，但短期內卻絕沒辦法把制度模式的背後，所歷經長期累積的政治文也一併移植過來。因而，孫中山提出「訓政」的主張，其實可看成係為了填補薩托利所說的那種「鴻溝」。

孫中山在追求救國與強國的方法上，一方面寄望人民積極關心國事，並藉參與政治而圖國家強盛；但另一方面，他又對人民參與政治需要具備的能力與熱誠，抱持懷疑的態度。基於此，孫中山所提出的「訓政」，固然具有將政治文化從「臣屬型」（subject）轉化成為「參與型」（participant）[2]的作用。但從孫中山提出的「軍政」、

---

[1]　Giovanni Sartori, "How Far Can Free Government Travel?", in Larry Diamond and Marc F. Plattner, eds., *The Global Divergence of Democracies* (Baltimore and London: The Johns Hopkins University Press and the National Endoement for Democracy, 2001), p.53.

[2]　Gabriel A. Almond and Sidney Verba, *The Civic Culture : Political Attitudes and*

「訓政」及「憲政」三階段過程來說，他所欲建立的政治文化，主要係國家認同感、國民的地位和國家的構成等「統攝性」的政治文化，以及國民應可行使哪些權力、權威機構的權力來源等之「結構性的政治文化」等[3]。

然而，孫中山提出「訓政」的原因，應與民初實施國會制度的失敗經驗，具有直接的關係。為了說明這一點，儘管孫中山自己表示，他在民國成立前提出的「約法之治」，實亦係應先實行「訓政」的主張，但本章將首先證明「約法之治」與「訓政」並不相同。在釐清了此一問題後，即可進一步說明孫中山以權能區分與五權分立為內涵的憲政理論，主要即係針對實施國會政治的失敗經驗。基於此，本章將再進一步論證，孫中山所主張的憲政結構，係以「人」達到「善治」為其理論要旨，而這即是他要以「專家政治」達到「萬能政府」的「人治」思想。

第一節　「訓政」與「約法之治」的辨析

民初所實行的國會制度，乃為一套嶄新的政治結構。然而，新的政治結構要能發揮預期的功能，尚須有效地確立政治體系內各種新的角色行為規範，但這卻不是隨著政治制度的移植，便能夠產生同步的效果。所以，美國政治學者白魯恂（Lucian W. Pye）從政治發展的角度立論，認為要使一傳統的社會能夠快速地邁向現代化，

Democracy in Five Nations (New Jessery: Princeton University, 1963).
[3]　詳參胡佛，〈政治文化的意涵與觀察〉，輯於氏著，《政治科學的探究（二）：政治文化與政治生活》，台北：三民書局，1998 年，頁 16-23。

似乎無可免地要實施某種形式的「訓政」（politicial tutelage），因而也對孫中山的「訓政」主張表達了正面的評價[4]。

然而，孫中山主張「訓政」的原因及目的為何？類此有關的問題，固然過去已多有討論，但本書將另外提出不同的看法。例如，過去的研究依據孫中山自己所述，視他所主張的「約法之治」即為「訓政」，本書對此則將提出否定的看法。此外，重新釐清此一問題的意義，還可說明作為革命語言的「訓政」，卻因孫中山本人在語言使用上的含混，以及革命理論上的變異，從而引起日後在憲政制度設計上，產生了不斷的爭議。

壹、「治天下」與「打天下」的不同路徑

孫中山在正式文件中首度揭示「訓政」一詞，係 1914 年 7 月在〈中華革命黨總章〉中，提出「軍政時期」、「訓政時期」及「憲政時期」的三階段程序[5]。在此之前，1906 年孫中山在〈同盟會革命方略：軍政府宣言〉（以下簡稱『軍政府宣言』）中，對於推翻滿清建立民國的步驟，則訂有「軍法之治」、「約法之治」與「憲法之治」的革命方略[6]。歷經了民國建元之初，實行「過渡憲政」的失敗，孫中山在 1919 年出版的《孫文學說》中，對此有所檢討與說明。他認為，當時黨內同志未能遵守他所定的革命方略，中國人民尚缺乏知

---

[4]　Lucian W. Pye, *Aspects of Political Development* (Boston: Little Brown & Company Inc., 1966), p.76.類似看法可參 Arthur N. Holcombe, *The Chinese Revolution* (New York: Howard Testing, Inc., 1974), pp. 312-314.

[5]　孫中山〈中華革命黨總章〉，輯於秦孝儀主編，《國父全集》（台北：近代中國出版社，1989 年），第九冊，頁 300-301。

[6]　孫中山，〈同盟會革命方略：軍政府宣言〉，《國父全集》，第一冊，頁 233-234。

識、政治能力和地方自治的經驗，都是民初「過渡憲政」的失敗原因。孫中山進而指出，黨內同志未能遵守的革命方略，就是他主張應創一「約法之治」為共和憲政的過渡時期，「以訓導人民，實行地方自治」[7]。

　　如果就《孫文學說》來看，1906 年提出的「約法之治」和自 1914 年起所提出的「訓政時期」一樣，都是作為實施憲政前的「過渡」或「準備」階段。因此，論者往往視「約法之治」為孫中山之訓政理論的最早表述方式[8]，或認為「約法之治」為後來建構完成之訓政理論的雛形[9]，也有對二者視為同一而不加區分者[10]。然而，「約法之治」是否即為「訓政」？本書認為前者的主要目標，乃屬於「國家認同」之「統攝性」政治文化的建立，而後者則偏重於「結構性」政治文化的轉化，故兩者仍有不同。

　　《孫文學說》的寫作和出版時間，均在孫中山提出「約法之治」和「訓政」之後的數年間。因此，孫中山將「約法之治」等同於後來的「訓政」理論，不無只想把「約法之治」的主張，再「轉化」納入新的「訓政」理論架構內。但是，孫中山有此意圖與作法，並

---

[7]　孫中山，〈孫文學說・第六章能知必能行〉，《國父全集》，第一冊，頁 388。

[8]　例如認為：「而中華革命黨總章首先揭示了軍政、訓政及憲政之建國程序，使民國前七年的同盟會黨章中『約法之治』時期的訓政理念，正式以『訓政』之名，列於黨章之中」。見姚誠，《訓政時期政治體系之研究（1929-1947）》，台北：國立政治大學三民主義研究所博士論文，1990 年，頁 21。

[9]　例如認為：「『訓政』的雛形概念可追溯到民國前七年同盟會革命方略『軍政府宣言』和『中國同盟會會務進行之秩序表』中的『約法之治』」。見王孟平，《訓政時期憲政準備歷程之研究》，台北：國立政治大學三民主義研究所博士論文，1994 年，頁 12。

[10]　張朋園，《梁啟超與清季革命》，台北：中央研究院近代史研究所，1999 年，版 2，頁 168-175。蔣永敬，《百年老店國民黨滄桑史》，台北：傳記文學出版社，1993 年，頁 167。

不表示 1906 年提出的「約法之治」,即與後來的「訓政」理論,具備相同的精神與內涵。事實上,中華革命黨係由國民黨改組而來,其目的係為了討伐袁世凱而進行「二次革命」,但與推翻滿清建立民國,實係不同本質的另一次「革命」。因此,孫中山在「中華革命黨總章」中,首度提出了「訓政」的主張,實與國民黨黨紀淪喪、袁世凱誤國及國會遭到解散,應有直接的關係。

　　然而,若從孫中山的著作來考察,在 1919 年的《孫文學說》中,他將「軍政時期」、「訓政時期」及「憲政時期」的三階段分期,以及各階段的作法與目的,顯然也納入早先在 1906 年提出「軍法之治」、「約法之治」及「憲法之治」的革命方略中[11]。值得懷疑的是,「約法之治」係於 1906 年提出,而「訓政」則在 1914 年始首度提出,固然孫中山在 1919 年的《孫文學說》中,將「約法之治」等同於「訓政」,但在相隔八年之後,卻已有時空條件上的變異。再者,儘管孫中山自己指出,「約法之治」即係他所主張的「訓政時期」,但在 1914 年正式提出「訓政」之前,從「約法之治」的革命主張中,是否能讓革命同志看出「訓政」的涵義呢?

　　首須說明的是,清末時人受到了西方進化論的影響,常將之與儒家「據亂世、昇平世、太平世」的「三世之說」交相揉合。譬如,康有為的《大同書》,便是類似嘗試的經典著作。在這樣的思潮影響下,進化論式的三段過渡發展之思維模式,常為當時政治菁英演繹政體發展時所使用。基於此,康有為謂:「君主專制、立憲、民主三法,必當一一循序行之」[12],梁啟超主張的開明專制,也隱含了「野

---

[11]　孫中山,〈孫文學說‧第六章能知必能行〉,《國父全集》,第一冊,頁 388。

[12]　康有為,〈答南北美洲諸華商論中國只可行立憲不可行革命書〉,湯志鈞編,《康有為政論集》,上冊,北京:中華書局,1986 年,頁 476。

蠻專制、開明專制、立憲」此種三段式過渡的進化過程[13]。而孫中山謂：「余維歐美之進化，凡以三大主義：曰民族、曰民權、曰民生」[14]，更明白表示他提出三民主義，即係基於進化之理。因此，孫中山無論講「軍法之治、約法之治、憲法之治」或「軍政時期、訓政時期、憲政時期」，都反映著受到了進化論的影響，而採取三段式過渡的論述方式，但卻不必然表示「約法之治」即當然可等同於「訓政時期」。換言之，究竟「約法之治」具不具有「訓政」的實質內涵？並不能僅以比附方式做出論定。

　　基本上，慈禧太后在戊戌政變後囚禁光緒皇帝，並在被疑為偽造的光緒皇帝之上諭中，就已使用了「訓政」一詞[15]。是故，在 1898 年以後關心共和革命或君主立憲的人，對「訓政」一詞所指涉的概念，並不應該感到陌生。基於此，孫中山所提出「訓政」的主張，無論其實際的內涵為何？僅從他使用「訓政」詞彙來說，就必定會和「慈禧訓政」產生聯想。例如，反對「訓政」的陳炯明，就曾經說的很明白[16]：

---

[13] 「凡專制者，以能專制之主體的利益為標準，謂之野蠻專制；以所專制之客體之客體的利益為標準，謂之開明專制」，見梁啟超，〈開明專制論〉，輯於梁啟超著，吳松、盧雲昆等點校，《飲冰室文集點校》，第三集，昆明：雲南教育出版社，2001年，頁 1392。

[14] 孫中山，〈民報發刊詞〉，《國父全集》，第二冊，頁 256。

[15] 根據光緒二十四年八月初六日《上諭檔》載：「內閣奉上諭：現在國事艱難，庶務待理。朕勤勞宵旰，日綜萬幾。就業之余，時虞叢脞。恭溯同治年間以來，慈禧端佑康頤昭豫莊誠壽恭欽獻崇熙皇太后兩次垂簾聽政，辦理朝政，宏濟時艱，無不盡美盡善。因念宗社為重，再三籲懇慈恩訓政，仰蒙俯如所請。此乃天下臣民之福。今日始在便殿辦事。本月初八日朕率諸王、大臣在勤政殿行禮。一切應行禮儀，著各該衙門敬謹預備。欽此。」可參 http://lookin.nease.net/wx/difftalk/ putsch/mhjt15.htm，上網檢視日期：2006 年 3 月 30 日。此外，在梁啟超所著的《戊戌政變記》中，其第二篇第四章章名為「論此次乃廢立而非訓政」，亦可得知「訓政」並非孫中山新創的詞彙。見梁啟超，《戊戌政變記》，台北：台灣中華書局，1979 年。

[16] 段云章、倪俊明編，《陳炯明集》，廣州：中山大學出版社，1998 年，下卷，頁 207-208。

訓政之說，尤為失當。此屬君政時代之口吻，不圖黨人襲而
用之，以臨吾民。試問政為何物？尚待於訓耶！民主政治，
以人民自治為極則，人民不能自治，或不予以自治機會，專
靠官僚為之代治，並且為之教訓，此種官僚政治，文告政治，
中國行之數千年，而未有長足之進步。國民黨人有何法寶，
以善其後耶？徒使人民不得自治機會，而大小官僚，反得藉
訓政之謬說，阻礙民治之進行。

　　基於上述陳炯明的看法，我們便有理由認為，要革滿清皇帝之
「天命」的孫中山，絕不會在任何鼓吹革命的宣傳中，使用「訓政」
一詞作為號召革命的語彙。並且，即使未使用「訓政」一詞，也不
能讓人感覺到他有「訓政」的意圖。否則，在孫中山公開宣揚革命
的主張中，若明確具有了「訓政」的意圖與規劃，必定將使革命的
正當性遭致質疑。

　　在民國肇建之初建立「過渡憲政」時，非同盟會的各省代表，
根本沒有見過同盟會所定的革命方略[17]。而孫中山自己也了解，即
使吾黨之士，對他的革命方略也「多期期以為不可。經予曉諭再三，
辯論再四，卒無成效，莫不以為予之理想太高」[18]，或也有「謂清
朝偽立憲許人民以預備九年，今吾黨之方略，定軍政三年，訓政六
年，豈不與清朝九年相等耶？」[19]，而質疑猶如滿清以九年為期預
備立憲。換言之，孫中山當時雖未使用「訓政」一詞，卻已提出六
年為期的「約法之治」，而遭同志誤解與滿清預備立憲並無不同。更
何況，當時同盟會機關報的《民報》，也正與梁啟超在《新民叢報》

---

[17]　荊知仁，《中國立憲史》，台北：聯經出版事業，1984 年，頁 224。
[18]　孫中山，〈孫文學說‧第六章能知必能行〉，第一冊，頁 388。
[19]　孫中山，〈孫文學說‧第六章能知必能行〉，頁 392。

上發表的〈論開明專制〉展開筆戰。在此背景下,若孫中山此時竟在「軍政府宣言」中,明確表達了「訓政」的構想,其可能性應該不高。基於此一理由,本書認為 1906 年提出的「約法之治」,應係著眼於創建新國家的「打天下」過程中,基於建立新的國家認同之基礎,而為用以表達推翻滿清建立新國家的革命階段。

　　「約法之治」具有什麼樣的意涵,才屬於所謂的「打天下」之革命語言呢?1897 年 8 月孫中山和日本友人宮崎寅藏等人談話,當被詢及革命的方法時,他曾答以:「苟有豪傑之士,起而倒清虜之政府,代敷善政,約法三章,慰其飢渴,庶愛國之志可以奮興,進取之氣可以振起矣」等語[20]。此處提到「約法三章」中的「約」與「法」二字,若連綴成詞即係「約法」。是故,此時孫中山提到的「約法三章」,應可作為探求數年後提出「約法之治」時,理解其涵義的重要依據。並且,這也是本書視「約法之治」之提出,應係屬「打天下」之革命語言的理由。

　　按「約法三章」最早出自於《史記・高祖本紀》中,關於漢高祖劉邦進入關中「與父老約,法三章耳:殺人者死,傷人及盜抵罪」的典故。此一典故,《漢書・刑法志》取其相同之意,則有:「漢興之初,雖有約法三章,網漏吞舟之魚」的記載。我們必須留意的是,「與父老約,法三章耳:殺人者死,傷人及盜抵罪」中所加的標點,使得「與父老約」的意思,指的是和關中地區百姓公開講定條件;而「殺人者死,傷人及盜抵罪」的「三章」,也就是這裡所謂的「法」。故而,「約法」是指事先公開講定條件,但並非專指法律而言[21]。由

---

[20]　孫中山,〈中國必革命而後能達共和主義〉,《國父全集》,第二冊,頁 398。該次談話在不同的版本中,則未記載所引文字。見同書,頁 399-340。

[21]　此處引《史記・高祖本紀》及《漢書・刑法志》所加的標點及解釋,均係根據袁林、沈同衡原著,王靜芝、陳新雄審訂,《紅葉活用成語典》,台北:紅葉文化事

此看來，發表「軍政府宣言」的目的原在「打天下」，故「約法之治」當係孫中山效法劉邦打天下入關中時的典故。從而，孫中山所提出的「約法之治」，也即係指革命軍在「光復」之地區，應採取「與父老約，法三章」的先例而言。關於此一論證的關係，我們可從孫中山對「約法之治」的規劃中，得到相當程度的證明。茲將「軍政府宣言」中的重要規定，詳述如下[22]：

> 第一期為軍法之治，……。每一縣以三年為限，其未及三年，已有成效者，皆解軍法，布約法。第二期為約法之治。每一縣既解軍法之後，軍政府以地方自治權，歸之其地之人民，地方議會議員及地方行政官，皆由人民選舉。凡軍政府對於人民之權利義務，及人民對於軍政府之權利義務，悉規定於約法，軍政府與地方議會及人民，各循守之，有違法者，負其責任。以天下平定後六年為限，始解約法，布憲法。……。此三期，第一期為軍政府督率國民掃除舊污之時代。第二期為軍政府授地方自治權於人民，而自攬國事之時代。第三期為軍政府解除權柄，憲法上國家機關分掌國事之時代。俾我國民循序以進，養成自由平等之資格，中華民國之根本，胥於是乎在焉。

在上述所引「約法之治」的規劃中，我們應特別留意軍政府和地方議會及人民相互間，存在著「對等」的關係[23]，而並非「上對

業有限公司，1999 年，頁 895-896。
[22] 孫中山，〈同盟會革命方略：軍政府宣言〉，頁 234。
[23] 朱浤源，《同盟會的革命理論》，台北：中央研究院近代史研究所，1995 年 8 月，再版，頁 96-97。

下的教化」之關係[24]。換言之,「約法之治」既係出自「約法三章」
的典故,便意味革命軍在打天下的開始,首先要以軍事武力為後盾,
完成督率國民掃除舊污為主要任務,亦即所謂的「軍法之治」。其次,
隨著次第光復的縣,完成以三年為限的「軍法之治」後,則以縣為
單位,由人民自行選出地方議會議員與行政長官;而軍政府則與地
方議會及人民,互相約定彼此的權利與義務,以完成由軍政府自攬
國事,而各縣行地方自治的「約法之治」。更進一步的發展,則係以
天下平定後六年為限始解約法,進而公布憲法以實行「憲法之治」。
基於上述各階段的任務與目標,可看出在「約法三章」意義下的「約
法之治」,軍政府與地方議會及地方人民間應係對等,而非上對下的
教化關係。

　　事實上,汪精衛在 1906 年 1 月於《民報》上發表的〈民族的國
民(二)〉一文中,對同盟會所宣傳的革命建國之步驟,乃較「軍政
府宣言」制定的時間還早,且汪精衛也參加了「軍政府宣言」的擬
定工作[25]。因此,汪精衛該篇文章中,對於「約法之治」的理解,
當可作為重要的解釋依據。汪精衛在該文中指出[26]:

---

[24] 黃金麟,前引文,頁 468。

[25] 依據《國父全集》,第一冊,頁 254 之註 1 所示,在張永福編《南洋與創立民國》
　　所輯之〈革命方略〉中,另有註云:「原始之革命方略,孫中山、胡展堂、汪精
　　衛先生手著手印手釘。按全卷五十頁,均為汪精衛君筆書」,說明了汪精衛參與
　　了整個同盟會革命方略的制定。另再就「軍政府宣言」係 1906 年「秋冬間」所
　　制定,見林家有主編,《辛亥革命運動史》,廣州:中山大學出版社,1990 年,
　　頁 633。然而,汪精衛的〈民族的國民〉發表的時間較「軍政府宣言」猶早個數
　　月,故本書在此僅作粗略的考證,認為汪精衛在革命建國步驟的擬議上,應扮演
　　重要角色。

[26] 精衛(按:汪精衛的筆名),〈民族的國民(二)〉,《民報》,第貳號,頁 21-22。
　　引自黃季陸主編,《民報》,台北:中國國民黨中央委員會黨史料編纂委員會,
　　1983 年 4 月,(影印本)再版。

先生之言曰：革命以民權為目的，而其結果，不逮所蘄者非必本願，勢所然也。革命之志，在獲民權，而革命之際，必重兵權，二者常相牴觸者也。使其抑兵權歟？則脆弱而不足以集事；使其抑民權歟？則正軍政府所優為者。宰制一切，無所掣肘，於軍事甚便，而民權為所掩抑，不可復伸。天下大定，欲軍政府解兵權以讓民權，不可能之事也。……。察軍權民權之轉捩，其樞機所在，為革命之際先定兵權與民權之關係。蓋其時用兵貴有專權，而民權諸事草創，資格未粹，使不相侵，而務相維。兵權漲一度，則民權亦漲一度；逮乎事定，解兵權以授民權，天下晏如矣。定此機關厥為約法，革命之始，必立軍政府，此軍政府既有兵事專權，復秉政權。譬如既定一縣，則軍政府與人民相約，凡軍政府對於人民之權利義務，人民對於軍政府之權利義務，其犖犖大者悉規定之。軍政府發命令組織地方行政官廳，遣吏治之；而人民組織地方議會，其議會非遽若今共和國之議會也，第監視軍政府之果循約法與否，是其重職。他日既定乙縣，則甲縣與之相聯，而共守約法；復定丙縣，則甲乙縣又與丙縣相聯，而共守約法。推之各省各府亦如是。使國民而背約法，則軍政府可以強制；使軍政府而背約法，則所得之地咸相聯合，不負當履行之義務，而不認軍政府所有之權利。如是則革命之始，根本未定，寇氛至強，雖至愚者不內自戕也。洎乎功成，則十八省之議會，盾乎其後，軍政府即欲專擅，其道無繇。而發難以來，國民瘁力於地方自治，其繕性操心之日已久，有以陶冶其成共和國民之資格。一旦根本約法，以為憲法，民權立憲政體，有磐石之安，無飄搖之慮矣。

　　從上述引文看來，「軍政府宣言」和汪精衛這篇文章所述，雖然同樣都重視地方自治，但前者規定地方行政官由地方選出，而後者則是由軍政府「遣吏治之」。然而，最能表現「約法」之精義者，則在「軍政府與人民相約」，亦即約定彼此間的權利義務關係，設若軍政府違背「約法」，則「則所得之地咸相聯合，不負當履行之義務，而不認軍政府所有之權利」。換言之，所平定之縣的人民與軍政府之間，乃係對等的關係，此在「軍政府宣言」中也有類似的表示；且若軍政府違背「約法」，尚可「不認軍政府所有之權利」，更加證明了「約法」乃指對等相互約定，而毫無軍政府「訓導」人民之意。對此，同樣參與制定「軍政府宣言」的胡漢民，1928 年 12 月 1 日在中央軍校教授部政治科演講時，即曾做過如下的解釋說[27]：

> 所謂「約法」本來應該是革命方略上所說的約法，並不是民國元年所頒布的約法，這一點到現在還有人沒弄清楚。所謂約法，乃是約法三章的意思，是政府與人民相約：你如何對我，我如何對你；並不是明定多少條文，長篇累牘，如民元之所頒布的。

　　從上述胡漢民闡釋孫中山的「約法」之義中，當可說明孫中山所講的「約法之治」，乃取自於「約法三章」的典故。同時，胡漢民所謂：「是政府與人民相約：你如何對我，我如何對你」的說法，則意味軍政府與人民間，乃為「對等」而非以上對下的「訓導」關係。

27　胡漢民，〈黨治的政府〉，輯於中國國民黨中央委員會編輯，《胡漢民先生文集》，台北：中國國民黨中央委員會，1978 年，第三冊，頁 402-403。

　　需要加以留意的問題是,「軍政府宣言」為同盟會革命方略的內容之一,基本上屬於同盟會的內部文件,而汪精衛的〈民族的國民(二)〉一文,則係透過報紙的宣傳,向民眾宣揚革命理念與手段的論述。因此,在「約法之治」到底算不算「訓政」的問題上,本書認為不能儘採孫中山在《孫文學說》中的「事後追述」,而應以向民眾宣揚革命目的與手段的報章文獻為依歸。也就是說,在評斷「約法之治」之確切作法時,〈民族的國民(二)〉一文的重要性,便不容忽視。

　　再者,「約法之治」和「訓政時期」雖都是孫中山革命建國中的階段或步驟,但兩者提出的時機不同,且還關涉了「革命」本質的異同。基本上來說,「約法之治」係以完成「民族主義」為首要目標,並負有進行「民權主義」之建立民國的使命,實係推翻滿清以建立民國的「打天下」過程。相對來說,發動「二次革命」所張舉的「訓政時期」,是在民國已然建立,而且選出成立了第一屆國會之後,為了使國民能夠肆應新的政治運作體制,其目的係以改造政治文化,實現「治天下」的過程。

　　誠如胡佛所認為,辛亥革命雖想要對滿清帝王的「政治認同」,以及改君主專制為民主共和的「政治結構」,在短期間內以同樣的手段完成改造。然而,人民儘管在推翻滿清後的政治認同或有若干的改變,但新的政治結構卻未建立,而仍然需要相當時間進行政治文化的轉化[28]。換言之,本書所稱的「打天下」,主要即係指「政治認同」的建立過程;建立新的「政治結構」,須歷經長時間轉化政治文化,則是本書所稱「治天下」的過程。基於此,「約法之治」是在「打

---

[28]　胡佛,〈民國初年的政局與政府體制〉,輯於氏著,《政治科學的探究(五):憲政結構與政府體制》,台北:三民書局,1998年,頁63。

天下」的過程中，以建立「政治認同」為目標的進程；但「訓政時期」則是為了「治天下」，為了建立新「政治結構」而進行政治文化轉化的過渡性任務，兩者不可輕易等同視之。

貳、從「天賦人權」到「革命民權」的轉變

孫中山在「約法之治」的規劃中，僅提及軍政府自攬國事，而地方自治權歸於以縣為單位的人民，並且把軍政府與地方議會及地方人民的權利義務，規定於「約法」之中，並非如《孫文學說》裡所說，由革命政府照約法規定對自治團體行「訓政」之權。而且，自1912年推倒滿清建立臨時政府，以迄選舉產生的第一屆國會遭到袁世凱取消前，孫中山並沒有正式提出以「訓政」為名的政治主張。所以，孫中山在《孫文學說》中，把民國建元之初即行國會政治的失敗，歸因於同志們未能遵循他所訂定的革命方略，而且不明白應先「行約法之治，以訓導人民，實行地方自治」的「訓政」道理，便實有值得商榷之處。因為，以1906年所提出「約法之治」的論述看來，儘管民國建元之初未獲同盟會同志的全盤採納，但孫中山在當時也並未以「訓政」作為革命的語言，並對之發展出一套整體的論述。基於此，同盟會同志未必真的不採納他的革命方略，而可能是無從了解他的「訓政」主張。

因此，黃金麟從革命和語言使用之間的關係出發，認為「訓政」在其內容本身上的轉變，以及作為革命語詞的任意與不確定，係導致訓政未能順利開展和如期結束的一項原因。而他所舉的例證之一，便是從「約法之治」到「訓政」在語彙使用上的改變，實質上表明了孫中山的革命理論與策略，也已經有所改變。並且，黃金麟基於孫中山從主張「天賦人權」轉變為「革命民權」，進而指出「訓政」絕對不

是「約法之治」的一種模擬或延續，也不是「名雖異而實相同」的一種發展狀態[29]。有鑑於此，關於「約法之治」與「訓政時期」所依據的革命理論是否相同？則為本書接下來需要討論的重點。

根據邱榮舉的考證結果，「革命民權」一詞並非出自於孫中山，蔣介石或許才是最先提出該名詞者[30]。然而，若就「革命民權」的實質內容來說，可從孫中山在 1914 年手訂的〈中華革命黨總章〉中，看出他的民權思想已從「天賦人權」轉換為「革命民權」。換言之，「革命民權」為實施「訓政」的理論基礎，茲將〈中華革命黨總章〉中相關重要條文列舉如下[31]：

> 第十一條 凡於革命軍未起義之前進黨者，名為首義黨員；
> 　　　　 凡於革命軍起義之後、革命政府成立以前進黨
> 　　　　 者，名為協助黨員；凡於革命政府成立之後進黨
> 　　　　 者，名曰普通黨員。
> 第十二條 革命成功之日，首義黨員悉隸為元勳公民，得一
> 　　　　 切參政、執政之優先權利；協助黨員得隸為有功

---

[29] 黃金麟，〈革命/民權：訓政的敘事建構〉，《清華學報》，新 27 卷第 4 期（1997年 12 月，實際出版日期為 1998 年 10 月），頁 459-492。

[30] 邱榮舉以《國父全集》中並未出現「革命民權」一詞，認為該名詞並非孫中山所訂，而是後人闡述他的一種主張之名稱。邱榮舉進一步指出，蔣介石在 1935 年 9 月 15 日於峨嵋軍訓團講述《國父遺教概要》第二講〈政治建設之要義〉時，曾說：「本黨所主張的是『革命民權』，而不是『天賦人權』」，或許蔣中正為最先提出該名詞者。見盧瑞鍾，〈試論國父的兩大失策〉之評論部分，輯於曾一士總編輯，《第五屆孫中山與現代中國學術研討會論文集》，台北：國父紀念館，2002年，頁 271。另參考蔣中正，〈政治建設之要義〉，《國父遺教概要》，第二講，輯於秦孝儀編，《先總統蔣公思想言論總集》，卷三，台北：中國國民黨中央委員會黨史委員會，1984 年，頁 37。

[31] 孫中山，〈中華革命黨總章〉，《國父全集》，第九冊，頁 301。

公民，能得選舉及被選舉權利；普通黨員得隸為
先進公民，享有選舉權利。

第十三條　凡非黨員在革命時期之內，不得有公民資格。必
待憲法頒布之後，始能從憲法而獲得之；憲法頒
布以後，國民一律平等。

由上面的規定中可知，「首義黨員」、「協助黨員」與「普通黨員」
在仍屬革命時期的「訓政」階段內，其所被賦予公民資格的內涵，
實有差等的對待，而且非黨員還不得擁有公民資格。相對地，在 1906
年「軍政府宣言」中，則指出：「所謂國民革命者，一國之人，皆有
自由、平等、博愛之精神，即皆負革命之責任，軍政府特為其樞機
而已」[32]，其中強調了國民平等的精神，且在「約法之治」下的軍
政府和國民，係處於對等的關係，實無規定「同盟會革命黨」和國
民之間，係為上對下的訓導關係。這些規範，在在說明了「約法之
治」與「訓政」所依據的革命理論，有著根本的不同。我們還可看
到，孫中山在 1912 年 1 月 5 日的〈臨時大總統布告友邦書〉中謂：
「吾人鑒於天賦人權之萬難放棄，神聖義務之不容不盡，是用訴之
武力，冀脫吾人及世世子孫於萬重羈軛」[33]，則至少已宣示了他和
同盟會等革命黨人的主張，在提出「訓政」之前，正是基於「天賦
人權」的理念。

然而，1914 年〈中華革命黨總章〉中所提出的「訓政」，卻表
明了是一種由革命黨來「訓導」國民的政體。關於這點，1920 年 11

---

[32]　孫中山，〈同盟會革命方略：軍政府宣言〉，頁 233。
[33]　孫中山，〈臨時大總統布告友邦書〉，《國父全集》，第二冊，頁 26。

月 9 日孫中山在上海中國國民黨本部會議席上的演講，對他所主張的「訓政」之涵義，則有較為詳盡的闡釋。他說[34]：

> 其實，我們革命就是要將政治攬在我們手裡來作。……。試看民國已經成立了九年，一般人民還是不懂共和的真趣，所以迫得我們再要革命。現在我不單是用革命去掃除那惡劣政治，還要用革命的手段去建設，所以叫做「訓政」。……。須知共和國皇帝就是人民，以五千年來被壓作奴隸的人民，一旦抬他作起皇帝，定是不會作的。所以我們革命黨人應該來教訓他，如伊尹訓太甲一樣。我這個訓字，就是從伊訓上「訓」字用得來的。……。我們現在沒有別法，只好用些強迫的手段，迫著他來做主人，教他練習練習，這就是我用訓政的意思。斐律賓的自治，也是美國人去訓政，……。

　　由上述所引來看，在革命以推翻滿清的時期，基於「天賦人權」理論所講的「約法之治」，實與基於「革命民權」而提出的「訓政」觀念已有不同。同時，摒棄「天賦人權」的革命理論，改以「革命民權」作為實施「訓政」的理論基礎，也在 1924 年 1 月 31 日〈中國國民黨第一次全國代表大會宣言〉中獲得了確認。其中指出[35]：

> 近世各國所謂民權制度，往往為資產階級所專有，適成為壓迫平民之工具。若國民黨之民權主義，則為一般平民所共有，非少數者所得而私也。於此有當知者，國民黨之民權主義，與所謂「天賦人權」者殊科，而唯求所以適合於現在中國革

---

[34] 孫中山，〈訓政之解釋〉，《國父全集》，第三冊，頁 219。
[35] 孫中山，〈中國國民黨第一次全國代表大會宣言〉，《國父全集》，第二冊，頁 136。

命之需要。蓋民國之民權，唯民國之國民乃能享之，必不輕
授此權於反對民國之人，使得藉以破壞民國。詳言之，則凡
真正反對帝國主義之個人及團體，均得享有一切自由及權
利。而凡賣國罔民以效忠於帝國主義及軍閥者，無論其為團
體或個人，皆不得享有此等自由及權利。

　　上文所引，乃明確地摒棄「天賦人權」之說，而改以「革命民
權」為主張。從而，可說明孫中山從「約法之治」到「訓政」，在其
革命語言使用上的轉變，實乃肇因於背後革命理論的變易。而且，
孫中山的革命理論從「天賦人權」改為「革命民權」，顯然係因民初
國會政治因採代議政體而失敗，使他對盧梭的「天賦人權」說產生
根本的動搖。

　　在《民報》宣揚革命推翻滿清之際，對《民報》撰稿人在政治理
論方面而言，盧梭具有最高的權威地位[36]，此實與法國為推翻君主專
制而奠立「民主立憲」有關。故而，1912 年所制定的「臨時約法」，
可謂中國歷史上「首次將『天賦人權』和『自由、平等、博愛』的革
命理想，具體地以明文加以保障，當然具有劃時代的意義」[37]。然而，
「訓政」係針對發動「二次革命」所提出，儘管此時仍稱之「革命」，
但畢竟已完成了推翻滿清異族統治的「民族革命」。故在歷經了國會
政治的失敗經驗後，孫中山把基於「天賦人權」的革命理論修改為「革
命民權」，實係針對時勢不同而做的調整。基於此，1924 年孫中山在
〈民權主義・第一講〉中，乃特別針對盧梭的「天賦人權」做了批評，
以為其「訓政」主張奠立新的革命理論基礎。他強調[38]：

---

[36] 朱浤源，前引書，頁 115。
[37] 胡佛，前引文，頁 100。
[38] 孫中山，〈民權主義・第一講〉，《國父全集》，第一冊，頁 62。

> 講到民權史，大家都知道法國有一位學者叫做盧梭。盧梭是
> 歐洲主張極端民權的人，因有他的民權思想，便發生了法國
> 革命。盧梭一生民權思想最要緊的著作是民約論，……。所
> 以這種言論，可以說民權是天生出來的。但就歷史上進化的
> 道理說，民權不是天生出來的，是時勢和潮流所造就出來的。
> 故推到進化的歷史上，並沒有盧梭所說的那種事實，這就是
> 盧梭的言論沒有依據。

　　從上述所引內容中，可知在孫中山的民權主義裡，已摒棄了盧梭的「天賦人權」理論，而這也和他所主張的「訓政」，具有直接的關連性。而且，誠如前已提及，盧梭的政治思想對《民報》撰稿人具有最高的地位，而盧梭《民約論》裡的「民約」（社會契約），實乃強調個人自主的「積極自由」（positive liberty）[39]，並由此而推衍成一種「高調的民主觀」[40]。因此，當基於「天賦人權」而來的民權，其實施結果並不能達到預設的理想境界時，揚棄「天賦人權」，並認為需「訓導」國民以使其解民權，就成了當然的結果。

　　相對來說，「天賦人權」也可立基於個人自主的「消極自由」（negative liberty），並由此推衍出另一種「低調的民主觀」，而強調「民約」乃係人民和人民，以及人民和國家（政府）之間的互約。若依此「民約」的概念，則人民和國家（政府）之間，至少應為對等的關係；亦即，對等地互約彼此應享有與應負擔的權利和義務。從這一角度來

---

[39] 有關「積極自由」（positive liberty）與「消極自由」（negative liberty）的概念，參閱 Isaiah Berlin, "Two Concept of Liberity,"in Isaiah Berlin, *Four Essays on Liberity* (Oxford: Oxford University Press, 1969).

[40] 有關「高調的民主觀」與「低調的民主觀」之涵義，參閱張灝，〈中國近代轉型時期的民主觀念〉，輯於氏著，《時代的探索》，台北：中央研究院及聯經出版公司，2004 年，頁 62-69。

看，在「約法之治」裡的軍政府若違背約法，「則所得之地咸相聯合，不負當履行之義務，而不認軍政府所有之權利」，實已近乎「治者乃基於被治者的同意」及「治者有違約定可不承認其權利」的民主理念。換言之，「約法之治」中「約法」的概念，反倒趨近於具有「憲政主義」或「憲政」（constitutionalism）意涵的「憲法」。

然而，為什麼「約法之治」卻不是「憲法之治」？而且須經改「天賦人權」為「革命民權」的「訓政時期」，才能夠使「憲政」此一新的政治結構，具備了新的政治文化之基礎？其中的根本理由，便在於所謂的「憲法之治」與「憲政時期」，前者強調制定一部「開國會」的憲法後，才能夠落實民權和建立憲政，並達到理想政治的境界[41]；而後者則係指人民經「訓政時期」而民智已開後，才懂得如何運作民權，並建立「立憲政體」。

依據革命民權的理論，本書便有理由進一步推斷，孫中山所以提出「訓政時期」，和梁啟超以「民智未開」或「國民程度不足」為由，而主張「開明專制」相類似[42]。因為，他們都相信，需要經過

---

[41] 本書的理解，「約法之治」的「治」，其意義如同「貞觀之治」或「文景之治」裡的「治」，都具有理想境界或太平盛世的涵義。也如同中國傳統上講的「法治」或「德治」裡的「治」，是分別指透過嚴刑峻法或道德教化，才能達到理想境界或太平盛世的意思。

[42] 同盟會的陳天華在《民報》第一號中即已主張「開明專制」，而有：「吾儕既認定此主義，以為欲救中國，惟有興民權、改民主。而入手之方，則先以開明專制，以為興民權、改民主之豫備。最初之手段，則革命也」等語。見思黃（按：陳天華的筆名），〈論中國宜改創民主政體〉，《民報》，第一號（1905 年），頁 49，引自黃季陸主編，《中華民國史料叢編：民報》，第一冊，台北：中國國民黨中央委員會黨史料編纂委員會，1969 年，影印版，頁 0061。由於該篇文章提及了「開明專制」，梁啟超藉「因陳烈士天華遺書有『欲救中國必用開明專制』之語，故暢發其理由，抑亦鄙人近年來所懷抱之意見」，乃於 1906 年 1 月至 3 月間，在《新民叢報》連載發表了〈開明專制論〉，見梁啟超，〈開明專制論〉，頁 1387。陳天華於 1905 年底投河自盡，自無法回應梁啟超的〈開明專制論〉一文，但陳天華

一段「開民智」的「過渡期」後，即能夠實施以國會政治為核心的「憲政」。由此看來，他們主張的「民權」皆係指「人民的權利」（people's rights），並對「權利」內涵的認知上，也都指向了特定應該達到，而且也能達到的理想境界。因此，梁啟超認為要先培養「公德」，始能成為具備「民權」資格的「公民」，故需要先經過「新民」[43]。孫中山主張「唯民國之國民乃能享之」的「革命民權」，則意味了「民權」僅能先賦予一部分具備了「公德」的「公民」。換言之，「民權」不僅意味負有達到某一理想境界的責任，而且還需要具備一定的資格與條件。基於此，可知「民權」係用來實現特定的集體目標，因而屬於前文提到之「高調的民主觀」，或是第一章提及的「集體主義民主」。由此看來，中共追求社會主義民主，何以過去產生了「人民民主專政」及「階級敵人」的觀念？實則皆可從「民權」的內涵中找到線索。同樣地，中共總書記胡錦濤以「立黨為公，執政為民」[44]，來闡釋江澤民的「三個代表」理論，其目的係為鞏固共產黨「一黨專政，多黨派參政」的正當性。然而，中共一黨專政的理論建構，即係在社會主義理想境界的集體目標下，取得了如同「訓政」般的正當性基礎。

的「開明專制」係以革命改「民主」（由人民擔任一國之主的元首）為前提，而梁啟超則以維護君主世襲制度為前提。參閱，熊月之，《中國近代民主思想史》，上海：上海社會科學院出版社，2002年10月，修訂本，頁426-428。此外，張朋園謂：「故而陳天華闡釋約法之義時，曾經用『開明專制』四字來說明訓政的手段」，見張朋園，前引書，頁170。唯無論「約法之治」或「訓政」的主張，皆係在陳天華自盡後提出，故陳天華既未「闡釋約法之義」，也無「曾經用『開明專制』四字來說明訓政的手段」，而或只能說「約法之治」與後來的「訓政」，皆具有陳天華所說的「開明專制」之義。然而，孫中山一派顯然排拒「開明專制」一詞，而另外使用不同的革命語彙來為號召，此乃為需要辨明者。

43　詳參梁啟超，〈新民說〉，《飲冰室文集點校》，第一集，頁547-608。

44　此為2003年7月1日，胡錦濤在「『三個代表』重要思想理論研討會」上的講話。

　　由於「民權」實為「道德化」的責任[45]，使孫中山在歷經了國會政治的失敗經驗後，便對民選國會的角色與功能產生了質疑。相對來說，民初國會政治的失敗經驗，不僅觸發了孫中山的訓政思想，也為他所創建的權能區分理論，提供了重要的經驗基礎。由此看來，代表國民意思或象徵主權在國民的國會，其民主性質與應有的功能，始終是近代中國「憲政主義」所面臨的重大考驗。

參、國會與憲法、約法的關係

　　1928 年南方國民政府完成北伐統一後，依據孫中山的規劃，自應進入訓政時期。然而，由於孫中山已在 1925 年逝世，對於開始訓政是否需制定具根本大法地位的「約法」，後繼的同志們則因對他的遺教解讀不同，而發生了爭議並導致政治權力的鬥爭[46]。究竟孫中山遺教在「訓政時期」與制定「約法」的問題上，有何含糊不清之處，才使得剛要開始實施訓政便產了爭議？對此，荊知仁提出的看法如下[47]：

　　　　雖然中山先生曾一再說明在訓政時期要實行約法之治，但是由於建國大綱未作明確的規定，因而訓政時期是否需要約法，便成為北伐成功後一時未能解決的問題。

---

[45]　參閱桂宏誠，《中國立憲主義的思想根基─道德、法治與民主》，北京：北京大學政府管理學院博士研究生學位論文，2006 年 1 月，頁 147-153。

[46]　例如，胡漢民認為所有的孫中山遺教，就是實施訓政的根本大法，無須另外制定訓政時期約法。但當時黨內意見分歧，蔣介石受制於另一派的壓力，決定制定訓政時期約法，並在 1931 年 2 月，將胡漢民軟禁。

[47]　荊知仁，《中國立憲史》，台北：聯經出版事業，1984 年，頁 383。

　　若上述荊知仁所說：「中山先生曾一再說明在訓政時期要實行約法之治」為真實，則《建國大綱》中即使未明確規定須制定「約法」，胡漢民等主張「訓政時期」不必另定「約法」，似乎就可質疑為違背了孫中山遺教。然而，以胡漢民長年追隨孫中山參贊決策，且又在民國建立前曾擔任《民報》的撰述人，負有闡揚革命理念的任務。因此，他對孫中山遺教的闡釋，應當具有權威性的地位。並且，此一具有權威解釋者地位的獲取，除了他為黨內為革命元老外，更因他還可能是孫中山遺教的實質「形成者」之一。基於此，吾人以為上述荊知仁的解釋，實應有再做檢證的需要。

　　事實上，不僅《建國大綱》中沒有提及制定「約法」，在孫中山遺教中提及「約法」者，大致即為前文提及 1897 年 8 月和日本友人宮崎寅藏等人的談話、1906 年的「軍政府宣言」、1919 年出版的《孫文學說》及 1923 年的《中國革命史》等。但是，和宮崎寅藏等人的談話提到「約法三章」，以及「軍政府宣言」中提到「約法之治」時，卻均無「訓政」一詞。在《孫文學說》中，孫中山既提到了「約法之治」，也說明在實施訓政的過渡時期中，擬實施「約法」；而在《中國革命史》中的論述[48]，則不脫《孫文學說》中已有的內容。然而，除前文所已論及「約法之治」並不必然等同「訓政」外，即使行「約法之治」的目的就在實施「訓政」，仍無法推論出孫中山主張「訓政時期」應制定一部「約法」。

　　產生「約法之治」到底等不等同實施「訓政」，以及訓政時期應不應該制定一部「約法」的爭議，其實都肇因於孫中山的《孫文學說》。上述的問題與爭議，卻同樣可在《孫文學說》中找到關鍵性的

---

[48]　孫中山，〈中國革命史〉，《國父全集》，第二冊，頁 356-357。

解答，但卻往往為後世所忽略。茲將其中本書認為屬關鍵性的重要的內容，引述如下[49]：

> 規定革命進行之時期為三：第一、軍政時期；第二、訓政時期；第三、憲政時期。……第二期為過渡時期，擬在此時期內實施約法（非現行者），建設地方自治，促進民權發達，以一縣為自治單位，縣之下再分為鄉村區域，而統於縣。每縣於敵兵驅除、戰事停止之日，立頒布約法，以之規定人民之權利義務，與革命政府之統治權，以三年為限，三年期滿則由人民選舉其縣官，……革命政府之對於此自治團體，祇能照約法所規定而行其訓政之權。俟全國平定之後六年，各縣之已達完全自治者，皆得選舉代表一人，組織國民大會，以制定五權憲法。

上述即為孫中山在 1919 年追述民國建元之初，他所認為應該施行，但未為同志們所接受的革命方略。也就是基於這段文字的敘述，他把 1906 年「軍政府宣言」中的「約法之治」，等同於 1914 年才提出的「訓政時期」，因而就造成了日後的爭議。然而，上述所引在過渡時期內所擬實施的「約法」，孫中山特別附註說明了係「非現行者」。那麼，在當時的「現行約法」為何呢？自是指 1912 年 3 月 11 日公布的「中華民國臨時約法」。同樣在《孫文學說》中，孫中山還說明了當時的同志，把他的「約法之治」誤解成了制定「中華民國臨時約法」。他指出[50]：

---

[49] 孫中山，〈孫文學說・第六章能知必能行〉，頁 388。底線強調部分，文本書作者所加。

[50] 孫中山，〈孫文學說・第六章能知必能行〉，頁 390。底線強調部分，文本書作者所加。

我中國缺憾之點，悉與法同；而吾人民之知識，政治之能力，
更遠不如法國，而予猶欲由革命一躍而幾於共和憲政之治
者，其道何由？此予所創一過渡時期為之補救也。在此時期，
行約法之治，以訓導人民，實行地方自治。惜當時同志不明
其故，不行予所主張，而祗採予約法之名，以定臨時憲法；
以為共和之治，可不由其道而一躍可幾。

　　由上述來看，孫中山認為「中華民國臨時約法」係「祗採予約
法之名」的「臨時憲法」，但卻不是他所主張的「約法」之意。就此
來看，李敖認為民國以來制定「約法」，而「約法」後來就變成了「憲
法」，原因出在孫中山標點標錯而錯讀了古書[51]。這樣的論斷實非公
允，因為孫中山的主張為「每縣於敵兵驅除、戰事停止之日，立頒
布約法」，即說明了他未必弄錯了「與父老約，法三章耳」的意思。
而且，孫中山還因「中華民國臨時約法」實質上為「臨時憲法」，而
並不贊成這樣一部「臨時約法」的制定。

　　然而，為何孫中山認為「中華民國臨時約法」在實質上為「臨
時憲法」呢？原因就在於這部當時被視為國家根本大法的「臨時約
法」，已經具備了國民經由選舉組成國會，而實施國會政治的制度。
此一以國會為中心的政治體制，對孫中山或是君主立憲派來說，原
本即是實施「憲政」的最根本部分。因此，儘管「憲法」尚未制定，
但實行「臨時約法」的規定，卻已具備了「憲政」的實質，故孫中
山乃視「臨時約法」為「臨時憲法」。

---

[51] 李敖，〈以史為鑒可知得失〉，中國經濟網網站：http://www.ce.cn/ztpd/xwzt/guonei/
　　2005/liaoshenzhou/lishi/200509/15/t20050915_4697995.shtml，上網檢視日期：2006
　　年2月25日。

　　那麼，為何會有「臨時約法」的制定？理由無非基於「軍政府宣言」中的革命方略，規定須經「約法之治」以達「憲法之治」。是故，在制定完成「憲法」以實施「憲政」前，由非經國民選舉產生的參議院代行國會職權，先制定「臨時約法」作為此時期國家的根本大法，並依據「臨時約法」再制定召集國會的辦法，待經由國民選舉組成國會後，才能由國會制定「憲法」以進入「憲法之治」。從這個意義來看，除了「全國行約法六年後，制定憲法」之六年的年限外，制定「臨時約法」以行「約法之治」，乃係作為進入「憲法之治」的必要過渡，這也符合孫中山 1906 年所訂的革命方略。

　　另外值得注意的是，必須經由國民選舉組成的國會，其所制定的國家根本大法才可稱為「憲法」，這是時人在「國會」與「憲法」兩者關係上，所普遍具具備的概念。例如，孫中山在「軍政府宣言」的四項綱領中，其中的第三項揭示[52]：

> 建立民國：今者由平民革命，以建國民政府，凡為國民皆平等以有參政權。大總統由國民公舉，議會以國民公舉之議員構成之，制定中華民國憲法，人人共守。敢有帝制自為者，天下共擊之。

　　由上述「議會以國民公舉之議員構成之，制定中華民國憲法」乙段，再配合「軍政府宣言」中，對革命三程序的說明為：「全國行約法六年後，制定憲法，軍政府解兵權、行政權，國民公舉大總統，及公舉議員以組成國會。一國之政事，於依憲法行之」[53]，當可讓革命同志認為，唯有經由公舉議員組織國會，並由國會所制定的國

---

[52]　孫中山，〈同盟會革命方略：軍政府宣言〉，頁 234。
[53]　同上註。

家根本大法，始為據以進入「憲法之治」的「憲法」。所以，「臨時約法」之所以不是「憲法」，即係因制定機關並非為公舉議員組成的「國會」。然而，孫中山為何認為「臨時約法」的性質，是他所不贊同的「臨時憲法」呢？自清末立憲運動以來，實行「憲政」實即係指以「開國會」為其根本，且制定「憲法」也被視為實施「憲政」的前提。因此，既經選舉組成了「國會」，自然意味具備了實行「憲政」的實質，但實行「憲政」的依據並非「憲法」，故孫中山乃只好將「臨時約法」稱為「臨時憲法」。

　　事實上，「立憲法」、「行憲政」、「開國會」及「約法之治」等詞彙，都是用來作為號召群眾的革命語言，而這些革命語言是否明確？卻是革命進程是否順利開展的重要因素。因此，孫中山的革命方略未為同志們所採納，未必可完全歸因於同志各有盤算而不贊成他的主張。並且，即使同志不了解或誤解他的主張，在相當程度上，也係因他的主張本身並不明確，甚至於在前後的一貫性上，也出現了問題。例如，制定「臨時約法」作為公舉議員組成國會的依據，並由國會在六年內完成憲法的制定，未嘗不可視為以「約法之治」作為「憲法之治」的一項預備與過渡？同樣地，北伐統一後所制定的「中華民國訓政時期約法」（以下簡稱『訓政時期約法』），無非也基於須經「約法之治」再過渡到「憲法之治」的概念。而且，由於實施訓政而未開「國會」，「訓政時期約法」已難蹈孫中山所說的「臨時憲法」之覆轍，而與「臨時約法」在性質上截然不同。因此，這也說明了孫中山將「開國會」等同於「行憲政」。然而，既然訓政時期是由國民黨代表人民行使政權，制定一部訓政時期的國家根本大法，這只具備形式上的意義，而不等於行憲政。

　　所以，胡漢民等主張無須制定「訓政時期約法」，也並非毫無道理。並且，孫中山在 1924 年的《建國大綱》中，由於未規定需要制

定一部「約法」，而成為爭議焦點與政治鬥爭的源頭，但他在〈制訂
建國大綱宣言〉裡，卻指陳了民國初年制定「臨時約法」的錯誤。
孫中山指出[54]：

> 辛亥之役，汲汲於制定臨時約法，以為可以奠民國之基礎，
> 而不知乃適得其反。……且斤斤然從事於憲法之制定，以為
> 藉此可以救臨時約法之窮。曾不知癥結所在，非由於臨時約
> 法之未善，乃由於未經軍政、訓政兩時期，而即入於憲政。
> 試觀元年臨時約法頒布以後，反革命之勢力不惟不因以消
> 滅，反得憑藉之以肆其惡，終且取臨時約法而毀之。……。
> 可知未經軍政、訓政兩時期，臨時約法決不能發生效力。本
> 政府有鑒於此，以為今後之革命當賡續辛亥之緒，而力矯其
> 失。即今後之革命，不但當用力於破壞，尤當用力於建設，
> 且當規定其不可踰越之程序。爰本此意，制定國民政府建國
> 大綱二十五條，以為今後革命之典型。

從上述所引文字的脈絡來看，孫中山在論述民國元年制定「臨
時約法」的錯誤後，緊接著便指出他所以要制定《建國大綱》的理
由。因此，本書根據此一文字脈絡的結構，推斷孫中山制定《建國
大綱》的目的，在於點明軍政、訓政及憲政三個進程，不要躐等跨
越，而讓同志們不必再期待像「臨時約法」般的國家根本大法。

1923 年的北方政府，先有曹錕賄賂國會議員當選總統，復又因
軍閥割據而造成政局混亂的局面。面對此一情勢，孫中山放棄了護
法的努力，故中國國民黨乃在 1924 年 9 月 18 日發表〈北伐宣言〉[55]，

---

[54] 孫中山，〈制訂建國大綱宣言〉，《國父全集》，第二冊，頁 172。
[55] 孫中山，〈中國國民黨北伐宣言〉，《國父全集》，第二冊，頁 169-171。

決心採取軍事武力行動促進全國統一。北方政府為了解決南北分裂問題，也在同一時間屢次電請孫中山北上共商國是，而孫中山在接受邀請時發表了〈北上宣言〉，並在此宣言中「主張召集國民會議，以謀中國之統一建設」[56]。但在孫中山 1925 年 3 月 12 日在北京逝世之前，並未召開「國民會議」，故在他的遺囑中，仍期待在最短時間內促成「國民會議」的召開。

召開「國民會議」係為孫中山的遺教，但直到 1928 年北伐成功後，才於 1931 年 5 月 5 日，在首都南京正式召開了國民會議。此次會議，連同開閉幕式、二天預備會議及八天的正式會議，前後共有十三天的會期，並通過了國民黨制定「中華民國訓政時期約法」等四百五十餘件提案[57]。顯然，「國民會議」的性質仍不是「國會」，而其召開的目的，係為中國國民黨實施訓政取得正當性基礎。因此，經由召開「國民會議」，以通過制定「訓政時期約法」提案的程序，即意味具有了中國國民黨和國民「相互約定」的意義，至於訓政時期要不要制定「約法」的爭議，其實只是名稱上的問題而已。1930年 11 月中國國民黨第三屆中央執行委員會第四次全體會議上，張群等人向大會提出了速開國民會議制定約法的提案，其中即指出召開國民會議之目的，「在將本黨建國的主義政綱，提出公認，期得國民徹底明瞭與贊助，實為增進黨與國民團結的方法」[58]。而中國國民黨第三屆四中全會於 1930 年 11 月 15 日通過的「召開國民會議案」中，即有謂[59]：

[56]　孫中山，〈北上宣言〉，《國父全集》，第二冊，頁 175。
[57]　王孟平，前引書，頁 205。
[58]　引自胡春惠，〈抗戰前國民政府之訓政與憲政之爭〉，《國立政治大學歷史學報》，第 15 期（1998 年 5 月），頁 140。
[59]　中國國民黨第三屆中央執行委員會第四次會議通過之「召開國民會議案」，引自

在訓政開始之時，一切建國根本問題，應與國民共約，乃得齊一全國國民之心志，集中全國國民之能力，以立民有民治民享之基，而明本黨執政時期之責任。此國民會議所以亟應召集也。

從上述所引可知，召開「國民會議」的重要理由有三，分別為「與國民共約」、「齊一全國國民之心志」和「集中國國民之能力」。故本書依此而認為，「與國民共約」即意味了「約法」的概念，不該理解成一部法典化的文獻，而應係指和國民「相互約定」的一種「程序」或「方法」。是故，「約法」的「法」字，應是「方法」或「制度」的意思，強調的是一種「程序」，而非強調內容的法典化的文獻。因此，名為「訓政綱領」或以多種文獻作為實施訓政的依據皆非重點所在，只要經由召開國民會議的程序通過，即算是藉「約定」的方法，而為實施訓政獲取了正當性基礎。同時，實施訓政正是對國民的心志與能力有所遲疑。換言之，故以齊集全國國民的心志與能力為召開「國民會議」的理由，就難免顯得有些「言不由衷」。不過，齊集全國國民的心志與能力作為召開「國民會議」的理由，卻顯示出此為自清末以來主張「開議院」或「開國會」的一貫思維。

第二節　追求善治的憲政理論

孫中山的憲政理論之建構，基本上係以「民權」為立論，並以建立一個能夠爭得「國家自由」的「萬能政府」為目標。然而，孫

秦孝儀主編，《革命文獻第七十九輯：中國國民黨歷屆歷次中全會重要決議案彙編（一）》，台北：中國國民黨中央委員會黨史委員會，1979 年，頁 191。

中山認為，建立一個能夠實現良善治理的萬能政府，需仰賴具備能力與操守的人才，進入政府部門從事公職。換言之，孫中山強調「人」的因素，才是政府得以實現良善治理的方法。因此，孫中山在西方的三權之外，另外分出了中國傳統的考試與監察二權，而形成了他的五權分立理論。不過，在孫中山憲政理論的形成過程中，民初國會政治的失敗經驗，使他的思想發生了轉折，而「權能區分」理論的提出，正是他思想上轉折的產物。

　　孫中山的憲政理論之形成，「五權分立」基本上要早於「權能區分」。並且，提出「權能區分」不僅與「訓政」的構想相一貫，都是針對國民組成「權能合一」的「國會」所發，甚至「權能區分」還可謂是替「訓政」的成效買了保險。需要加以略做說明的是，在孫中山提出「訓政」、「五權分立」與「權能區分」的同時，他基於維護既有合法體制，在與袁世凱及北洋政府鬥爭時，也會向民眾宣傳「國會」的重要地位與功能。但是，這並不表示孫中山的主張前後矛盾，而係他在當時政治情勢下，做出不同的因應策略。同時，被孫中山視為「權能合一」的機關正是「國會」，此在 1916 年他在上海歡送國會議員北上的演講中說：「今約法已復，集會亦有定期，既復者不復道，然諸君則當自知其地位與責任，實用其所當有之權能；否則謙讓未遑，反客為主之勢成矣」[60]，這裡強調用其所當有之「權能」，以免造成反客為主之勢，指的都是「國會」所應具有的「權」與「能」而言。

　　因此，我們在理解「權能區分」理論時，對這套理論最為熟悉與精要的表述方式，便是「人民有權，政府有能」。但是，「人民有權，政府有能」的說法，卻也意謂了孫中山後來對國會制度的失望，

---

[60]　孫中山，〈國會主權論〉，《國父全集》，第三冊，頁 160。

而產生了「人民有權，但人民未必有能」的體悟。故而，若是如孫
中山在《孫文學說》中所言，他在「軍政府宣言」中提出「約法之
治」時，就已經具有了「訓政」的主張，則此時所要訓導人民者，
尚包括了人民的「權與能」。

壹、以「人」達到「善治」的五權分立

　　1906 年 10 月 17 日，孫中山在東京於《民報》一週年紀念會上
演講時，首度提出了「未來中華民國的憲法，是要創一種新主義，
叫做『五權分立』」[61]。此一時期裡，他將考選權從行政權分出的理
由，乃因官吏若由選舉或委任（按：即政治任命）獲得任用，卻未
必有學問和能力做個稱職的國民公僕。孫中山主要係以美國為殷
鑑，而主張將考選權從行政權中分出獨立，且他所指的官吏，還應
該包括美國「眾議院」（House of Representatives）議員在內。茲將
他主張考選權的理由，詳為引述如下[62]：

> 一是考選權。平等自由，原是國民的權利，但官吏卻是國民
> 公僕。美國官吏，有選舉得來的，有由委任得來的。從前本
> 無考試的制度，所以無論是選舉，是委任，皆有很大的流弊。
> 就選舉上說，那些略有口才的人，便去巴結國民，運動選舉；
> 那些學問思想高尚的，反都因訥於口才，沒人去物色他，所
> 以美國代表院中，往往有愚蠢無知的人夾雜在內，那歷史實
> 在可笑。就委任上說，凡是委任官，都是跟著大統進退。美

---

[61]　孫中山，〈三民主義與中國民族之前途〉，《國父全集》，第三冊，頁 13。
[62]　同上註。

國共和黨、民主黨，向來是迭相興廢，遇著換了大統領，由內閣至郵政局長，不下六七萬人，同時俱換。所以美國政治腐敗散漫，是各國所沒有的。這樣看來，都是考選制度不發達的原故。……。英國首先仿行考選制度，美國也漸取法，……。自從行了此制，美國政治方有起色。但是他祇能用於下級官吏，並且考選之權，仍在行政部之下，雖少有補救，也是不完全的。所以將來中華民國憲法，必要設獨立機關專掌考選權，大小官吏必須考試，定了他的資格，無論那官吏是由選舉的，抑或由委任的，必須合格之人，方得有效。這法可以除卻盲從濫舉及任用私人的流弊。

以上詳為引述孫中山演講的內容，是為了凸出他在考選權方面的主張實則有二；其一為「恢復」考選權，其二則是把考選權獨立於行政權之外。此外，在進一步分析考選權設計的意義前，我們還需留意提出此一主張的時代背景。首先就當時中國的政治與社會環境而言，1905 年清廷才驟然地宣布廢除科舉制度，不僅對傳統知識份子造成莫大的衝擊，更使得整個中國社會結構面臨解體的危機[63]。是故，美國漢學家羅茲曼（Gillbert Rozman）將廢除科舉制度，視為比辛亥革命更具有革命性的變革，並以 1905 年的廢科舉為新舊中國的分水嶺[64]。而孫中山此篇演講為 1906 年所做，其主張「恢復」

---

[63] 關於廢科舉對中國社會造成的革命性影響，以及與民初軍閥亂政的關係，乃至於考選權對國民革命軍北伐成功所具有的意義，可參桂宏誠，〈科舉考試制度與文治政府的鞏固─兼論廢科舉與民初軍閥亂政的關係〉《考銓季刊》，第 34 期（2003 年 4 月），頁 81-92

[64] 羅茲曼（Gillbert Rozman）主編，國家社會科學基金比較現代化課題組譯，沈宗美校對，《中國的現代化》，南京：江蘇人民出版社，1988 年，頁 335。孫中山可能看到了廢科舉對中國社會產生的衝擊，故乃以維護固有文化為號召，而在宣布

考選權的理由之一，即可能與看到了廢科舉立即造成「四民社會」的解體有關[65]。

　　相對來說，19 世紀末 20 世紀初的美國，由於工業化發展的結果，卻造成了社會的不公與動盪。孫中山看到了那個時期美國的社會現象，認為美國實施「分贓制」（spoil system）及代議制度，並沒辦法有效解決社會的不公與動盪，故認為美國的成文憲法「是不必學的」[66]。然而，此處值得留意的是，孫中山所講的美國「代表院」，應是指美國國會按照人口比例所選出的「眾議院」。並且，此時孫中山稱之為「代表院」應為 House of Representatives 的直譯，但他可能還沒把「眾議院」理解成具有「國會」的地位，而只視之為三權分工下掌立法權的「衙門」。也因此，他認為將來中華民國憲法必須設獨立機關專掌考選權，且大小官吏必須考試定了他的資格，是包括選舉產生而掌立法權的「官吏」在內，如此才可除卻盲從濫舉及任用私人之弊。

　　或可再商榷的問題是，上述孫中山所主張須經考試定其資格的對象，是否即如同一般的見解，認為亦包括了「民意代表」或「國會議員」等選舉職，因而也產生了有違民主或國民主權的原則？本書對此一問題，則提出另一個有待考察的新思考方向，但在此僅略做說明而不做細究。基本上來說，孫中山在 1906 年這篇提到「大小

　　廢科舉的翌年，即提出了「考選權」的主張。此外，關於廢科舉對中國社會造成的革命性影響，以及與民初軍閥亂政的關係，乃至於考選權對國民革命軍北伐成功所具有的意義，可參桂宏誠，〈科舉考試制度與文治政府的鞏固－兼論廢科舉與民初軍閥亂政的關係〉，《考銓季刊》，第 34 期（2003 年 4 月），頁 81-92

[65] 有關廢科舉對中國社會造成的衝擊，可參羅志田，〈數千年中大舉動--科舉制的廢除及其部份社會後果〉，《二十一世紀》，第 89 期（2005 年 6 月），頁 19-27。羅志田，〈科舉制的廢除與四民社會的解體——一個內地鄉紳眼中的近代社會變遷〉，《清華學報》，新第 25 卷第 4 期（1995 年 12 月），頁 345-369。

[66] 孫中山，〈三民主義與中國民族之前途〉，頁 13。

官吏」皆須經考試定其資格的演講時，他應是把立法人員理解成選舉得來的「官吏」與「國民公僕」，而還沒把他們視為反映民意的「民意代表」，更不用說象徵主權在民的「國會議員」。亦即，這些「大小官吏」雖係由選舉得來職位，但選舉則被期待為「選賢舉能」之「選官吏」之方法。後來，孫中山雖然曾將掌立法權的「國會」，還視為象徵主權在民的機關，但隨著民國初年國會制度的失敗，他不僅提出了訓政的主張，也逐漸形成了權能區分的理論，故掌立法權的立法院則因屬治權的政府機關，故仍然須經考試定期資格。換言之，本書認為孫中山對須經考試定其資格的對象，似乎並未主張包括象徵主權在民的「國會議員」。

此外，孫中山將專管監督彈劾之事的糾察權從立法權分出，則係以美國糾察權歸議院掌握為例，認為議院「往往擅用此權，挾制行政機關，使他不得不頫首聽命，因此常常成為議院專制，除非有雄才大略的大總統，如林肯、麥堅尼、羅斯福等纔能達行政獨立之目的」[67]。換言之，糾察權從立法權分出的理由，為防杜「議院專制」而「挾制行政機關」，如此「纔能達行政獨立之目的」。由孫中山從三權分立裡，再分出考選權和糾察權的理由來看，他所以主張「五權分立」的目的，一是在於消極地防杜行政不能獨立，二則在於積極地促使行政更加有「能」。是故，孫中山提出「五權分立」的著眼點，乃是為以行政權為中心的政府，尋求使之更加有「能」的方法。此一對政治體制設計的思考模式，也正是清末以來所有政治

---

[67] 孫中山，〈三民主義與中國民族之前途〉，頁13-14。須留意者，有些著作引述孫中山該段文字時，並非使用「議院」而係「議會」一詞，原因或為版本問題，也可能係因轉轉引述而造成筆誤。例如，謝欣如，〈孫中山有關『國會』理念之剖析〉，《國父紀念館館刊》，第10期（2002年11月），頁101。該文引述的詞彙為「議會」，但其引據之版本與本書相同，卻應該為「議院」一詞。

主張的最高原則，亦即追求有能力的政府以救亡圖存。換言之，「政府有能」是在任何政治改革主張中，所必然需要置於首位的問題。

　　然而，在 1914 年 7 月 8 日的〈中華革命黨總章〉中，孫中山提出了五權分立的初步架構，以為進入「憲政時期」實行五權憲法的張本。但我們要留意的是，孫中山此時期所提出的主張，乃在第一屆國會遭到袁世凱取消之後。因此，在當時的政治現實上，孫中山需要強調「國會」係象徵主權在民的機關，但在他內心對追求「憲政」的規劃上，除了明確提出「訓政時期」以為過渡外，則尚未對「國會」制度本身是否適合中國產生疑問。所以，孫中山在〈中華革命黨總章〉中規劃了「訓政時期」的任務，係由中華革命黨「以文明治理，督率國民，建設地方自治」，而國民對中央國事尚無與聞及決定之權外，對於中華革命黨代表人民行使中央政權的方法，孫中山仍然提出了五權分立之架構，以為預先之試行。茲將涉及的相關條文規定詳列如下[68]：

> 第二十六條　凡屬黨員，皆有贊助總理及所在地支部長進行黨事之責，故統名之曰協贊會，分為四院，與本部並立為五；使人人得以資其經驗，備為五權憲法之張本。其組織如左：一、立法院；二、司法院；三、監督院；四、考試院。
>
> 第二十七條　協贊會會長一人，副會長一人，由總理委任；各院院長，由黨員選舉，但對於會長負責任。（說明）所以由總理委任會長、副會長者，為統一黨務起見；若成立政府時，當取消正副會長。

---

[68]　孫中山，〈中華革命黨總章〉，頁 303-304。

> 則四院各成獨立之機關，與行政部平行，成為
> 五權並立。是之謂五權憲法也。

在上述的規定中，除了由黨來代行中央政權不談外，我們可看出所謂的「協贊會」，乃為象徵全體黨員的「無形化」組織。同時，「協贊會」分為四院，其院長係由黨員選舉產生並向「協贊會」會長負責，且所以稱為「協贊會」正是協贊總理與黨的意思。因此，在訓政時期分成四個院的「協贊會」，固然因訓政時期而僅具有「諮議」或「資政」的性質，但在「協贊會」與四院間的組織結構關係上，卻顯現出是以「主權在民（黨員）」之「國會」的概念來設計。由此看來，意味了孫中山此時對「國會」制度本身尚未失望。所以，我們還可在〈中華革命黨總章〉第二十八條規定中，看到立法院的職權之一，乃為「籌備國會組織」，且第三十七條則規定：「革命政府成立之後，每支部得舉代表之人以參與政事，組織國會，並各種補助機關，以助政府之進行」[69]。

此處須稍加辨明者是，雖然「國會」與「立法院」的設制，都是為掌理「立法」功能，但使用「立法院」或「國會」一詞的差異，卻可以表現兩者性質並不相同。誠如本書第二章已有論及，「院」具有行政官署的意涵，故名之為「立法院」的機關，便應不具國民主權的性質。事實上，在稍早於〈中華革命黨總章〉揭示五權分立架構前，袁世凱於 1914 年 5 月 1 日公布的《中華民國約法》（亦稱『袁氏約法』）中，即已有了掌立法權並由人民選舉議員組成的「立法院」，但此「立法院」卻仍不具有「國會」之性質[70]。由此來看，孫

---

[69]　孫中山，〈中華革命黨總章〉，頁 304。

[70]　該「立法院」的設置由於未辦選舉而未組成過。「袁氏約法」條文可參荊知仁，前引書，附錄六，頁 499-507。

中山在〈中華革命黨總章〉中規劃設置的「立法院」，或許還受到了「袁氏約法」的啟發。

1921 年 3 月孫中山演講五權憲法時，對他所主張的五權分立理論有較為完整的敘述。相對於西方的三權分立學說，孫中山自是把重點放在「彈劾權」和「考試權」上，且他主張須經考試的對象為國民「公僕」，雖包括「立法院」的立法者，但卻未必把「國會議員」也含括在內（下面再予分析）。惟如前已提及，孫中山主張五權分立的理由，乃著眼於促使行政權更加有能力，同時也表露出了傳統的德治或人治思想。例如，他舉了有學問的博士在選舉中，輸給了口才好的車夫為例，說明美國的選舉常常鬧出笑話。因此，他認為「有了考試，那末必要有才有德的人，纔能當我們的公僕」[71]。換言之，「有才有德」是孫中山強調公僕所應具備的條件，且他還設計出一種促使才德兼備始能擔任公僕的制度，此即為中國傳統的「人治」或「德治」思想。關於這點，胡漢民闡釋地最為透徹，他說[72]：

> 各國在專制時代，只有一個君權，什麼東西都包括在內；行政、司法、立法都是君權的一部份。中國就在這樣情形之下曾經過了幾千年。後來覺得這樣的行政權太大了。既講人治，對於一個人怎麼判別他的好壞呢？於是便另外定出一個考試權來。行政人員經考試以後雖然可以選著好的，但是到了實際行政時又怎麼能保他不越軌呢？於是又另外定出一個監察權來了。我們中國人講人治，注意於用人的緣故，在君權之中已有一個長時期是有這樣三權的。

---

[71] 孫中山，〈五權憲法演講錄〉，《國父全集》，第三冊，頁 240。

[72] 胡漢民，〈黨治的政府〉，輯於中國國民黨中央委員會黨史委員會編，《胡漢民先生文集》第三冊，台北：中國國民黨中央委員會黨史委員會，1978 年，頁 406-407。

胡漢民明確指出考試權和監察權的設制，乃淵源於中國傳統的「人治」思想。按中國傳統所謂的「人治」，本書強調其涵義係認為人的品質，才是得以圖治的方法，也如同「誠意、正心、修身、齊家、治國、平天下」這個過程。而人的「品質」之陶冶，則需透過熟讀儒家經典，故獲得以儒家經典為考試內容之科考功名者，基本上便成為「才德兼備」的賢能之人。然而，為了防範實際行政時可能會「失德」，則又有設置彈劾權以為第二道防線。由此可見，考試權與監察權的設置理由，都是為了使行政權因有德而有能。

貳、「民智未開」與「權能區分」

孫中山本人並沒有使用過「權能區分」四個字，他在 1924 年的〈民權主義・第五講〉中，為說明歐美在民權發達後人民便有反抗政府的態度，但歐美學者還沒有想到如何改變這種態度時，則說他已想到了解決的方法。而這個方法，乃為「世界上學理中第一次的發明」，且「就是權與能要分別的道理」[73]。因此，這些概念用「權能區分」來表達應稱允當，但是不是孫中山獨創的理論，則或仍有爭議的空間。例如，已有學者指出孫中山的「權能區分」理論，其實與 19 世紀英國政治思想家約翰・彌爾（John S. Mill）的主張有相當重要之關係。例如，在彌爾的設計中，「人民議會」（popular house）因人數眾多而不擔負立法功能，而只決定要制定什麼樣的法律，再交由「立法委員會」來議定其內容，最後須經「人民議會」通過始算完成[74]。或者，即把彌爾主張的代議政府與議會之角色，也以「權

---

[73] 孫中山，〈民權主義・第五講〉，《國父全集》，第一冊，頁 105。

[74] 周陽山，〈國民大會與權能區分說的釐清〉，輯於氏著，《自由憲政與民主轉型》，

能區分」來形容[75]。但是，也有學者改變了自己之前的看法，認為再以「權能區分」來形容彌爾的民主思想，實乃有待商榷[76]。

　　孫中山提出「權能區分」的理由，是要徹底解決「人民有權，但人民未必有能」困境，亦即解決聚合「民能」與「民權」的「國會」制度問題。他自己即曾說過：「清末至今，開明之士，侈言參政，於是國會省會，應運而生，買票賄選，舉國若狂」[77]，可知在孫中山眼中，「國會」只是個應運「侈言參政」而設的機關。他還認為，民國元年的「臨時約法」之謬已不可救，也正是針對「國會」而言，他說[78]：

> 惟知襲取歐美三權分立之制，且以為付重權於國會，即符主
> 權在民之旨；曾不知國會與人民，實非同物。況無考試機關，
> 則無以矯選舉之弊；無糾察機關，又無以分國會之權；馴致
> 國會分子，稂莠不齊，薰蕕同器；政府患國會權重……。

　　由上述所引內容可看出，「國會」具有「主權在民」的性質，國會分子未經由考試鑑定其「能」，以及糾察權未從「國會」中分出，都是孫中山認為「國會」被付重權，致使政府難以有所作為的原因。此對清末以來，以為實現了蘊含「民能」在內的「民權」，便可達到救國與強國目的之想像來說，「權能區分」卻凸顯了對人民知識程度

　　台北：東大圖書，1993 年，頁 76-77。胡佛等著，前引書，頁 514-515。

[75]　張明貴，《約翰彌爾》，台北：東大圖書，1986 年，第六、七章。

[76]　李酉潭〈約翰彌勒與中山先生權能區分理論之比較研究〉《中山社會科學譯粹》，第 3 卷第 3 期（1988 年），頁 162-174。李酉潭，《自由、平等與民主：約翰彌勒與孫中山的政治思想》，台北：國立編譯館，1999 年，頁 307。

[77]　孫中山，〈發揚民治說帖〉，《國父全集》，第二冊，頁 364。

[78]　孫中山，〈中國革命史〉，《國父全集》，第二冊，頁 361。

的「民能」，即使經過「訓政」卻仍值得質疑。關於這點，孫中山在
〈民權主義・第五講〉中，即已有了說明[79]：

> 現在成立共和政體，以民為主，大家試看這四萬萬人是那一
> 類的人呢？這四萬萬人當然不能都是先知先覺的人，多數的
> 人也不是後知後覺的人，大多數都是不知不覺的人，現在民
> 權政治，是要靠人民作主的，所以這四萬萬人都是很有權的。
> 全國很有權力能夠管理政治的人，就是這四萬萬人。大家想
> 想現在的四萬萬人，就政權一方面說，是像甚麼人呢？照我
> 看來，這四萬萬人都是像阿斗。中國現在有四萬萬個阿斗，
> 人人都是很有權的，阿斗本是無能的，但是諸葛亮有能，所
> 以劉備死後，西蜀還能夠治理。

　　由上述來看，孫中山明確指出當時的四萬萬人，大多數都是「不
知不覺」的人，且這四萬萬人也都像本是無能的阿斗一般，指的都
是涉及知識程度的「民能」問題。同樣地，1924 年 12 月，孫中山
應北京政府之邀商談統一，此時孫中山在南方已經放棄「護法」，故
主張先召開「國民會議」以謀求統一的步驟。然而，孫中山所主張
的「國民會議」，乃是為了象徵「主權在民」的正當性，但卻仍受到
以人民知識程度為由而提出的質疑。對此，孫中山並不否認人民的
知識程度可能尚低，但他認為在「權能區分」的理論下，人民知識
程度低就不會是個問題。他說[80]：

---

[79]　孫中山，〈民權主義・第五講〉，《國父全集》，第一冊，頁 107-108。
[80]　孫中山，〈權能區分的意義〉，《國父全集》，第二冊，頁 639-640。

> 許多人以為中國不適用民主政治，因為人民知識程度太低。
> 我不信有這話，我認說這話的人還沒有明白「權能」兩字的
> 意義。……人民是民國的主人，他只要能指定出一個目標
> 來，像坐汽車的一般。至於如何做（按：應為『坐』）去，自
> 有有技能的各種專門人才在。所以，人民知識程度雖低，只
> 要說得出「要到那裡」一句話來，就無害於民主政治。

由上面引述中，可知孫中山提出「權能區分」的理由，正是因「國會」實係將「民能」蘊含在「民權」之內的民權制度。因此，若明白了「權」、「能」兩字的意義後，過去的「權」、「能」未分開才產生「人民知識程度太低」的問題，自不適用在「權」、「能」分開後的「國民會議」上。總而言之，「權能區分」是從根本上解決「人民知識程度太低」的問題，且若就政治制度的設計來說，則係將「國會」原所具有象徵「人民主權」的「權」，以及執行「立法」或「監督」等功能的「能」，再予分開的政治運作架構。孫中山此一「權能區分」的理念，若與梁啟超等君主立憲派的國會觀相較，則未嘗沒有相通之處。因為，君主立憲派所主張的「國會」，乃為使有德有能者代表國民意思之一方，而承擔參與立法與議政監督的功能，但國家主權卻仍在萬世一系的君主。

事實上，1921 年 3 月孫中山演講〈五權憲法〉時，便已初步具有了「權能區分」理論的雛形。但本書需先強調的是，「五權分立」和「權能區分」實乃立基於不同的思維，且就理論形成的時間上來說，「五權分立」也還要先於「權能區分」。那麼，從何處才最容易分辨出「五權分立」和「權能區分」理論要旨的差別呢？其實就在於「國會」一端。按在孫中山的〈五權憲法演講錄〉中附有三個圖，其中的「第三圖」標示出了五個「院」的設置，且也表明在他的五

權憲法構想裡，掌立法權的機關即稱為「立法院」[81]。然而，周陽山提醒地指出，此處的「立法院」是由具專門知識的立法專家所組成，與西方「國會」係基於反映民意，而由未必具備專門資格的代議士所組成的情形並不相同，但孫中山卻仍將「立法院」稱之為「國會」[82]。唯就本書所根據的〈五權憲法演講錄〉版本來看，似乎可解釋為孫中山並未把「立法院」稱為「國會」，茲將涉及疑義的文句引述如下[83]：

> 五權憲法，分立法、司法、行政、彈劾、考試五權，各個獨立。從前君主底時代，有句俗話叫「造反」，……，造反是一件很了不得的事情。這五權憲法，就是上下反一反，將君權去了，並將君權中的行政、立法、司法三權提出，做三個獨立底權。行政設一執行政務底大總統，立法就是國會，司法就是裁判官，與彈劾、考試同是一樣獨立的。

在上述所引文句當中，孫中山講「立法就是國會」乙句應是關鍵。並且，若我們從整段文句的語意脈絡來看，「立法就是國會」應如同說明「立法權」就是「國會」一般。我們應當先了解，這些文字為孫中山演講的講詞，且他是在解釋五權是哪些權時，才有「立法就是國會」這句話。因此，就像他說「行政設一執行政務底大總統」與「司法就是裁判官」一樣，是向聽眾說明「大總統就是行政權」及「裁判官就是司法權」。故而，「立法就是國會」乙句，同樣

---

[81] 孫中山，〈五權憲法演講錄〉，《國父全集》，第三冊，頁241。

[82] 胡佛等四人著，《中華民國憲法與立國精神》，台北：三民書局，2001年3月，修訂4版2刷，頁478及註8。

[83] 孫中山，〈五權憲法演講錄〉，《國父全集》，第三冊，頁239。

是表達當時的「國會」即為「立法權」的意思，而並非指「立法院」
就是「國會」。

何況，在前面提及的「第三圖」裡，已標示出了「國民大會」
的存在。並且，孫中山在這次的演講中，雖然尚未提出「政權」與
「治權」區分的「權能區分」理論，但他卻已有主張選舉權、罷官
權、創制權及複決權四種「直接民權」。並且，從他講述「直接民權」
的語意脈絡來看，也當指有了「直接民權」，才符合「中華民國主權
屬於全體國民」。他說[84]：

> 人民有了直接民權的選舉權，尤必有罷官權，……。什麼叫
> 創制權？假如人民要行一種事業，可以公意創制一種法律，
> 又如立法院任立一法，人民覺得不便，可以公意起而廢之，
> 這個廢法權，叫做複決權。又立法院如有好法律，通不過的，
> 人民也可以公意贊成通過之，這個通過不叫創制權，仍是複
> 決權。因為這個法律，仍是立法院所立的，不過人民加以複
> 決，使他得以通過。就是民國的約法，也沒有規定具體的民
> 權，在南京所訂民國約法，內中祇有「中華民國主權屬於國
> 民全體」一條，是兄弟所主張的，其餘都不是兄弟的意思，
> 兄弟不負這個責任[85]。

由上述內容來看，孫中山當認為有了四種「直接民權」後，才
符合「中華民國主權屬於國民全體」。所以，若再配合「第三圖」中

---

[84] 孫中山，〈五權憲法演講錄〉，《國父全集》，第三冊，頁 241。
[85] 此處孫中山的意思，意味了民國元年的「臨時約法」沒有規定「直接民權」，乃
為他所不認同而「不負這個責任」。但是，這個說法和他以須先經「訓政」，而不
贊成民國初年「臨時約法」猶如「臨時憲法」，則發生了前後矛盾的疑義。

尚有雖未加以說明，但卻以圖示表現出的「國民大會」，則意味了此時孫中山已放棄把「國會」視為象徵「主權在民」的機關。由此來看，「國會」原所具有「主權在民」的性質，已移轉至四項「直接民權」或「國民大會」，故孫中山自不會把「立法院」視為「國會」，而是將「國會」原所具有的立法功能，改由「立法院」掌有。換言之，「國會」的「主權」性質與「立法」功能之分離，便為提出「權能區分」理論的核心目的。此一解構「國會」的觀念形成，1922 年孫中山在〈中華民國建設之基礎〉一文中，為了說明中華民國建設之基礎在於人民，他明確指出了像「國會」般的「代表制度」，並不算是「主權在民」的實現。他說[86]：

> 夫主權在民之規定，決非空文而已，必如何而後可舉主權在民之實。代表制度，於事實於學理皆不足以當此，近世已能言之矣。

在指出了「代表制度」尚不足以實現「主權在民」後，孫中山又以「民治」與「官治」的不同，說明「民治」即「政治之權在於人民」，且欲實行民治，其方略可分為「直接民權」和「間接民權」兩大項。其中，關於「間接民權」何以仍屬於「民治」？孫中山的解釋是[87]：

> 政治之權在於人民，或直接以行使之，或間接以行使之；其在間接行使之時，為人民之代表者，或受人民之委任者，祇

---

[86] 孫中山，〈中華民國建設之基礎〉，《國父全集》，第二冊，頁 351。
[87] 同上註，頁 353。

　　盡其能，不竊其權，予奪之自由仍在於人民，是以人民為主
　　體，人民為自動者。

　　由上述所引可知，孫中山認為「間接民權」仍屬「民治」的原因，
乃在於無論為「人民之代表者」或「受人民委任者」，他們皆係「祇
盡其能，不竊其權」。然而，值得進一步探討的是，儘管係經由選舉
產生的「人民之代表」，如何使他們「祇盡其能，不竊其權」呢？基
本上，由於人民之代表不但須經選舉，「尤須經考試，一掃近日金錢
選舉、勢力選舉之惡習，可期為國家得適當之人才」[88]，故經考試合
格再由「選賢舉能」所產生的「人民之代表」，乃為代表人民為國家
貢獻其「能力」。是故，在孫中山的「權能區分」理論下，「選舉」的
意義並非強調「治者乃基於被治者同意」之近代民主原則。至於如何
解釋「人民之代表」能夠「不竊其權」？則或是指人民手中握有「選
舉」、「罷官」、「創制」及「複決」四項實施民治的「權」，儘管人民
在國事上乃間接行使民權，但人民主權的地位仍不會遭到竊取。

參、國民大會、分縣自治與全民政治

　　孫中山實施「民治」的方略有四，在「直接民權」方面，包括
行於縣自治的「分縣自治」和行於國事的「全民政治」；而在「間接
民權」方面，則為「五權分立」及由國民代表組成的「國民大會」。
然而，孫中山又說「五權分立」與「國民大會」皆為「間接民權」，
但卻與「官治」仍然不同，理由則是「有分縣自治，全民政治，以
行主權在民之實」。就此來看，在孫中山這套「民治」的方略中，所

---

[88]　同上註。

謂以「直接民權」行於國事的「全民政治」，到底是不是指全民能夠「直接」決定或管理「國事」？若答案是肯定的，則便與「權能區分」的主張有所牴觸；但若答案是否定的，則他的「直接民權」究竟「直接」在哪？且「全民政治」到底又是指哪一個層次的政治，包不包括國事呢？為了釐清這些問題，茲將孫中山認為可達到「祇盡其能，不竊其權」的「民治」實施方略，詳為引錄如下[89]：

(一) 分縣自治。分縣自治，行直接民權，與聯省自治不同者在此。其分縣自治之梗概，吾於民國五年在上海曾有講演，可覆按也。

(二) 全民政治。人民有選舉權、創制權、複決權、罷官權，詳見建設雜誌全民政治論。

　　以上二者，皆為直接民權，前者行於縣自治，後者行於國事。

(三) 五權分立。三權分立，為立憲政體之精義。蓋機關分立，相待而行，不致流於專制，一也。分立之中，仍相聯屬，不致孤立，無傷統一，二也。凡立憲政體莫不由之。吾於立法、司法、行政三權之外，更令監察、考試二權亦得獨立，合為五權。詳見五權憲法之講演。

(四) 國民大會。由國民代表組織之。

　　以上二者，皆為間接民權，其與官治不同者，有分縣自治，全民政治，以行主權在民之實。……

　　孫中山的「直接民權」係指人民除了選舉權外，還有罷官權、創制權及複決權。亦即，只有選舉權時為「間接民權」，此時「選舉

---

[89] 同上註。

出來，究竟是賢與不肖，便沒有別的權去管他」，但若「要人民能夠直接管理政府，便要人民能夠行使這四個民權，人民能夠行使實行四個民權，才叫做全民政治」，如此也才為直接民權[90]。因此，提出直接民權的緣由，自是針對過去實施國會制度的經驗而發。並且，「罷官」、「創制」及「複決」三權的作用，在於官吏或議員違背人民的意思與利益之際，人民得以擁有「補救」的權力，故性質上屬於消極性防範與監督的權力。

然而，就形式上來講，「選舉權」和其他三權一樣，都是「全民」得以行使的「民權」，何以人民必須擁有四項「直接民權」，才為孫中山所說「行於國事」的「全民政治」？此處「全民政治」的涵義，若從民權的「直接」或「間接」來理解，恐怕將難以掌握孫中山的原意，尤其是在對國事的管理上，孫中山一向主張由國民大會行使的「間接民權」。例如，孫中山在 1923 年的〈中國革命史〉中，對實施憲政後的情形則有以下的規劃[91]：

> 此時一縣之自治團體，當實行直接民權。人民對於本縣之政治，當有普通選舉之權，創制之權，複決之權，罷官之權。而對於一國之政治，除選舉權外，其餘之同等權，則付託於國民大會之代表以行之。

上述的說法，即意味了人民儘管行使「直接」民權，卻不能「直接」管理國事，但孫中山何以認為此仍係「全民政治」？再說，若人民可以行使「直接」民權來「直接」管理國事，「權能區分」理論似乎即無所附麗。那麼，到底孫中山是如何看待「全民政治」呢？

---

[90] 孫中山，〈民權主義・第六講〉，《國父全集》，第一冊，頁 116 及頁 125。

[91] 孫中山，〈中國革命史〉，《國父全集》，第二冊，頁 357。

1923 年孫中山在廣州對中國基督教青年會的演講，應可從中得到一定程度的理解。基本上，孫中山在這場演講中的要旨，在於鼓勵青年們應該關心和與聞國事。例如，他先指出若以為外國人不談政治，乃係出自於誤解[92]：

> 「政治」二字的意思，譯成英文是 Politics。英文 Politics 的意思很廣，……。故就 Politics 這個字講，有三個意思：一個是國政，就是政府中所行的國家大事；一個是黨爭，就是政黨中彼此所用的詭謀；一個是說是非，就是像以前所舉的家庭是非之例。……我們中國留學生在外國，聽到說「No Politics」的話太多，不過細研究這個字用時的意思，一回到國內，便說外國人都不談政治，所以我們不問政治。

上述孫中山說明「政治」的意義，是要強調「不可專學美國人，只管自己，不管國事。因為他們和我們的地位，有大大的不相同」，而此處他所講的地位，乃是指國際地位而言[93]。接下來，孫中山指出以當時曹錕當選大總統的國情，說明要救國或對國家有所貢獻，首先就是要「造成一個駕乎萬國之上的國家，必須要國家的政治，做成一個『全民政治』」，而他對提出「全民政治」的理由闡釋如下[94]：

> 世界上把「全民政治」說到最完全最簡單的，莫過於美國大總統林肯所說的「of the people, by the people and for the people」。這個意思譯成中文，便是「民有」、「民治」、「民享」。

---

[92] 孫中山，〈國民以人格救國〉，《國父全集》，第三冊，頁 353-354。
[93] 同上註，頁 355-356。
[94] 同上註，頁 358。

就我們現在國情和這三層意思解釋起來，自推翻滿清政府，
成立民國以來，可以說是民有一層已經做到了。十二年以來，
政府之內，都是武人官僚把持，人民不但是不能管國事，並
且日日受兵災之禍，流離失所，何能夠說到民治民享呢？真
正的「全民政治」，必須先要有「民治」然後才能夠說真正是
「民有」，真是「民享」。

顯然，孫中山此處所講「全民政治」，仍是指人民要管且可以管
得到國事。並且，他向青年們提出「救國」與實施「民治」的方法，
便是「分縣自治」或「地方自治」，故他認為，「全國人民的自治能
力，是一定可以培養成功的。全國人民有了自治能力，便是全國人
民有了民國的國民資格」[95]。由孫中山此場演講的語境脈絡來看，「全
民政治」應是指以「地方自治」為基礎，進而培養全民關心國事和
得以與聞國事的政治。故而，選舉完議員官吏後，人民便不能管或
也不願意再管的代議政體，則既屬「間接民權」，且也不是「全民政
治」。反之，若是人民在選舉完議員官吏後，還能藉罷免、創制及複
決權而繼續關心或與聞國事，則政治就不是只有議員或官吏的「官
治」，而是全民都應關心且得有與聞方法的「民治」。在此前提下，
人民係「直接」或「間接」與聞國事，便似乎與「全民政治」的概
念無涉。故而，我們也可看到《建國大綱》第二十四條規定：「憲法
頒布之後，中央統治權則歸於國民大會行使之，即國民大會對於中
央政府官員有選舉權、有罷免權；對於中央法律有創制權、有複決
權」[96]，可知人民與聞國事的方式，形式上乃為「間接地」由國民

大會代為行使「直接民權」。如此一來，國民大會的設置豈不與全民政治有所矛盾？

　　然而，人民行使選舉、罷官、創制及複決四權，即為孫中山所說「行於國事」的「全民政治」，此在他演講〈五權憲法〉時所附的「第三圖」，即已表明國事部分是由每縣一人所組成的「國民大會」行使。並且，孫中山在〈中華民國建設之基礎〉一文中裡，除明確指出國民大會行使的是「間接民權」外，也還就「分縣自治」、「全民政治」、「五權憲法」及「國民大會」四項「民治」的方法，指出了其實施的步驟如下[97]：

> 綜上四者，實行民治必由之道，而其實行之次第，則莫先於分縣自治。蓋無分縣自治，則人民無所憑藉，所謂全民政治，必無由實現。無全民政治，則雖有五權分立、國民大會，亦終末由舉主權在民之實也。

　　由上述來看，儘管「國民大會」定位於政權機關，但實施的卻是「間接民權」，且為實施「民治」的最後的步驟。因此，就發生「國民大會」行使創制權及複決權的條件，是否應該以國民先具有對中央國事，行使過「直接民權」的「全民政治」經驗為前提？或者，也有以創制和複決兩權的本意，原即在於必須由人民直接行使，而認為「國民大會」自始即不該有創制與複決兩權等的疑義[98]。這些看法均不無道理，但本書嘗試提出另外的見解，以說明前述問題應並不存在於孫中山的主張中。

---

[97]　孫中山，〈中華民國建設之基礎〉，頁353。
[98]　胡佛等四人著，前引書，頁517。

　　按「民治」的第一步驟為「分縣自治」，且人民在縣內擁有四項「直接民權」自無疑義，故「分縣自治」而行使「直接民權」的地方自治，也即屬於「約法之治」或「訓政時期」的任務。接下來的步驟，則全屬建構「憲政時期」得以與聞中央國事的方法，且以「權能區分」的理論作為架構。然而，發生問題之處在於，「全民政治」乃係人民對國事行使四項「直接民權」，但卻又設立了一個屬於「間接民權」的「國民大會」，故「各縣國民」和「國民大會」間的關係，便應是個思考的重點。依據《建國大綱》第十四條規定：「每縣地方自治政府成立之後，得選國民代表一員，以組織代表會，參預中央政事」[99]，換言之，該「國民代表」為各縣縣民在「國民大會」中參與國事的「代表」，且「國民大會」既為行使「間接民權」，則表示縣民對該「國民代表」也無罷免之權。

　　事實上，參與中央政事者既稱為「代表」，可理解成並不承擔「議政」或「議事」的功能，而這樣的認知，也符合「權能區分」的理論。因此，「代表」應不是「代議士」或「議員」，且「國民代表」在「國民大會」中，也應無政事或國事可「議」。那麼，「國民大會」有何作用呢？本書以為，由各縣選出「國民代表」而構成的「國民大會」，應類似美國總統選舉的「選舉人團」（Electoral College）之作用一般。亦即，當要選舉或罷免中央官員，或是創制與複決中央法律時，各縣則分別先行使「直接民權」方式決定該縣縣民的意向後，再將此意向命令各該縣選出的「國民代表」，於「國民大會」中表達出來而決定。如此一來，「國民代表」與所選自的各縣之間，就像是駐外大使般之「命令的委任」（delegate）關係[100]，而「國民代

---

[99]　孫中山，〈國民政府建國大綱〉，《國父全集》，第一冊，頁 624。

[100]　參閱 Andrew Heywood, *Key Concepts in Politics* (New York: Andrew Heywood,

表」也就是各縣在中央政事或國事方面的「傳達員」或「聯絡員」。是故,「國民大會」的設置雖屬「間接民權」的政權機關,但與由人民行使「直接民權」以參與國事的「全民政治」,並不至於產生不協調的疑義。

孫中山的「五權分立」、「權能區分」、「直接民權」和「全民政治」等的理念或主張,當也受到 19 世紀末到 20 世紀初美國「進步主義」(propressiveism)運動的影響[101]。例如,孫中山在〈民權主義・第六講〉的末尾,對於行使四項直接民權的詳細內容,有謂:「可參考廖仲愷所譯之全民政治」[102],而廖仲愷在〈全民政治・譯序〉中,則例舉了美國文官採「戰利品均分」(Divison of spoils)、加爾斐爾特(Garfield)總統被暗殺及大選年為「黃狗之年」(Yellow dogs year)等現象,而對美國採行創制權、複決權及罷官權係輔代議制度之不足,做了背景的介紹[103]。不過,孫中山所講的「直接民權」與「全民政治」,則和「國民大會」的設置之間,仍存在著含混不清或彼此矛盾之處。例如,在前述提及的〈中國革命史〉中有謂:「而對於一國之政治,除選舉權外,其餘之同等權,則付託於國民大會之代表以行之」,便又難以解釋與其「全民政治」間具有一致性。也因此,

2000), p.144.

[101] 有關美國進步主義運動,可參洪朝輝,〈社會公正與中國的政治改革——美國進步主義運動的啟示〉,《當代中國研究》,1999 年第 1 期(總第 64 期),http://www.chinayj.net/StubArticle.asp?issue=990102&total=64,上網檢視日期:2006 年 4 月 11 日。胡佛等著,前引書,頁 515,頁 552 的註 3。

[102] 孫中山,〈民權主義・第六講〉,《國父全集》,第一冊,頁 128。

[103] 廖仲愷,〈全民政治〉,輯於中國國民黨中央委員會黨史委員會編,《廖仲愷先生文集》,台北:中國國民黨中央委員會黨史委員會,1983 年,頁 116-117。原著題名為 Government by all the People,作者為 Delos F. Wilcox,中文譯名是「威爾確斯」。

造成日後制定憲法與實施憲政的過程中，國民大會的定位及其職權，一直是個爭議不斷的議題。

第三節　小結

孫中山自 1914 年正式提出了「訓政」的主張，其具體做法環繞在以縣為單位的地方自治。這也就是說，國民經由「國會」與聞和決定國事的「憲政」，在國民尚未具備一定的知識程度之前，則應該先從實施地方自治的學習經驗中，並經由「訓政時期」的訓導而逐步邁向「憲政時期」。由此來看，說明了孫中山雖曾認為「國會」為象徵「主權在民」的機關，但歷經實施「國會」制度的屢次失敗，而他也把問題歸因於人民的智識程度。

其次，清末以來主張「開議院」與「開國會」的最基本原因，乃出自於與「政府有能」、「國家富強」與「救亡圖存」之間，具有連結關係的一種想像。然而，在戊戌變法時的康、梁等立憲派，他們當時就以「民智未開」為由，而並未主張立開「國會」。民國建立後實施「國會」制度的經驗，讓孫中山不得不也承認「民智未開」，但在廢除君主世襲後，「國會」不僅掌有立法的功能，且還成為「主權在民」的象徵。是故，孫中山的「訓政」最初所要訓導者，乃為人民積極關心國事的「權」，以及處理國事的「能」。

再者，「政府有能」以「鞏固國權」，始終是清末以來任何政治改革的終極目標。因此，孫中山把考試權與監察權分出的「五權分立」主張，無非也是分從積極與消極方面，以促使行政權更加的獨立與具有能力。繼而，關於「權能區分」理論的建構，也意味為了確保「政府有能」，而將「國會」原有的「權」和「能」，再予以徹底地解構。故而，儘管孫中山除了選舉權外，還主張罷免、創制及

複決等「直接民權」，但此種「全民政治」實質上則傾向為消極性的監督權。

　　本章除了說明孫中山主張「訓政」、「五權分立」、「權能區分」、「直接民權」和「全民政治」等，目的都在於解構象徵「主權在民」與「權能合一」的「國會」外，還在以下幾個問題上，提出了有別於以往研究成果的看法：

　　第一，儘管在孫中山自己的說明中，「約法之治」即為他所主張的「訓政時期」，但本書認為「約法之治」和「訓政時期」仍有兩點之不同。其一，「約法之治」乃襲取自「約，法三章」的典故，為「打天下」過程中建立新「政治認同」的方法；而「訓政時期」則為民國建立後，涉及「結構性政治文化」轉化之「治國」的方法。其二，「約法之治」的革命理論為「天賦人權」，而不同於「訓政時期」所奠基的「革命民權」。

　　第二，由象徵「主權在民」之「國會」所制定的國家根本法，始能稱之「憲法」，否則便屬「約法」。而孫中山把民國初年的「臨時約法」定位於「臨時憲法」，則係因「臨時約法」規定了經由選舉組成「國會」。但若以由「國會」制定的國家根本法，始能稱之為「憲法」來看，由「臨時約法」規定組成「國會」的方式，並經召開「國會」而制定「憲法」，卻與孫中山主張須經「約法之治」再進入「憲法之治」並無違背。

　　第三，孫中山所主張設置的「國民大會」，係在以「分縣自治」為前提下，國民對中央國事先在各自治縣行使「直接民權」，再由各縣選出的「國民代表」聚集在「國民大會」中表達。換言之，「國民代表」在「國民大會」中的作用，乃代各自治縣表達「直接民權」所決定的意思。是故，「國民代表」只「代為表達」各「分縣自治」的決定，而應非「代表議政」或「代為議事」。

第六章　我國憲政選擇的理論與侷限

　　我國在 1947 年所做的憲政選擇，在外觀形貌上固然依循孫中山遺教，但實質內涵卻有了重大轉變。基本上，我國並未採用「治權」向「政權」負責的模式，而是採取了傾向於「議會內閣制」，但本質上卻屬「責任內閣制」的憲政體制。這樣的說法，意味了「責任內閣制」與「議會內閣制」為不同的概念與指涉，這是本章將進一呈現與釐清之處。

　　其次，我國的憲政選擇與變遷歷程，其實已早為政治發展歷程與政治文化性格，決定了基本的路徑方向，亦即發生了「路徑依賴」（path dependency）的結果。所謂的「路徑依賴」，係歷史制度論中的重要概念，其基本含義強調，當今我們所處的狀態，是過去所發生事件的結果[1]。故而，「路徑依賴」也意味著過去的制度選擇，已預設了當前的選擇方向，而現在的制度選擇，則是過去階段所作選擇的結果。同時，「路徑依賴」情形也常以「鎖定」（Lock-in）來形容，所謂「鎖定」效果的意義，主要是指人們在過往所做過的抉擇，往往就限制住了當下能夠做出其他選擇的範圍[2]。

　　因此，要分析我國憲法本書中所建立的體制，必需追溯清末以來的政治思想與制度經驗，才能了解影響憲政選擇的關鍵因素，並掌握制度發展的主軸。

---

[1]　Ellen M. Immergut, "The Theoretical Core of the New Institutionalism," *Politics and Society*, Vol. 26, No.1 (1998), pp.5-34。

[2]　參閱 S. J. Liebowitz and Stephen E. Margolis, "Path dependence, lock-in and history," *Journal of Law, Economics, and Organization*, Vol.11, No.1 (1995), pp.205-226.

第一節　國會權能在憲政選擇中的分化

　　從歷史制度論角度來看，在憲政發展過程中影響憲政選擇與制度變遷的因素，往往取決表現某種特定的「意義」（meaning）或是「象徵行動」（symbolic action），而並非皆是基於理性的選擇（rational choice）[3]。例如，設置國民大會與其「無形化」的制度設計，在我國制憲過程的討論中，往往只是為了符合孫中山遺教。故而，立法院在 1947 年的憲法中，雖然已具有「國會」的功能，但仍必須保留國民大會的設置，則僅是為了體現某種政治符號象徵的政治流衍。

壹、孫中山構想中的「五全（權）憲法」草案

　　1936 年 5 月 5 日國民政府公布的《中華民國憲法草案》，一般均簡稱為「五五憲草」，且咸認為乃最接近孫中山遺教的主張。而這部在訓政時期由官方所公布的憲法草案，其所以被認為最接近孫中山的理念，原因便在於中央政府的五種「治權」，全部均須向所設置的「國民大會」負責。亦即，在「五五憲草」的設計中，「國民大會」由各縣選出一名國民代表所組成，並擁有選舉、罷免、創制及複決四項「直接民權」，故足以表彰其為「主權在民」的「政權」機關，而能夠符合孫中山之「權能區分」的根本原則。

　　在「五五憲草」的規定中，國民大會當係依據《建國大綱》第二十四條：「憲法頒布之後，中央統治權則歸於國民大會行使之，即國民大會對中央政府官員有選舉權、有罷免權；對於中央法律有創

---

[3]　參閱 James G. March & Johan P. Olsen, "The New Institutionalism: Organizational Factors in Political Life," *American Political Science Review*, Vol. 78 (1984), p.738.

制權、有複決權」的規定，將國民大會理解為民主體制下的「代理
人」（delegate），而實係一個「間接」行使「直接民權」的「代議」
機關。然而，此一設計與孫中山所主張的「全民政治」，卻存在著未
盡相符的落差。「五五憲草」中所設置的國民大會，是否真的最接近
孫中山遺教的原意呢？其實是有甚大的商榷餘地。

　　孫中山自己沒有擬訂過具體的憲法草案，若從他諸多相關演講
或著作為分析的基準，再試圖建構一部具體而可操作的憲法，則產
生「引喻失義」自也就在所難免。在目前所知的歷史文獻中，葉夏
聲曾在 1922 年奉孫中山之命，草擬了一部《五全（權）憲法》[4]，
當屬孫中山看過的憲法草案中，唯一依循他的理念而擬就的憲法草
案。並且，從葉夏聲所擬定憲法草案中[5]，可在相當程度上，推測孫
中山憲法理念的要旨所在。根據葉夏聲所稱，該草案窮一日之力完
成後即進呈孫中山閱覽，而「先生覆書聊致慰勉。……竊幸前作，
猶未至叛離先生之本意」[6]，故該《五全（權）憲法》對於掌握孫中
山的憲法理念，應具有一定程度的參考價值。何況，我們應留意該
憲法草案係 1922 年所擬，時間上乃稍晚於孫中山演講〈五權憲法〉，

---

[4]　葉夏聲，〈五全憲法〉，引自繆全吉編著，《中國制憲史資料彙編—憲法篇》，台北：
　　國史館，1991 年 2 月，再版，頁 225。原文或為誤印為五「全」憲法，對此稍有
　　修正者，可另參沈雲龍主編，《中華民國憲法史料》，台北：文海出版社，1981 年。
[5]　葉夏聲為廣東番禺人，1905 年留學日本法政大學，並參加同盟會。1912 年任南
　　京臨時政府秘書，1913 年任第一屆國會眾議院議員，「二次革命」失敗後流亡
　　日本，並為孫中山的秘書。1917 年 9 月任南方的大元帥府秘書，軍政府代理內
　　政部次長等，1922 年第二次恢復國會時，再任眾議院議員，後任廣東法政專門
　　學校校長、廣東高等法院院長等職。上述葉夏聲的簡介，係大陸學者臧運祜的
　　部分考察結果，他並依此認為葉夏聲和孫中山的關係應是非常密切，詳見臧運
　　祜，〈孫中山先生五權憲法的文本體現—葉夏聲《五權憲法草案》研析〉，輯於
　　曾一士總編輯，《第八屆孫中山與現代中國學術研討會論文集》，台北：國父紀
　　念館，2005 年，頁 273-274。
[6]　葉夏聲，前引文，頁 225。

而與孫中山發表〈中華民國建設之基礎〉的時程相當，但稍早於孫中山演講〈民權主義〉及手訂〈建國大綱〉等重要文獻。

　　葉夏聲所擬的《五全（權）憲法》草案，分成九章共七十二個條文，他除了把國民大會定在第一章的「總綱」外，最具有特色之處，便是將「考試院」列在第二章。若以其中的條文數目之比例來看，「考試院」一章在此草案中佔有的比例最高，故不僅頗有將考試權列為五權之首的意味，而且還體現出五權憲法的基本精神。由於本書在此處所要探討者，係孫中山如何構思「民權」制度的安排，故先以國民大會為討論重點。茲將草案中涉及國民大會之部分，舉其要者臚列如下：

第二條　中華民國之主權屬於國民全體。

第四條　中華民國之國土，依其固有之區域。

　　　　國土之設置或變更，須經國民大會之議決。

第五條　中華民國由國民大會組織之考試院、立法院、行政院、司法院、監察院行使其統治權。

第六條　中華民國國民大會，由每縣及其同等區域一人之國民代表組織之。

第七條　國民大會於國民代表選出後自行集會開會。

第八條　國民大會之議事法，由國民大會自定之。

　　　　國民大會以考試、立法、行政、司法、監察各院成立之日散會。

　　　　前項各院官員任期屆滿時，由各縣及其同等區域選出國民代表復行集會，選舉或為連任之決議，但有第四條第二項及七十二條之事項時，得召集臨時國民大會。

第九條 中華民國各縣及其同等區域人民，於其本縣、本區域及法定範圍內，有直接行使選舉、複決、罷免、創制之權。

人民直接行使前項各權，選出國民代表。

國民大會組織法及國民代表被選之資格，另定之。

在上述條文中，第五條規定行使中華民國統治權的五個院，皆由國民大會組織之。因此，在第十四條、第二十五條、第三十三條、第四十三條及第五十一條，分別另規定了由「國民大會選出」而組成。其中，第三十三條乃規定「行政院由國民大會選舉大總統一人，副總統一人組織之」，且第三十五條尚明確規定了「行政院以大總統為院長」。這樣的制度設計，充分反映出孫中山將「政權」與「治權」分開的「權能區分」理論，且國民大會也具有象徵主權在民的性質，故關於國土的設置與變更，在第四條中自也規定係由國民大會議決。

至於國民大會行使哪些「政權」？從第八條第二項及第三項的規定來看，國民大會所行使的「政權」，基本上應只限於以「選舉」的方式組成中央五院，故當這項任務完成後即行散會。是故，除非另外涉及國土變更，或根據所列第七十二條規定的修憲，國民大會的組成與任務，原則上即類同美國的總統「選舉人團」（electoral college）一般。再者，關於人民行使選舉、複決、罷免及創制四項「直接民權」，依第九條第一項規定，則似乎僅限於本縣、本區域及法定範圍內，而未必及於中央國事。蓋在此草案中，依第五十四條之規定，「罷免」被理解為監察院糾彈成立後的法律效果，即相當於行政處分上的「撤職」或「免職」，故第三十七條關於總統之職權，定有「任命文武官員及外交官員，但經監察院之糾彈時，即應予罷

免」之規定，而第五十四條有關監察院的職權，則尚包括「受理人民關於罷免權之請願」。但對於監察院總監、副總監及監察本人的糾彈[7]，依據第二十八條之規定，則係立法院掌理，並得組織特別法庭審判罷免之。另外，關於創制和複決兩權之行使，則在第二十八條關於立法院的職權中，定有「受理人民關於創制權、複決權之請願」的規定。葉夏聲對創制與複決兩權的理解和制度設計，是否和孫中山及當時的其他人之看法相同？則尚難加以斷定。

　　若只就此部《五全（權）憲法》草案的條文順序安排形式來看，葉夏聲把「國民大會」放在第一章，而「考試院」則放在第二章，此或許也可反映出在他認知中，孫中山的五權憲法理論，應特別強調國民大會與考試院的地位。事實上，由於實施國會制度的經驗，讓孫中山認為「國會」的「權」與「能」過大，會造成政府無能。因此，為了使政府有能，則需先將「國會」的「權」與「能」予以分化，而把象徵主權在民的權力保留給國民大會，並以國民大會選出五院人事組成中央政府的形態來呈現。換言之，對於當時還存在的「國會」來說，設置國民大會的目的，乃在於消極性地去除造成政府無能的關鍵因素。至於考試院為何具有五院之首的地位？此反映出在我國傳統「德治」與「人治」下，維繫政府善治（good governance）的一套機制，也正如同中國傳統官制中，「吏部」為「吏、戶、禮、兵、刑、工」之首一般。換言之，延攬社會人才進入政府，係為促成政府善治的首要之務，並再配合監察院職司風憲與糾彈，都是針對「人」與「德」來維繫政府有能的機制。

---

[7]　「總監」、「副總監」及「監察」，應即相當於現行監察院的「院長」、「副院長」及「監察委員」。

綜觀葉夏聲這部憲法草案，顯然要使民初「權能合一」的國會，儘可能地拿掉「能」的部分，並以「無形化」的國民大會，保留人民「政權」的行使。並且，國民大會還設計成如同美國的總統「選舉人團」，故規定了國民大會於考試、立法、行政、司法、監察各院成立之日散會。類此規定，對日後擬定的「五五憲草」，也造成了相當程度的影響，而這也是該憲法草案應具有重要性的原因。接下來，將就自「五五憲草」以來，國民大會一直具有「無形化」的趨向，再做進一步的分析。

貳、「五五憲草」中「無形化」的國民大會

「五五憲草」為訓政時期所擬的草案，須經過國民黨中央核議的程序。1935 年 10 月中旬，國民黨中央即曾提出了五項修正原則，其中一項為「政府制度應以能集中國力、靈敏運用為原則，對行政機關不宜有剛性限制之規定」[8]。由此來看，國民黨對憲法草案的立場，乃承續清末以來追求「集中國力」的「憲政」目標，且又符合孫中山從實施國會制度的經驗中，所提出適應中國當時國情的另一套「憲政」理論。因此，在「五五憲草」中，依照「權能區分」理論所建構的憲政架構，其理論核心就在於區分「國會」所代表「國民主權」與「立法功能」，故這部憲法草案的原意，本即在「政府有能」的前提下，界定「人民有權」。

「五五憲草」第三十二條規定國民大會的職權，基本上包括了選舉、罷免、創制和複決四項職權，以及修改憲法與其他憲法所定

---

[8] 繆全吉編著，《中國制憲史資料彙編—憲法篇》，台北：國史館，1991 年 2 月，再版，頁 545。

之事項。而國民大會行使選舉權及罷免權的對象，則分別為:(一)、選舉權:對象包括總統、副總統、立法院院長和副院長、監察院院長和副院長、立法委員和監察委員;(二)、罷免權:對象為總統、副總統、五院院長和副院長、立法委員及監察委員。此處需略作說明的是，行政院院長和副院長、政務委員及所屬部會首長，司法及考試兩院的院長和副院長，均因由總統單獨任命，而非國民大會行使選舉權的對象。同時，考試院在「五五憲草」中僅定有四條條文，分別規定設院長、副院長各一人;掌理考選及銓敘事項;以及應經考試院依法考選銓定的三種資格。相對於上述葉夏聲的五權憲法草案，考試院實係五院之末。

　　「五五憲草」第三十一條第一項規定:「國民大會每三年由總統召集一次，會期一月，必要時得延長一月」，其理由係總統、副總統任期為六年，而立法院院長和副院長、立法委員、監察院院長和副院長、監察委員、司法及考試兩院的院長和副院長，任期皆為三年。因此之故，國民大會每三年召集一次，且原則上會期只有一個月，但若逢總統、副總統選舉，或有其他必要原因時，則得延長會期一個月。至於若遇行使罷免、創制、複決等權或行使修憲權時，則依同條第二項:「國民大會經五分之二以上代表之同意，得自行召集臨時國民大會」之規定，則由國民大會自行召集臨時會，或依第三項規定而由總統來召集。由這些規定來看，除了行使創制權或需要某種程度的「會議」，以確定交付立法的創制案內容，在國民大會行使其他職權時，其實就只是「投票」而已。「選舉權」是國民大會週期性行使的職權，其他各項職權則係「補救」與「備用」之性質，並無行使職權的固定條件與時機，故國民大會實無設計成常設性「議政」機關的需要。

　　有人認為，若人民可隨時指揮所選出的國民大會代表，形式上四項「直接民權」固然由國民大會代為「間接」行使，但實質上與人民直接行使並無差別，故國民大會並不是一般所謂的代議機構[9]。換言之，國民大會實係「只盡其能，不竊其權」的委任機關。本書在前一章也曾所論及，並推斷孫中山未必不具此意。然而，儘管各縣人民直接管理中央國事的途徑，可在各縣的內部先行使四權做出決定後，再命令國民代表到國民大會中表達立場而做成最後決定。但是，以中國當時的交通狀況與資訊傳播的情形，國民代表與人民如何能夠「聽聞」國事，並在各縣中對中央國事表達其立場，進而由國民代表在國民大會中行使民權？亦即，以國民大會每三年召集一次的頻率，國民代表對日常國事的運作，就和人民一樣都無「聽聞」的機會，又如何能藉所謂「直接民權」來管理中央國事呢？

　　國民黨原本規劃在 1936 年 5 月 5 日公布「五五憲草」，並於同年 11 月 12 日召開國民大會以議定憲法[10]。但後來，由於國民代表未能如期選出，且於次年復宣布對日進行抗戰，故使原定在訓政時期制定憲法的工作乃告停頓。1938 年秋，在抗戰時期「為集思廣益，團結全國力量起見」，國民政府乃特別設置了「國民參政會」[11]。並且，「國民參政會」在此抗戰期間，仍不乏有主張結束黨治並實行憲

---

[9]　如謝瀛洲，〈國民大會之本質及其應有之職權〉，《中央日報》，1962 年 5 月 13 日。轉引自胡佛，〈當前政治民主化與憲政結構〉，輯於氏著，《政治學的科學探究（五）：憲政結構與政府體制》，台北：三民書局，1998 年，頁 226。

[10]　見中國國民黨第五屆中央執行委員會第一次全體會議決議，輯於秦孝儀主編，《革命文獻第七十九輯：中國國民黨歷屆歷次中全會重要決議案彙編（一）》，台北：中國國民黨中央委員會黨史委員會，1979 年，頁 386。

[11]　見中國國民黨第五屆中央執行委員會第四次全體會議決議之〈國民參政會組織條例〉第一條規定，輯於秦孝儀主編，《革命文獻第七十九輯：中國國民黨歷屆歷次中全會重要決議案彙編（一）》，台北：中國國民黨中央委員會黨史委員會，1979 年，頁 455。

政，以團結民心民力對抗外侮的建議[12]，於是「國民參政會」又組成了「憲政期成會」，繼續籌劃制憲的相關工作。適值對日抗戰國家民族遭受危難之際，召開一個代表「國民」的「大會」，或實施「憲政」以還政於國民的「國民大會」，其目的都係為了集思廣益與團結全國力量來救國。因此，相繼在 1931 年發生「九一八事變」和 1932 年的「一二八事變」後，1932 年 12 月孫科在中國國民黨第四屆中央執行委員第三次全體會議上，領銜提出一項主張即時制憲以行憲政的「集中國力挽救危亡案」[13]，他即認為召開國民大會實施憲政，才是挽救危亡之道。孫科在該提案的說明中指出[14]：

> 是以欲救危亡，對症下藥，則關於內政方面，第一當使政權日漸公開，俾國民有參與國事，行使政權之權力，將以和平合法方式，儘量發表其政見，日進於憲政民治之軌道。

　　由上述引文可看出，自清末以來開議院、開國會、召開國民會議或召開國民大會等主張，無非認為可藉「積民力以成國力」或「積民權以鞏固國權」。故而，每當遇國家民族危亡之際，這些主張便被視為救亡圖存的手段。基於此，在中國近代的政治文化裡，為了挽救危亡或使國家富強，召開一個凝聚各方國民力量與眾意的會議，往往才被視為「對症下藥」。換言之，這種實施「憲政」的「民主」思想，乃出自於整合國家民族的集體性目標，卻非基於西方自由民

---

[12] 可參〈歷屆歷次大會有關內政提案及決議〉，輯於國民參政會史料編纂委員會編纂，《國民參政會史料》，台北：國民參政會在臺歷屆參政委員聯誼會，1962 年。

[13] 孫科等二十七人提，〈集中國力挽救危亡案〉，輯於秦孝儀主編，《革命文獻第七十九輯：中國國民黨歷屆歷次中全會重要決議案彙編（一）》，台北：中國國民黨中央委員會黨史委員會，1979 年，頁 300。

[14] 吳經熊、黃公覺，《中國制憲史》，下冊，出版地不詳：商務，1937 年，頁 716。

主（liberal democracy）的理念，故並非強調個體的利益與地域的自主性。

　　1940 年「憲政期成會」對「五五憲草」復提出了修正草案，在此團結全國力量一致對外的氛圍下，其修正的重點集中在國民大會職權的問題上。由於「憲政期成會」的修正案，乃國民黨、共產黨、民主同盟及社會賢達共同參與而產生，故對「五五憲草」中有關國民大會與立法院兩者的關係，有了根本精神上的改變[15]。在「憲政期成會」的修正草案中，最重要的修正理由係「人民政權運用不靈」，且國民大會僅為了選舉而三年集會一次，「因此政權無從行使」[16]。因此，修正草案規定，在國民大會閉會期間，增設了「國民大會議政會」以行使政權，且其所定權力範圍之廣泛，甚至還超越了英國國會至上的「議會內閣制」，並與目前中國大陸的全國人民代表大會及其常務委員會制，若合符節。茲將修正草案第四十一條所定「國民大會議政會」各項的職權，臚列如下[17]：

一、在國民大會閉會期間議決戒嚴案、大赦案、宣戰案、媾和案、條約案。

二、在國民大會閉會期間複決立法院所議決之預算案、決算案。

三、在國民大會閉會期間，得創制立法原則並複決立法院之法律案。

---

[15]　荊知仁，《中國立憲史》，台北：聯經出版，1984 年，頁 431-432。

[16]　詳細理由見〈憲政期成會憲法草案修正案說明說〉，前引《國民參政會史料》，頁 177。

[17]　引自荊知仁，前引書之附錄十，頁 57-558。繆全吉編著，前引書，頁 571-573。附帶說明的是，這兩本書在標點與文字上略有出入，本書係經相互對照選擇後，另再自加標點符號而成。

凡經國民大會議政會議決通過之法律案，總統應依法公
布之。

四、在國民大會閉會期間，受理監察院依法向國民大會提出之
彈劾案。

國民大會議政會對於監察院提出之總統副總統彈劾案，經
出席議政員三分之二之決議受理時，應即召集臨時國民大
會，為罷免與否之決定。

監察院對行政、立法、司法、考試、監察各院院長副院長
之彈劾案，經國民大會議政會出席議政員三分之二通過
時，被彈劾之院長副院長即應去職。

五、國民大會議政會對行政院院長、副院長，各部部長，各委
員會委員長得提出不信任案；行政院院長副院長、各部部
長、各委員會委員長經國民大會議政會通過不信案時，即
應去職。

國民大會議政會對行政院院長副院長之不信任案，須經出
席議政員三分之二之通過，始得成立。

總統對於國民大會議政會對行政院院長副院長通過之不信
任案，如不同意，應召集臨時國民大會為最後之決定，如
國民大會維持國民大會議政會之決議，則院長或副院長必
須去職，如國民大會否決國民大會議政會之決議，則應另
選國民大會議政會議政員，改組國民大會議政會。

六、國民大會議政會對國家政策或行政措施，得向總統及各院
院長部長及委員會委員長提出質詢，並聽取報告。

七、接受人民請願。

八、總統交議事項。

九、國民大會委託之其他職權。

　　上述第一項的規定，係將原屬立法院掌有的「議決戒嚴案、大赦案、宣戰案、媾和案、條約案」等權限，改由「政權」機關（即國大議政會）直接決定，此一修正案中的變更，似乎係以「國會」的概念來看待國民大會[18]。然而，孫中山將「人民有權」的內涵，界定在行使選舉、罷免、創制及複決等四項「直接民權」，其他的國家大事則委諸「政府有能」的「專家政治」來決定。因此，若從「權能區分」的角度來看，對這些國事直接做成最後決定的「議決」，便應屬「政府有能」之「專家政治」的範疇。同樣地，第二項係就立法院議決的預算案及決算案，規定採取「強制複決」以符合「權能區分」的本意，此一「複決」實屬政府預算案及決算案的「立法」程序，但與孫中山所講的「複決」，乃係已經由合法化生效的事後補救，便仍存在著差異[19]。無論如何，這兩項規定卻凸顯出了「權能區分」的理論與實際，其實存在著孫中山當年未曾設想過，或是未及考慮的重大差距。

　　其次，第五項的規定係針對由總統任命的行政院長和副院長、政務委員、各部部長及各委員會委員長，從「五五憲草」中「各對總統負其責任」，改為向國民大會議政會負責，且負責的方式，還引入了提出不信任案制度。同時，第六款還賦予國民大會議政會，就

---

[18] 該草案規定的立法院，院長及副院長係由國民大會選舉產生（第三十三條第二款），立法委員名額定為一百人，除每省一人、蒙古西藏各二人、僑居國外國民二人，由各地國民代表預選，提出候選人名單於國民大會選舉產生外，其餘委員，由院長提請總統任命（第七十三條）。

[19] 「複決」一般應指 referendum，但無論係 referendum 或 plebiscite 之意，原均屬直接民主的方式。並且，「複決」一般係使用在涉及國家層次或政治象徵符號的投票；例如，關於制憲或修憲案的通過。因此，若以孫中山區分「政權」與「治權」的理論來推行，則「複決」既是「政權」，則應由人民直接行使，且所得投票表決的事項，也應以涉及國家層次或政治象徵符號。

「國家政策」或「行政措施」的事項，得以「提出質詢」與「聽取報告」的方式，監督總統及「治權」機關的各院院長、部長及委員會委員長。因此，配合第五、六款的規定來看，國民大會議政會正如其名稱為「議政會」一般，設置該會的目的，正是為參與「議政」與「監督」。事實上，孫中山提出「權能區分」理論，原係就釐清國會的「權」與「能」而言。孫中山將國會的「權」改歸於「國民大會」，並將之簡化為「政權」機關；再將國會的「能」，改歸由立法院與監察院與分掌，並發展成為「治權」機關。在孫中山「權能區分」下的五權分立體制，五院彼此間分工合作以形成「專家政治」，進而使政府成為「萬能政府」，但五院也皆須向「政權」機關負責。換言之，「人民有權」係指人民擁有「政權」（political rights），「政府有能」則係指「治權」（governing power），並藉由五權分工合作而形成萬能政府，以落實政府善治的理想。

再者，第五項還規劃了類似「議會內閣制」下，有關「國會」與「內閣」間遭遇重大政治歧見時，得各以「倒閣」或「解散國會」方式解決的運作結構。亦即，總統不同意國民大會議政會對行政院正副院長通過的不信任案時，則可召集國民大會為最後之決定，若國民大會維持國民議政會的決議，則行政院長或副院長必須去職。相對地，國民大會若否決國民大會議政會之決議，則應另選國民大會議政會議政員。由此看來，國民大會可比擬為「國民行使政權」，國民大會議政會則類比為常設化的國民大會，並發揮類似西方「國會」的功能。同時，「憲政期成會」的修正草案雖於第五十五條規定了「總統對國民大會負責」，但由於第四十七條亦有「總統依法公布法律，發布命令，並須經關係院院長之副署」的規定，使行政院長猶如已掌握了在議會內閣制下，首相或總理所擁有的副署權。換言之，「憲政期成會」的修正草案，雖保留了行政院由總統單獨任命，

以及總統公布法律、發布命令須經關係院院長副署等的規定，但增加了國民大會議政會得對行政院長和副院長提出不信任案，則實有更進一步把行政實權交付給行政院長的意圖，並藉此監督與制裁的方法，以彌補總統用人不當的可能缺失。

由「憲政期成會」賦予國民大會議政會的職權看來，基本上係基於西方民主「國會」的概念，並增強了制衡的設計，藉以強化議政與監督等職能。基於此，國民大會議政會已成為常設性的「國會」，與「五五憲草」中僅備而不用的政權機關設計，也已有了本質上的差別。但是，在「憲政期成會」所提出的在修正理由中，卻仍可指出係根據孫中山「權能區分」與「五權並立」的遺教精神所設計[20]：

> 就其複決立法院之決議言，不惟可使法律案等等有更審慎週詳之成績，且使立法院成為立法技術上之專門機構，於是立法院有能，議政會有權，此與中山先生權能劃分，五權並立之遺教精神，甚為相合。

上述的說明，雖然強調係依孫中山的「權能區分」理論所設計，但由於「議政會」乃經常行使「人民有權」的機構，並未能為國民黨中央所接受。事實上，由「憲政期成會」此處提出「複決立法院之決議」的權力來看，正足以說明「權能區分」在制度設計上的矛盾。蓋既然基於政府有能而採專家立法，人民如何「有能」判斷專家所立之法是否為良法，並進而「有權」對法律案行使複決權呢？同時，要代表人民行使政權的國民大會，又如何可能定期聚會，並代表民意對治權機關進行有效的監督呢？

---

[20]　見〈憲政期成會憲法草案修正案說明說〉，前引《國民參政會史料》，頁177。

參、1947 年憲法中的國民大會、立法院與監察院

　　1946 年制憲時的環境，蔣介石是全國最有權力的人，張君勱起草憲法草案時，不僅會考量到他未來可能的角色，且蔣介石對憲法草案所持的立場，也具有影響國民黨支持該草案的作用。因此，蔣介石以國民政府主席身份，將「政治協商會議」決定的憲法草案提交於國民大會時，即曾藉在國民大會上發表談話，來統一國民黨內的制憲主張。然而，當時最為關鍵的爭議處，即在總統與國民大會間的關係，應否採納較為符合孫中山遺教的「五五憲草」？對此，蔣介石則放棄了「五五憲草」的選擇，茲將其所持的重要理由，引述如下[21]：

　　　　國父在發明五權憲法之後就常常面示我們，「有了良好的憲法，還要有忠實的施行憲法的人，最好由創制憲法的人來行憲，然後纔能發揮憲法的精義，否則如果行憲的人不明瞭立憲的精神，則行憲就不會確實而順利。」這一段話，我今天特別要提起代表諸君注意。國父五權憲法的精義，在於權能分治，政權與治權分開，要使這個憲法的精義盡量發揮，必須具備兩個條件：第一必須行使政權的人民，具有掌握政權確保政權的能力和習慣；第二必須行使治權的政府，能夠恪守治權的界限，不以治權來侵犯政權。如果行使治權的人，不能尊重政權而侵犯政權，同時行使政權的人又沒有掌握政權的能力與習慣，則其結果必致完全違背國父創制的精神，所以五權憲法最好是由國父本人來行使，以治權保護政權，

---

[21]　國民大會秘書處編，《國民大會實錄》，台北：國民大會秘書處，1946 年，頁 389-392。

培育政權，養成人民行使政權的能力和習慣，使政權與治權相輔相成，政府不致無能，人民不致無權，纔能臻於理想。如果行憲的人不能以國父的精神為精神，對政權不能盡保育護持的責任，則將來一定要發生流弊。因為五權憲法的中央制度，可以說是一種總統制，行使政權的人民，如果沒有掌握政權的能力，對於治權不能有適當控制，則總統權力過分集中，必致形成極權政治，……各位代表諸君，……決不願使國父的五權憲法，流為極權政治，貽害於國家民族。……。我可以說目前我國大多數的人民，還沒這種能力和習慣，如果這樣毫無保障，就實行五權憲法，我個人認為非常危險。……在人民還不能自己掌握政權鞏固政權的時候，要完全信賴行使治權的人來尊重政權，就究竟是一種冒險的嘗試。

　　我相信假如我自己來行使五權憲法，我一定能以國父之心為心，以治權來保護政權，培育政權，使民權充分發展。……同時我以人民代表的立場，為保護政權，發展民權著想，……我認為五五憲草在今天是不適用的……。

　　總之我們所要制定的憲法，必須切實可行，能使國家長治久安，建設工作得以邁進，而後民生樂利，民權自然可以一天天的發展而鞏固，到了這個時候，我相信我們國父的五權憲法，一定能夠完全實現。

　　從上述引文內容看來，在蔣介石的理解中，依據孫中山遺教擬定的「五五憲草」，係權力集中在總統一身的「總統制」。他還指出，即使當時即由人民掌握「政權」，卻仍須要「治權」來加以「保護」和「培育」。基於此，蔣介石認為若採行「五五憲草」，「政權」恐無法適當地控制「治權」，並因總統權力過度集中而形成極權政治，還

將導致貽害國家民族的後果。蔣介石因而強調,實行「五五憲草」中的「總統制」,若要仍能「保護政權」與「發展民權」,總統則應由孫中山本人,或具有和孫中山一樣胸懷的人來擔任。然而,在當時人民行使政權的能力與習慣尚不足的現實下,蔣介石遂主張放棄採行「五五憲草」,並指出在「民權」獲得發展與鞏固之後,便一定可以實現孫中山的五權憲法。從上述蔣介石放棄「五五憲草」的理由可看出,總統的權力及人民行使「政權」的能力與習慣,則始終為憲法設計與行憲的重要考量。

　　事實上,正因「五五憲草」設計下的國民大會,係以三年召開一次為原則,故原本對「治權」即無實質上的控制權力,而與人民是否具有行使政權的能力與習慣,應該並無太大的關係。所以,後來才有「憲政期成會」增設「國民大會議政會」的修正草案,用意在於落實「政權」控制「治權」,以及「治權」向「政權」負責的「權能區分」原理。然而,蔣介石為什麼放棄採行「五五憲草」中的「國民大會」?蓋民國以來的實際政治經驗,防範一人專制獨裁的制度安排,始終是一項重要的課題。以民初「過渡憲政」時期的制度實踐而言,由國務員代替臨時大總統負責任的「責任內閣制」,則被視為防制臨時大總統可能專制的手段。並且,臨時大總統雖然由國會選出,但臨時大總統除因有謀叛行為,國會(或參議院)可對之提出彈劾外,並不受到國會的監督。基於此,可知防範總統可能的專制,並不是設置國會的目的;況且,自清末以來開議院或開國會的主張,也不是為了防範或取代國家元首的權力。然而,若依照孫中山的憲政規劃,總統身兼國家元首及最高行政首長,則必須要向國民大會負責,而這卻是以往未曾有過的政治經驗。

　　回顧國民黨內起草憲法過程中,關於國民大會如何定位的各種草案,或有助於看出與釐清,決定國民大會性質的關鍵,可能與蔣

介石預期中的角色有關。1933 年 1 月，孫科時任國民政府的立法院院長，即已組成「憲法起草委員會」，並推定七人為初稿起草人。1933 年 8 月 18 日，起草人之一張知本，在提交給立法院的草案初稿裡，規定國民大會每年開會一次與會期一個月，而閉會期間則設「國民大會執行委員」，掌理國民大會絕大部分的職權。1933 年 11 月 16 日，經「憲法起草委員會」主稿人會議通過，初步提出的憲法草案初稿中，國民大會雖改為每三年召集一次與會期一個月為限，但在國民大會閉會期間，則仍設置了「國民委員會」，以主要受理監察院所提出的彈劾案。在 1934 年 3 月 1 日，國民政府立法院發表的憲法草案中，對「國民委員會」的職權，另增加了「受理立法院對於行政院長之不信任案」。到了 1934 年 7 月 9 日，國民政府立法院發表之憲法草案初稿審查修正案中，除將「國民委員會」改稱為「國民大會委員會」外，又再增加「代國民大會複決立法院所通過之預算案、宣戰案、媾和案、條約案、戒嚴案、大赦案」、「國民大會委員會對於國家政策或行政措施，認為不當時，得向總統提出質詢」，以及「對於總統之答覆，認為不滿意時，經全體委員三分之二以上之出席，及出席委員三分之二以上之決議，召集臨時國民大會為罷免與否之決議」等重要職權。但到了 1934 年 10 月 16 日，國民政府立法院三讀通過的憲法草案中，則完全取消了「國民大會委員會」的設置。嗣後，該案再經國民黨中央核定，而將國民代表任期由四年改為六年，以及每三年由總統召集一次和會期一個月，即成了國民政府公布的「五五憲草」[22]。

由前文應可看出，從「憲法起法委員」起草憲法初稿開始，到最終確定為「五五憲草」的過程中，曾將國民大會設計為經常行使

---

[22] 以上各憲法草案內容，均參閱繆全吉編著，前引書。

「政權」的機關。但是，國民政府立法院三讀通過的憲法草案，使國民大會職權有了重大的轉變，而經國民黨中央核議後的「五五憲草」，則更確立了國民大會幾近「無形化」的地位。換言之，國民黨中央並不接受總統須受「國民大會委員會」的「質詢」，以及因答覆未獲接受而可予罷免的「負責」方式。不僅如此，「五五憲草」雖規定總統向國民大會負責（第四十六條），但總統依法公布法律發布命令，仍須經關係院院長之副署（第三十八條），且總統負責的方式，僅為國民大會有權罷免總統而已（第三十二條）。由此看來，「五五憲草」設計下的國民大會，對於日常中央國事既無與聞之機會，也無得以要求總統「負責」的機制，而徒有總統向國民大會負責的虛文而已。

在 1946 年 1 月 31 日於重慶通過的「政治協商會議憲草修改原則」中，第一項第一點更規定了「全國選民行使四權，名之曰國民大會」，亦即所謂的「無形國大」。但同年 11 月經國民政府修正提送國民大會的「政協憲草」，才又回復了國民大會為有形的組織。若與「政協憲草」相較，「五五憲草」形式上雖體現了「治權」向「政權」負責的精神，但卻是最信賴由總統領中央政府治權機關，而人民最「無權」的設計。張君勱正是基於國民大會實際上所擁有的，只是空虛的權力，故主張不應採取「五五憲草」。他在《中華民國民主憲法十講》的第四講中即指出[23]：

> 故五五憲草第四十六條的規定，在我們看來也不會發生政治上的大作用，因為國大的職權限於罷免選舉，雖有負責之規

---

23 張君勱（張君勱先生遺著編輯編輯委員會編輯），《中華民國民主憲法十講》，台北：台灣商務印書館，1971 年，台 1 版，頁 48。

定，總統自然視此為不足懼的。由此說來，依憲草所規定，
國大可以質問總統責任及立法司法機關的責任，好像權力頗
廣大，而實際是空虛的。

　　由上述引文可知，張君勱係因「五五憲草」中的國民大會，表
面上有很廣泛的監督政府之職權，但實際上卻難以對總統產生約制
作用，所以才摒除這種「權能區分」體制的選擇。然而，蔣介石卻
為何以人民尚無控制「治權」的能力與習慣，而認為依孫中山遺教
所擬定的「五五憲草」並不適用呢？儘管在「五五憲草」規定中，
五院院長均擁有副署權，但依前引蔣介石所持的理由，他仍視制度
設計係為「總統制」。故而，蔣介石關切的焦點，雖也在「總統對國
民大會負其責任」的規定，但他主張放棄採行「五五憲草」的理由，
卻是將該規定當作「實文」來看待。因此，他才以人民的政治能力
與習慣均尚不足，容易造成總統權力集中為由，而主張放棄採行「總
統制」的「五五憲草」。由此看來，蔣介石和張君勱雖皆因防範總統
專權與權力集中，而放棄採行「總統制」的「五五憲草」，但他們二
人的立論和理由卻截然不同。簡言之，蔣介石以當權派的立場，視
「總統對國民大會負其責任」為「實文」，但認為人民的能力與政治
習慣尚不足。相對地，張君勱則認為該規定為「虛文」，原本就起不
了約制總統的實際作用。

　　基於此，張君勱因襲民國初年的經驗，仍採取責任內閣制來約
制總統。相對於蔣介石可能的思考，若以總統須向國民大會負責的
「五五憲草」相較，「政協憲草」不僅對於擁有副署權者，從五院院
長「縮減」為行政院長及有關部會首長，而且總統也無須向任何機
關負責。並且，依據民國初年實施責任內閣制的僅有經驗，總統不
僅無須向國會負責，而且也非無實權的虛位元首。由此看來，蔣介

石運用他的影響力來支持「政協憲草」,當可能已衡量過他未來可能
的角色,並做出他所認為的理性選擇。

　　事實上,「政協憲草」係在保留國民大會的前提下,已將立法院
轉換成為具有「國會」的性質。立法院儘管係由「省市」而非「縣」
為單位選出,但既是由人民普選方式所組成,而且還規定了行政院
向立法院負責的各種方式,故畢竟實質上已具備了「國會」的地位
與功能。張君勱為此一制度的設計者,他在「政協憲草」中賦予立
法院的性質與職權,依他自己所說為:「規定立法院代表,依照普選
方式,由人民直接選出,所行使者為各國國會的職權」[24]。換言之,
立法委員由人民直接選出,並掌有立法、監督與形成政策的議政之
權,故實為一個「權能合一」的「民權」機關。基本上,張君勱係
在「五權名目,國民黨一定不肯放棄,所以照舊採用」[25],以及兼
顧當時的政治文化之前提下,將西方議會民主的運作模式,引入了
立法院及監察院的組成及其職權中。因此,在張君勱的構想中,國
民大會似僅在形式上用來表彰「國民主權」,但因「國民主權」所由
生的民權或民治,實質上則設計由立法院及監察院來實現。故而,
若就孫中山的「國會」概念而言,國民大會及其所選出總統,均可
謂表彰國家係基於「國民主權」之「統權」的象徵。至於「國會」
所具有管理國事的「治權」,則歸於由人民直接與間接選舉組成的立
法院及監察院掌理。

　　國民大會和立法院的成員,一為以「縣」為單位選出,一為由
省市為單位選出,可否視之為國會兩院制(bicameralism)的形態?

---

[24]　張君勱,前引書,頁 51。

[25]　張君勱,〈中國新憲法起草經過〉,《再生》,總 220 期(1948 年 1 月),引自中國
　　民主社會黨國民大會代表黨部編印,《中華民國憲法與張君勱》,台北:中國民主
　　社會黨國民大會代表黨部,頁 7。

基本上來說，西方民主國家採取國會兩院制者，眾議院議員係依人口數比例選出，主要代表地方選區的利益，故有關財經、預算等事項的決定，便為其最重要的職權。相對來說，參議院則或基於平權原則，而由最高級自治團體選出同額的代表組成，也可能用來容納少數民族或特殊族群的代表。因此，參議院的重要職權，往往係有關如國旗、領土等政治象徵符號之決定，對高級官員擁有人事同意權與、彈劾決定權，以及在政策合法化過程中，享有少數否決權（minority veto power）等職權。若由此看來，國民大會既係「政權」機關，理應朝向「參議院化」的設計與定位。只不過，在張君勱設計的 1947 年憲法中，監察院則具有了「參議院化」的傾向，而此也可謂張君勱將中國傳統的監察御使制度，經由「創造性轉化」而具有了西方國會參議院的地位。

　　然而，以民國初年國會參、眾兩院的構成而言，參議院議員基本上係由各省的省議會間接選出，而眾議員則係每八十萬人選出一名。因此，若以組成基礎的代表性而言，國民大會反而較類似代表選區利益的眾議院，而立法院則較傾向參議院。但是，孫中山卻主張以「縣」為地方自治的基礎[26]，其目的應係反對凸顯「省」的自治地位，以免助長了地方割據的意識。相對來說，張君勱則傾向於「聯省成國」的概念，而將「省」定位於構成國家的最高自治團體[27]。

---

[26] 依據《國民政府建國大綱》第十六條規定，憲政開始時期，「國民代表會得選舉省長，為本省自治之監督。至於該省內之國家行政，則省長受中央之指揮」，第十八條則規定：「縣為自治之單位，省立於中央與縣之間，以收聯絡之效」。見孫中山，〈建國大綱〉，《國父全集》第一冊，頁 624。

[27] 1920 年開始省憲自治運動，1921 年 10 月全國商教聯合會在上海發起召集「國是會議」，以討論國是制定憲法。1922 年 3 月「國是會議」成立後，由張君勱主稿擬定了分成甲、乙兩案的憲法草案。這部由張君勱主稿的國是會議憲法草案，第一條明定「中華民國為聯省共和國」，故極具聯邦制的色彩。詳細條文，見繆全

儘管如此，由於清末以來開議院或國會的目的，一方面係為了促成團結以鞏固國權，另一方面則係使有才能的人民得以與聞國家政事；故而，人口比例數及地域自治團體的代表性，並不是組成國會的唯一基礎。例如，商會、工會、學會及大學等，都曾經作為選出代表的選區（constituency）。

事實上，孫中山所提出的國民大會，其本身概念並不明確。但在制憲過程中，基於國父遺教的權威性則必須保留，卻讓其定位不易釐清。在 1957 年 5 月 3 日公布的司法院大法官釋字第 76 號解釋中，於是僅就憲法上之地位及職權之性質，而認為「國民大會、立法院、監察院共同相當於民主國家之國會」。並且，由於在 1947 年的憲法中，立法院已具備絕大部分的「國會」權能，故註定了行憲後的國民大會，將隨著民主化進展而式微。在 1994 年修憲時，由於總統副總統選舉方式在改為直選，而立法院也可取代國民大會的地位，故在 2005 年第七次修憲時，國民大會終至被廢除。

第二節 「強總統」與「弱國會」的基本格局

1953 年 11 月，時任總統府祕書長的王世杰，遭蔣介石總統以「蒙混舞弊，不盡職守」為由予以免職[28]。由於傳聞王世杰遭免職的原因，與將滯留香港的七十二架中國航空公司飛機，如何運回到台灣有關[29]，當時張君勱曾從憲政體制角度為文評論。張君勱在文章

吉編著，前引書，頁 236-269。

[28] 該命令原文為：「總統府祕書長王世杰蒙混舞弊，不盡職守，著即免職，此令」。見《聯合報》，1953 年 11 月 26 日，版 1。

[29] 1949 年國民政府遷台，為了不讓屬於中國航空公司的七十二架飛機，落入共產黨手中，因此下令這些飛機飛往香港啟德機場，打算在英國承認中共之前，把飛

中提到：「當日議憲之際，……決定採取責任內閣制，但政協會議所通過之不信任投票一項，卒遭放棄。其所謂責任內閣制，究為議會代表民意造成之責任內閣乎，抑加以某種限制之責任內閣乎」[30]。此處，張君勱對我國到底是哪一種「責任內閣制」的質疑，也同樣係本書需要分辨，「責任內閣制」與「議會內閣制」究竟有何不同的原因？

在中華民國的憲政選擇上，設置「國會」或「國民大會」的理由，基本上係將之視為象徵主權在民的機關。但儘管已經建立了民國，在若干政治菁英的觀念裡，卻未必認為主權即應在國民。是故，在他們的憲法制度規劃中，即使設有「國會」，但並不必然係為彰顯主權在民。例如，1913 年 2 月康有為所擬的中華民國憲法草案，即認為「中國民權已極張，而鄰於列強，當以國權為重，故宜主權在國」，故他雖然也設「國會」，但不是用來彰顯「主權在國民」[31]。吳貫因[32]同樣在 1913 年所擬的憲法草案，則以主權在元首或主權在

機運回台灣。但英國為向中共示好，不肯讓飛機運來台灣，國民政府於是請陳納德將軍籌組 CATI 公司，再以象徵性的價錢將飛機出售給 CATI，以示這批飛機不再屬於國民政府，但英國政府仍不讓 CATI 取得飛機，國民政府因此與英國展開訴訟。多年之後，雖獲勝訴，但此時飛機已不屬於中國而為 CATI 財產。至此，國內群情譁然，而蔣介石以王世杰沒有詳情報告上去，而將他免職。參閱翁台生，〈CIA 在台活動秘辛‧西方公司的故事〉，《聯合報》，1991 年 4 月 4 日，版 24。另參《民視新聞網》，http://www.ftvn.com.tw/Topic/CaringTW/TWnotes/1117.htm，上網檢視日期：2006 年，5 月 11 日。

[30] 張君勱，〈台灣政潮〉，輯於薛化元編，《一九四九年後張君勱言論集》，台北：稻香出版社，1989 年，頁 4。該文原載於《再生》（香港），第 4 卷第 22 期（總號 345），1953 年 12 月 30 日。

[31] 康有為，〈中華民國憲法草案〉，輯於繆全吉編著，前引書，頁 85-153。

[32] 吳貫因（1879-1936 年）原名吳冠英，清朝舉人出身，為著名史學家和語言學家。光緒年間赴日本早稻田大學，乃結識梁啟超並成為好友，回國後於 1912 年在梁啟超於天津任主編的《庸言月刊》擔任編輯。後歷任北洋政府衛生司司長、幣制廠廠長、內務部參事兼編譯處處長。1927 年棄政從學，任東北大學教育、文學院院長，東北大學、平民大學、燕京大學史學教授、華北大學校長，參見

民皆不符學理,且「若中國現在之民智,則不足以語此」,故雖有「國會」之設置,但仍規定「中華民國之主權在於國家」[33]。另如梁啟超所擬的憲草、「天壇憲草」、1919 年徐世昌為總統時所議決的憲草及 1922 年「國是會議」擬定的憲草,均未將「主權在國民」定於其憲法草案之中[34]。

　　事實上,雖然清末以來將開議院或開國會,視為一切政治改革的根本,但卻同時對基於「民智」而來的「民權」與「民治」,普遍抱持著懷疑的態度。另一方面,由於選舉意味了「選賢舉能」,故以選舉產生的共和國總統,雖被視為「全國第一人」而理應承擔國家政治的重責大任,但卻又擔心其可能專斷而欲加以防範。由此看來,我國的憲政選擇便一直糾結在此「強總統」與「弱國會」的基本格局內。也因此,由於我國並未確立「議會主權」的觀念,故也未能發展出「議會內閣制」。對此一論斷,本書以下將藉「歷史制度主義」所提到的「路徑依賴」現象,再做進一步的說明。

壹、共和國體「鎖定」非虛位元首的制度路徑

　　在中國政治文化的特性中,具有權威與安定的強烈需要,故若由享有清望但不具實權,且不負實際政治負責的虛位元首,在政治領導轉承期間扮演折衝之角色,對政局的安定則當有其功效。學者周陽山即根據此一前提,遂主張我國應該維持虛位元首,以採取內閣制的憲政體制[35]。進一步言,鄒讜認為中國權力政治的基本模式,

---

http://www.gdchenghai.gov.cn/chmr/15wgy.htm,上網檢視日期:2006 年 4 月 11 日。

[33]　吳貫因,〈中華民國憲法草案〉,輯於繆全吉編著,前引書,頁 154-174。

[34]　同上註書,頁 191,202,214,238,255。

[35]　周陽山,《民族與民主的當代詮釋》,台北:正中書局,1993 年,頁 137。

往往因循「成王敗寇，勝者全拿」的格局[36]；故從規範層次來看，若在政治鬥爭場域之上，尚有一位負有清望的虛位元首，當可發揮折衝調和與安定國家社會的功能。類此見解，基本上係區分「國家」和「政府」兩個層次，並主張元首應扮演維繫國家層次之「統」的角色，而不涉入日常政治權力競爭之政府層次的「治」。簡言之，國家元首應該扮演「統而不治」的角色，如此才既可實施民主政治，又能夠維繫國家社會的安定。

　　進一步分析「統」與「治」的關係，則可從權力的職掌來觀察。基本上，國家所掌握的是「統權」，這是一種促使國家在空間上是統合的、總體的，不可分割的，以及在時間上是千秋萬世的力量與資格。相對政府所掌握則是「治權」，此則係負責治理和決定政策的力量或資格。因此，學者胡佛在此概念架構下，認為在我國憲法本書中，因「總統行使統權，而國家結構則由總統及國民大會合組而成，故國民大會原先有選舉總統、副總統之權，和五院無關。五院屬於治權的範圍，代表政府的結構」，故憲法本書的基本精神是總統屬「虛位元首」的內閣制，且也應該依此內閣制精神運作[37]。然而，區分我國的總統和國民大會行使國家的「統權」，而五院則行使政府的「治權」，這種以「理念型」（ideal model）來分析的方式，固然有助於了解我國的憲法體制，基本上應傾向於內閣制。但是，這樣的區分是否適合於中國的政治文化？實有值得進一步商榷之餘地。

---

[36] 鄒讜，〈天安門：從宏觀歷史與微觀行動的角度看〉，輯於氏著，《二十世紀中國政治：從宏觀歷史與微觀行動角度看》，香港：牛津大學出版社，頁135-203。

[37] 胡佛，〈總統民選與總統在憲法中職權的變化〉，輯於中國政治學會主辦，《中華民國政治轉型的新挑戰學術研討會論文集》，台北：中國政治學會，1993年12月19日，頁20-21。

　　本書在第三章即曾提及，梁啟超在清末民初時，一再為文辨明「國體」和「政體」之別，以及「民主」和「民權」間「其訓詁絕異」，其實也等於區分國家的「統權」和政府的「治權」。例如，1899年 7 月 28 日梁啟超在《清議報》上發表文章即指出[38]：

> 問者曰：「子不以尊皇為宗旨乎？今以民權號召天下，將置皇
> 上於何地矣？」答之曰：子言何其狂悖之甚！子未嘗一讀西
> 國之書，一審西國之事，并名義而不知之，盍速緘爾口矣！
> 夫民權與民主二者，其訓詁絕異。英國者，民權發達最早，
> 而民政體段最完備者也，歐美諸國皆師效法，而其今女皇，
> 安富尊榮，為天下第一有福人。

　　上引梁啟超所述，強調他主張民權，並不是指要廢除「君主」，改成由人民當國家元首的「民主」。並且，梁啟超也曾辨明過「國體」與「政體」之別，說明將「君主」改為「民主」的「共和」，此為改變「國體」的問題；而他所主張的民權，指的是由「專制」改為「立憲」，此則為「政體」問題。換言之，梁啟超在清末主張「君主立憲」時，就是把國家所掌握的「統權」，歸於「萬世一系」的君主[39]；而政府掌握的「治權」，則藉由建立了「立憲政體」，以使人民得以參與政治。然而，人們或許質疑在梁啟超的「君主立憲」規劃中，並不會讓君主成為一位「虛位元首」，且在政治實際運作中，也不可能成為一位無權的君主。就如同同盟會在《民報》中即有多篇文章，

---

[38] 梁啟超，〈愛國論〉，梁啟超著，吳松、盧雲昆等點校，《飲冰室文集點校》，第二集，昆明：雲南教育出版社，2001 年，頁 668。

[39] 1908 年（光緒三十四年）清廷頒佈的欽定《憲法大綱》中，即首先揭示了「大清皇帝統治：大清帝國萬世一系永永尊戴」。引自荊知仁，前引書，附錄一，頁 475。

強調非經共和革命推翻清廷，否則絕無立憲的可能一般[40]。但若反過來說，建立民國之後的大總統，又何以能確保他只甘於做一位虛位元首呢？

　　梁啟超於晚清政治思想上，即曾倡言區分「統權」和「治權」，從而可能開闢一條指向「議會內閣制」的路徑。此外，1911 年辛亥武昌起義後，在清廷為平息革命被迫頒佈《十九信條》時，也在政治行動的選擇上，出現過將「統權」與「治權」分離的抉擇機會。根據《十九信條》第八條規定：「總理大臣由國會公舉，皇帝任命，其他國務大臣由國務大臣推舉，皇帝任命，皇族不得為總理及其他國務大臣並各省行政官」，可看出《十九信條》幾近於採取英國式的「議會內閣制」。是故，若當時排除了「種族革命」的因素，在政治行動上也未陷入「成王敗寇，勝者全拿」的格局，或許在與清廷交涉遜位的歷史關鍵點上，中國從此便可走上「統權」與「治權」分離的路徑。但現今問題的關鍵是，一旦選擇了民主共和後，是否仍保有走向虛位元首之「議會內閣制」的選擇？至今我們仍然在規範意義的層次上，主張我國應為或應採虛位元首的內閣制，即表明建立民主共和國以來的實際政治運作上，並無法釐清「統權」和「治權」的關係。造成此一現象始終存在的原因何在？以下將繼續討論這個問題。

　　孫中山為創建中華民國的領導者，他的看法對於日後憲政體制的選擇，自產生了相當大程度的約制。然而，在孫中山思想與其相

---

[40]　例如，蟄伸（本名：朱執信），〈論滿州雖欲立憲而不能〉，《民報》，第壹號（1905年），頁 31-40；引自黃季陸主編，《中華民國史料叢編：民報》，第一冊，台北：中國國民黨中央委員會黨史史料編纂委員會，1969 年，影印版，頁 0043-0052。寄生（本名：汪東），〈論支那立憲必先以革命〉，《民報》，第貳號（1906 年），頁 1-10；引自同書，頁 0213-0222。

關憲政制度規劃中，他從不認為民國建立後所需要的，就只是一位虛位元首而已。本書在第四章曾引述，孫中山認為「臨時政府組織大綱」應採「總統制」的理由，正是因「吾人不能對於惟一置信推舉之人，而復設防制之之法度。余亦不肯徇諸人之意見，自居於神聖贅疣，以誤革命之大計」。不僅如此，在孫中山的五權分立的政府架構裡，總統不僅為掌行政權的首長，甚至還是整個五權政府的最高領導者。換言之，在孫中山的構想中，總統不僅與國民大會均為代表國家所掌握的「統權」，同時總統也還行使政府所掌握的「治權」。並且，孫中山的看法也意味了建立民國後，「統權」和「治權」就愈加難以分離。

　　為什麼一旦選擇了民主共和後，「統權」和「治權」就愈加難以分離？致使至今仍有維持虛位元首的主張，以期建立內閣制而使民主政治獲得穩定？原因還是和中國傳統的政治文化有關。對此，學者盧瑞鍾說的更為徹底，他認為以中國傳統的政治文化來說，根本就不適合施行共和體制，其原因舉其大要為[41]：

> 初由帝制解放的中國人，長辮初剪，除不及總人口百分之一之新知識份子而外，無不尚存三綱、五常、八德等舊價值老觀念，其中「君為臣綱」、「君臣」、「忠」等核心倫理，竟因廢除君主而於傾刻之間無所依附，其他德目自然難免因綱斷而致目亂，而漸陷於道德澆薄、禮義淪喪之地步。……華族噩運，並未因行共和而少戢，反而加倍惡化。

---

[41]　盧瑞鍾，《內閣制優越論》，台北：作者自版，1995 年，頁 202。原文中「長辮初剪」之「辮」，應為「辮」字之誤植。

　　依據上述觀點來加以闡釋，意味了即使改為共和體制並選出大總統，但除了極少數政治社會的菁英外，其他更為廣大的中國人民，恐怕則多僅以改朝換代來視之。同時，由於大多數人民尚不具備養成參與型政治文化的條件，而數千年來儒家倫理所建構的政治社會，也不是因革命成功而能隨之瓦解。因此，身為一國之主的大總統，在傳統儒家倫理思想的影響下，自會感到身負「為人民做主」的責任。何況，相對於世襲君主未必皆賢能與有「私天下」心態，經由公舉產生的共和國大總統，理論上卻被視為「賢能」與「大公無私」。於是，在傳統儒家「內聖外王」思想的影響下，大總統本人所具有的責任感，以及人民視之為「賢能」的期待，都是促使「統權」與「治權」愈加集於國家元首身上的原因。

　　此外，以西方漢學家史華慈（Benjamin I. Schwarz）提出的「普遍王權」（universal kingship）的概念，也可用來說明在中國的政治文化影響下，「統權」與「治權」原本即不容易區分。史華慈指出，從中國古代的經籍文獻裡，常可看出政治領域中王權的職責，並不僅是維持政治秩序。因為，皇帝和他所選拔出來的官員們，還擁有塑造或改造整個社會本質的權能，並同時對社會也具有支配的作用[42]。因此，「普遍王權」也是指「對於人民的社會與政治生活擁有無所不包的統轄權宣稱」[43]。

---

[42] 本杰明・史華茲著，程鋼譯，劉東校，《古代中國的思想世界》，南京：江蘇人民出版社，2004 年，頁 426。

[43] Benjamin I. Schwarz, "The Primacy of Political Order in East Asian Societies: Some Preliminary Generalizations,"in Stuart. R. Scharm, ed., *Foundations and Limits of State Power in China* (Hong Kong: The Chinese University Press, 1987), pp.1-3.轉引自金耀基，〈國家儒學體制及其轉化〉，輯於氏著，《中國政治與文化》，香港：牛津大學出版社，1997 年，頁 102。

　　形成「普遍王權」觀念的一個重要因素，便是在中國儒家的倫理秩序裡，「國家」是由「家」所推衍出來。因此，家庭在儒學之中，就成為社會組織的藍圖，而國家的組織原則，自也可視為由家庭的組織原則所推廣而成[44]。史華慈便曾指出，簡化地以為儒家把國家設想成是大寫的家庭，這種看法雖未必正確，但在後世的官方儒學中，卻包含了豐富的修辭典故，而把國王或皇帝說成是人民的「父母」，並把行政官員說成是父母官[45]。從這個角度來看，在中國的政治文化裡，不僅人民對國家元首本有所期待，且國家元首也負有統轄國家社會的職責。因此，若選出的僅是一位行使國家「統權」的虛位元首，除非政治文化經過長時間的轉化，否則並不符合對國家元首的角色期待。並且，即使在區分「統權」與「治權」的前提下，由於選舉在近代民主政治中意義，基本上即是取得「治權」正當性的方法，故共和國元首由選舉產生，自意味賦予其掌握「治權」的民主正當性（democratic legitimacy）。

　　張君勱是我國 1947 年憲法的起草者，他深知共和國總統既由選舉產生，便已無成為虛位元首之道理與可能[46]。另一方面，他也從

---

[44]　《孟子‧離婁（上）‧第五章》有云：「孟子曰：人有恆言，皆曰：天下國家。天下之本在國，國之本在家，家之本在身」，接下來在《孟子‧離婁（上）‧第六章》中有謂：「孟子曰：為政不難，不得罪於巨室；巨室之所慕，一國慕之；一國之所慕，天下慕之。故沛然德教溢乎四海」，則表示家庭結構與價值，在不同社會的與政治領導的層次間，存在著同質性與連續性，而每個人在此體制下，也係以某種親屬關係彼此相對待。見 Wm. Theodore de Bary, *Asian Values and Human Rights: A Confucian Communitarian Perspective* (Cambridge:Harvard University Press, 1998), p.34.另參閱金觀濤、劉青峰，〈中國個人觀念的起源、演變及其形態初探〉，《二十一世紀雙月刊》，總第 84 期（2004 年 8 月），頁 54。

[45]　本杰明‧史華慈著，程鋼譯，劉東校，前引書，頁 427。

[46]　學者們往往以憲政體制為「內閣制」，即視總統理應為「虛位元首」，故張君勱設計的「修正式內閣制」，也因以總統虛位為必然之特徵，如李炳南編著，《九七修憲記實》，台北：世新大學出版中心，2001 年，頁 129。但是，也有認為張君勱

民國建立以迄訓政時期的歷史經驗中，體認了國家元首或政治強人具有獨裁的傾向。因此，在他所設計的憲法中，則接合了孫中山的「權能區分」理論，而把國民大會暨其所選出的總統，基本上定位於代表國家「政權」或「統權」的機關；而掌理「治權」的政府，則是「並不與其他四院再構成所謂國民政府」的行政院。故簡單的說，「行政院就是政府」。雖然行使政府「治權」的是行政院，但總統仍還具有四個院的人事權提名權，以及發動倒閣或解散立法院時的決定權[47]。對此基本原則，張君勱在其《中華民國憲法十講》的第五講中，有如下的說明[48]：

> 我們不贊成採用總統制，因為不願像美國一樣將行政大權完全交付總統手中。我們也不贊成像法國一樣大總統不負責任之規定。大總統既經國民大會選舉，他是國家元首，統率陸海空軍而且能任命文武官吏。所以他在政治上不僅是擺樣子的元首，而是一個負擔國家責任的人物。但是我們為求總統安全計，為使他受全國愛戴起見，須得有人對他的命令加以副署。而因副署之故，發生責任。所以除總統外，另有負責的政府。

然而，我國在 1994 年第三次修憲中，將總統改為直接民選。此一修憲提議公諸於世時，即引起了總統直選和總統擴權或總統制之間，是否存在著必然關係的爭議。當時，主導修憲的國民黨「修憲

所講的「修正式內閣制」，係為「雙首長制」者，見華力進，《政治學》，台北：經世書局，1987 年，頁 305。

47　詳參張君勱（張君勱先生遺著編輯編輯委員會編輯），《中華民國民主憲法十講》，台北：台灣商務印書館，1971 年，台 1 版，頁 69。

48　同上註書，頁 68。

策劃小組」執行秘書施啟揚曾對外表示，總統選舉方式與中央政府體制並無關係，且總統直選後並不當然成為總統制[49]。然而，在 1996 年選出了中華民國首次的直選總統後，隨即於 1997 年又完成了第四次修憲。而且該次修憲的主要內容，就是為了擴增總統的權力，並使我國的憲政體制改為「改良式雙首長混合制」。這種分階段修憲來達到總統擴權之目的，當時聯合報的一篇社論曾諷刺地說：「一直到三年後現今的第四次修憲，當局端出了所謂『國民黨版』，大家才知道當年被喧騰為『主權在民』的總統直選，原來只是為了創設一位有權無責的『超級總統』」[50]。這樣的評論，意味了第四次修憲擴增總統「治權」範圍的憲政選擇，其實在第三次修憲時，就已被「鎖定」了制度變遷的路徑。故而，總統既已經由人民直接選出，便成為了贊成總統擴權的最有力訴求。誠如當時民進黨的立場即認為：「目前已經實行總統直選，中央政府體制若設計成內閣制將會造成政局大亂」[51]。而國民黨幕後籌畫修憲的學者蔡政文，他提出的見解值得探究，茲引述媒體訪問的報導如下，他表示[52]：

> 「總統直選後，總統應成為政治穩定的核心」，這是此次修憲的第一項考量重點。他認為，未來憲政體制修正後，當行政與立法互動出現僵局時，總統穩定中心的地位，可以讓整個體制不會因而動盪不安。

---

[49]　見《中國時報》，1994 年 4 月 24 日，版 4。

[50]　黃年，〈新憲的總統：掀起政潮有餘，權力根據不足〉，輯於氏著，《李登輝的憲法變奏曲》，台北：聯經出版，1998 年，頁 548。原刊於《聯合報》，1997 年 7 月 17 日，社論，版 2。

[51]　〈憲改大論辯：面對知識界座談會〉，《聯合報》，1997 年 6 月 1 日，版 11。

[52]　陳鳳馨報導，〈許信良蔡政文：修憲並無總統擴權情況〉，《聯合報》，1997 年 4 月 16 日，版 4。

　　上述的見解，意味了在總統直選後，賦予總統在憲法擁有更為廣泛的職權，其目的在於讓總統成為政治穩定的核心。換言之，在蔡政文的認知中，憲法中所增加的總統職權，應該屬於「統權」而非「治權」。然而，此一見解與本書前面所強調的重點，恰正相反。因為，在中國的政治文化中，由於共和國元首必須由選舉產生，故變更了君主國國體後，選舉只會更增加總統的「治權」，而使他愈加難以成為只掌「統權」的虛位元首。我們不否認 1994 年修憲改為直選總統的目的，當然也具有增加總統「統權」的意涵，正如同推翻滿清世襲君主，而改由國民公舉一國元首的情形一般。因為，儘管共和國大總統係由國會代表國民間接選出，但此程序象徵大總統所掌握或代表者，乃為新成立國家的「統權」。所以，1994 年修憲改為總統直選所增加的「統權」，其實目的在於形成「台灣意識」，並用以彰顯「台灣主體性」的統合象徵。

　　李帕特指出，從政治運作的現實面而言，總統直選便賦予了總統民主之正當性，故當然可因此增加總統的憲法權力，甚至於總統還可能在實際運作中，踰越了憲法所賦予的權力範圍。但他同時也認為，總統由直選產生只是總統應有實權的必要條件，而非充分條件[53]。類似的見解，也成為當時反對以修憲使總統擴權的基本理由。例如，學者丘宏達以歐洲六個實行總統直選的國家，制度上就有總統制、內閣制或雙重首長制的情形，認為把總統直選和總統制聯想在一起實為一種誤解[54]。此外，亦有從憲政主義的角度，認為總統

---

[53] Arend Lijphart, *Democracy: Patterns of Majoritarian and Consensus Government in Twenty-one Countries* (New Haven: Yale University Press,1984), pp.88-89.

[54] 所指的六個國家，分別為採總統制的冰島、內閣制的愛爾蘭、非虛位元首內閣制的芬蘭、內閣制的奧地利、非虛位元首內閣制的葡萄牙及半總統制的法國第五共和。詳參丘宏達，〈總統直選不等於總統制〉，《聯合報》，1994 年 3 月 28 日，版

權力大小要看憲法規定而定，而與直選與否並無關係[55]。這也就是
說，雖然總統由直選產生，但若憲法規定總統僅有「統權」，則總統
儘管主觀上認為應該擁有「治權」，卻必須依據客觀的憲法規定運
作，而仍然可能是個虛位元首。只不過，誠如學者石之瑜所認為，
在中國政治戀賢情結的德治思想下，並不存在領導人需受制衡的憲
政主義觀念，故想要靠憲政制度對總統有所約制，或進而使他成為
虛位元首，都不是件容易的事情。相反地，總統為最高道德的象徵，
不僅對他難以有效地制衡，總統往往還可利用他的道德權力，以體
制外的道德動員方式來正當化他的權力[56]。基於此，由於共和國總
統難以成為虛位元首，學者盧瑞鍾遂在他的實行內閣制之規劃中，
甚而主張可奉孔子嫡孫為「聖裔虛君」，以期能行「內閣民主」[57]。

　　回顧歷史，民初袁世凱是由國會選出的大總統，但他為何毫無
忌憚地關閉了國會，卻未遭遇強大的社會力量之反對呢？除了國會
議員本身的社會基礎不足外，大總統在「普遍王權」觀念的保護傘
下，也使國會對大總統的監督與制衡，易被視為造成政局動盪的「亂
源」。抑有進者，當推翻了君主世襲制度後，共和國國家元首的產生，
便只剩下由「選舉」產生的唯一選擇。「選舉」所具有的意義，對孫
中山來說，自是因襲中國政治文化裡的「選賢舉能」，而只把選擇權

4。丘宏達，〈總統制在美國也有許多問題〉，《聯合報》，1994 年 3 月 29 日，版 4。

[55]　如荊知仁，〈憲法修改與憲政改革建言〉，《政策月刊》，第 12 期，1996 年，頁 2-5。
　　　謝復生，〈內閣型態與憲政運作〉，《問題與研究》，第 34 卷第 12 期（1995 年 12
　　　月），頁 7。周育仁，〈總統直選對我國憲政體制之影響〉，《問題與研究》，第 35
　　　卷第 8 期（1996 年 8 月），頁 68-69。

[56]　詳參石之瑜、凌煥銘，〈台灣民主化歷程中的賢人期待〉，《東亞季刊》，第 28 卷
　　　第 3 期（1997 年夏季號），頁 124-140。石之瑜，〈德治與法治─全民政治中的本
　　　土憲政風格〉，輯於氏著，《政治文化與政治人格》，台北：揚智出版社，2003 年，
　　　頁 3-49。

[57]　盧瑞鍾，《內閣制優越論》，台北：作者自版，1995 年，頁 220。

從君主手中移轉給國民。並且，在中國傳統「修、齊、治、平」的政治文化裡，賢能之人也必是有德之人，或至少要滿足大眾對其為「有德」的期待，如此才能獲得權力的正當性。故而，經由選舉選出的國家元首，即等於「賦予政治領導賢德之外貌，以能安撫人心於天下為公的政治氣氛中」[58]。在此種融會了民主選舉與德治思想的政治文化裡，「修、齊、治、平」乃是對人性與權力都抱持積極樂觀的態度，故公舉出的國家元首自為全國第一人，而又豈可對之「復設防制之之法度」？

　　總而言之，在中國政治文化的脈絡裡，當國體選擇了共和國之際，就註定選出舉國僅有一位的元首，不可能只扮演「神聖贅疣」的虛位元首。從而，民初實施國會政治與責任內閣制的失敗，類此正式政治制度與政治文化並不相容，即為重要的關鍵因素之一。並且，民初實施國會政治與責任內閣制的失敗經驗，也使得孫中山構想中的五權分立體制，或是張君勱所規劃的「修正式內閣制」，國家元首都不僅是掌握「統權」的虛位元首。接下來，繼續探討我國從「責任內閣制」到「修正式內閣制」的憲政選擇，如何受到歷史與政治文化之「路徑依賴」的「鎖定」？

貳、「責任內閣制」與「議會內閣制」的差異

　　我國憲法中所規定的政府體制，依照憲法起草人張君勱的說法，則是所謂「修正式內閣制」。然而，這套體制自 1947 年公布憲法以來，先是因隨即制定了《動員戡亂時期臨時條款》，繼而在 1991年廢止《動員戡亂時期臨時條款》的同時間，又完成了第一次修憲，

---

[58]　石之瑜、凌煥銘，〈台灣民主化歷程中的賢人期待〉，頁 132。

故這部憲法可謂從未有過完整實踐的經驗。大致上來說，一般的看法也都認為，過去除了在嚴家淦繼任總統的任期內，我國都是在強人政治的影響下，並未有過實施內閣制的經驗。甚至於，在 1997 年第四次修憲時，還將憲法中原有的「修正式內閣制」改為「改良式雙首長混合制」，而使我國的憲政體制有了根本性的改變。

回顧這段歷程，1994 年的第三次修憲時，決定了總統副總統選舉改為公民直選，並在 1996 年選出了中華民國史上首次的直選總統。繼而，執政的國民黨藉召開體制外的「國家發展會議」發動修憲，並以直選總統應有更大的權力與責任為由，主張把憲政體制改為「改良式雙首長混合制」，並於 1997 年 7 月完成了總統擴權的第四次修憲[59]。這一次的修憲，取消了立法院對總統任命行政院長的同意權，除引起外界批評為總統擴權與有權無責外，同時也被視為改變了憲法原先具有的「議會內閣制」精神，並將導致行政院難以發揮「責任內閣」之一體精神[60]。然而，除前面已經就政治文化因素，探討共和國總統必將不會是個虛位元首外，接下來將從我國所認知的「內閣制」，來說明第四次的修憲結果，其實也發生了「路徑依賴」的「鎖定」效果。

基本上，我們一般所講的「內閣制」，可能是指「責任內閣制」或「議會內閣制」的簡稱。但須另外釐清的是，在中文語境裡的「責任內閣制」，自清末民初以來即不應等於當代所講的「議會內閣制」。簡單來說，「議會內閣制」強調內閣的人事由國會所選擇，亦即掌行政權的內閣乃由國會所產生，故與僅基於行政權向立法權負責的立

---

[59] 第四次修憲的背景與主要議題，可參謝政道，《中華民國修憲史》，台北：揚智出版社，2001 年，頁 316-369。

[60] 周陽山編著，《憲政主義與憲政改革——七次修憲條文逐條分析》，台北：東大圖書，2005 年，頁 57-90。

場，且是由內閣代表元首向立法權負責的「責任內閣制」，兩者在完整的概念上仍有差別。因此，民國初年所實施的國會政治與責任內閣制，首一面臨的重要問題，便是共和國總統既係由公舉產生，又何能只被期待或規範成為一位虛位元首，而將政府的「治權」委由內閣代為負責？

吳貫因在其〈共和國體與責任內閣〉一文中，即指出共和國總統不可能是個虛位元首。是故，當以革命把國體從君主國改為共和國後，就註定了不可能實現責任內閣制。他認為[61]：

> 吾以為欲以元首為內閣之傀儡，此惟君主國乃能行之。若在共和國，則此種政象，萬不能實現。若強欲矯撓造作而為之，必使總統與內閣常生衝突，破壞行政內部之統一。

上述吳貫因的看法，意味既經選擇了共和國的國體後，以中國的政治文化來說，就難以讓元首成為「內閣之傀儡」，且若強欲為之，結果就是「破壞行政內部之統一」而已。我們先來看民國元年「臨時約法」第三十條：「臨時大總統代表臨時政府總攬政務公佈法律」的規定，顯然賦予了大總統總攬政務的職責，故吳貫因把總統看成行政權的一部份，自有其合法的依據。然而，依據「臨時約法」第五條：「臨時大總統得制定官制官規兼任免文武職員但制定官制暨任免國務各員及外交專使須參議院之同意」，以及第四十五條：「國務員於臨時大總統提出法律案公佈法律及發布命令時須副署之」的規定來看，固然用意在於使國家元首不負實際政治責任，但並不表示總統即為不掌實權的虛位元首。再者，臨時大總統任命所有的國務

---

[61] 吳貫因，〈共和國體與責任內閣〉，輯於經世文社編，《民國經世文編》，第一冊，台北：文星出版社，1962年，影印本，頁35。

員（國務總理亦為國務員）雖均須經參議院的同意，但此為效法美國總統制下國會參議院的任命同意權，而並非虛位元首之內閣制的特徵。故而，在此構成所謂「責任內閣制」的基本結構下，吳貫因認為「責任內閣制」必使總統和內閣常生衝突，問題就是出在共和國總統不可能只是虛位元首。

內閣制既係以「統權」和「治權」的分離為前提，故當孫中山推翻帝制改為共和國後，實等於也已決定了未來的政體形式，難以選擇「統權」和「治權」分離的「責任內閣制」。儘管民國建立之初，就以形諸於文字的方式建構「責任內閣制」，但對此一制度的認知，則是從傳統政治文化的脈絡來理解。所以，在實際政治的運作上，往往導致並非依循制度所設計的模式來運作。例如，張東蓀對臨時政府時代實行「責任內閣制」的情形，便有相同的看法與評價[62]：

> 臨時約法之條文，雖有含混之弊，然實採用內閣制，固無可辯難。第回顧臨時政府二年之政象，則無一不與之相反者。……在此非內閣制非總統制之政制之下，總統謂之為 Dictator 可也，謂之為 Constitutional King（註十一）可也，謂之為總統則不可。議院謂之為群盲可也，謂之為利藪可也，謂之為議會則不可。以事實例之，唐陸趙等，雖具內閣之名，實不啻總統之雇員，殆至熊內閣，而 Semi-responsibility 始立，然仍未足為內閣制之正式者也。

62　張東蓀，〈內閣制之精神〉，輯於經世文社編，《民國經世文編》，第一冊，台北：文星出版社，1962 年，影印本，頁 34-35。引文中之（註十一）係：「麥因（Maine）證法國三次革命後第一任總統戴治（Thiers）之稱」。

　　從上述張東蓀的評價中可看出，儘管他認為「臨時約法」實質上係採責任內閣制，但總統和議院的構成份子，卻都不具備實行這套制度的認知與文化條件。故而，造成實施責任內閣制的結果，內閣也不過是總統的雇員而已。這也就是說，雖然「臨時約法」中規定的是內閣制，但實際運作呈現出來的政象，不僅總統不是虛位元首，其權力甚至還超越了總統制下的總統。對此，吳貫因提出三項殊值參考的理由，說明總統不可能是虛位元首，茲詳為引述如下[63]：

> 以共和國元首之地位與君主國不同也，而共和國之總統，所以不能如君主之端拱無為者，其中實有種種之原因在，舉其大者有三事焉。
>
> 第一，……世襲之元首，必多庸才，……故立憲國之君主，常不欲為政治上主動之人，其行政全權，悉以委之內閣，己則坐而受成焉，……。若共和國之總統，實由選舉而來，既由全國中選出此一人，則膺其選者，當屬一國第一流之人物，彼其才具資望，既冠冕全國，則必思自見其才，而甘不為內閣之傀儡。
>
> 第二，……蓋為君主者，因昏庸多而賢智少，故國民對之，常懼其假政權以為民禍。於是立法者制定束縛君主之憲法，使其毫無權力，……蓋國民對於君主之心理，只望其不能為惡，不望其更能為善也。若國民之選舉總統，不徒望其不為民禍，並望其能為民福。若束縛拑制之，使其毫無活動之餘地，是待盜賊之法也。亦何須舉一國第一流之人物，以尸此位耶？……。

---

[63]　吳貫因，前引文，頁35。底線為本書作者添劃註記，用以強調重點所在。

第三，總統之任期有定，而君主之地位世襲，於是其對行使
政權之心理，大相逕庭。蓋權力之所在，常易為怨毒之媒。
彼立憲國之君主，因位由世及故思保其子孫萬世之業，而不
敢輕用其權，以啟人民積怨之漸。……<u>若為總統者，其任期
有定，無萬世基業之希望，故一朝得所藉手，即常好濫用其
權，以其無所繫戀，故亦無所顧忌也</u>。……

上述吳貫因的看法，意味了當國體從君主國改為共和國後，就
同時決定了政體的形式，難以採取虛位元首的「責任內閣制」。換言
之，經由選舉產生的國家元首，不僅應該代表國家所掌握的「統權」，
他同時還被期待擁有「治權」以「能為民福」。因此，一旦改為共和
而必須由公舉產生國家元首，就立即賦予了國家元首擁有政府「治
權」的正當性，從而「鎖定」了國家元首必須有「治權」的制度變
遷路徑。此一情形，也誠如吳貫因所言：「蓋純粹之責任內閣，已隨
帝制之倒，而與俱消滅，欲使之再興，其事良非易易也」[64]。何況，
元首由選舉產生的意義，本即是選出全國第一流人才，故吳貫因對
內閣制另設負實際責任的閣員，則視之為對元首的「束縛掛制」，且
是「是待盜賊之法也」。

宋教仁係民初國民黨內主張「責任內閣制」最力者，他在 1913
年 4 月擬定的國民黨政見中，強調責任內閣制的要義為：「即總統不
負責任，而內閣代總統對於議會負責任是也」。至於能讓總統不負實
際政治責任的方法，則是主張「正式政府，由政黨組織，內閣實行
負責任，凡總統命令，不特須閣員副署，並須由內閣起草，使總統

---

[64] 吳貫因，前引文，頁 36。

處於無責任之地位，以保其安全焉」[65]。宋教仁為制定「臨時約法」的主導者，從他的觀點中可以看出，「責任內閣制」是預設了總統本應掌有行政權的前提下，再透過內閣的副署權來「制衡」總統。因此，我們甚至還可以說，最能夠凸顯「責任內閣制」之憲政原則者，就在於內閣對總統的「制衡」。

進一步而言，行政機關應受代表國民意思之機關的監督（即負責），此為清末時就已形成的概念，故尚不足以彰顯「責任內閣制」的特徵。就像在孫中山的五權分立構想中，統領政府「治權」的總統，同樣要向象徵主權在民的國民大會負責一般。然而，由於我國一開始所實行的「責任內閣制」，本係對袁世凱任臨時大總統的不信任，故能夠彰顯「責任內閣制」的特徵，則是藉行政權委由內閣負實際責任來「制衡」總統。雖然「制衡」並不應是實施內閣制的憲政原則，但在近代中國的憲政史上，卻經常被理解成是一個制衡強人的工具[66]。所以，民初所實施的「責任內閣制」，其實也應係以內閣「制衡」總統為其標識。

本書需要加以釐清者是，我們並不會認為英國首相和國王之間，因存在著「制衡」的關係，才使英國國王成為「統而不治」的虛位元首。所以，「制衡」的概念應僅存在於「治權」的範圍內，且要使共和國總統成為虛位元首的內閣制，也不能理解為「治權」對「統權」的「制衡」關係，且更不會因「制衡」即能使元首成為虛

---

[65]　宋教仁，〈國民黨政見宣言〉，《國父全集》，第二冊，頁36-42。前曾提及，該文係宋教仁所做，且應代表其主張。

[66]　石之瑜，〈德治與法治—全民政治中的本土憲政風格〉，頁 33。例如，學者李念祖即以「由於總統與行政院長具有制衡關係」，認為總統並無全面決定行政院各部會首長人選的「組閣權」，見李念祖，〈憲政發展中我國總統權力的演變〉，輯於高朗、隋杜卿主編，《憲政體制與總統權力》，台北：財團法人國家政策研究基金會，2002 年，頁 418。

位。然而，如果以美國憲法中的「制衡」觀念而言，我國自民初以來的「責任內閣制」或「修正式內閣制」，則卻在相當程度上具有「制衡」的意涵。

按為我們翻譯為「制衡」的 checks and balances，在美國制憲會議的討論中，原本是指涉國會參、眾兩院的關係，而並非指分立的三權間之運作[67]。並且，依據魯茲（Donald S. Lutz）的看法，儘管美國制憲者大多師法孟德斯鳩，並使憲法具有了「權力分立」（separation of powers）的重要形貌。但是，美國人因應了環境的不同，他們發展出的其實是另一套較為複雜的體制。故而，「權力分立」這個詞對美國的實情來說，乃為一種誤用（a misnomer），且較為精確的說法，則應該是「權力共享而功能區分」（separation of functions with shared powers）[68]。同時，這種「權力分立」的目的，固然有防止濫權、相互牽制的用意，但主要是為了避免單一機構因獨自決策而流於草率，亦即是所謂 balance 的原意[69]，而這也意味了 checks 和 balances 還是兩個不同概念。基本上，checks 指涉的是一種制度設計，目的在於使政府各部門之間，得以相互阻滯（block）、設限（impede）或放慢（slow）決定之做成，以促進審慎的商議與防範黨派（faction）的坐大[70]。因此，checks and balances 應係指一套以牽制而達到審慎商議的制度設計，故 balances 不僅與 checks 為不同

---

[67] Richard C. Schroeder, *An Outline of American Government*, Nathan Glick, revised. (Washington D.C.: United States Information Agency, 1989), p.39.另參楊泰順，〈美國總統地位：憲政面與實然面的探討〉，輯於高朗、隋杜卿主編，前引書，頁 152-153。

[68] Donald S. Lutz, *The Origins of American Constitutionalism* (Baton Rouge and London: Louisiana State University Press, 1988), p.157.

[69] 楊泰順，〈美國總統地位：憲政面與實然面的探討〉，頁 156。

[70] Donald S. Lutz, *op. cit.*, p.92.

概念，也絕少具有權力「平衡」（scales）或「均衡」（equilibrium）的意義[71]。所以，若以美國的「制衡」原理來看，民國初年所謂的「責任內閣制」，或應可視為在行政權範圍內，總統和內閣間「權力共享」的體制。

　　然而，由於清末以來奉行嚴格的三權分立思想，故並不存在上述「權力共享而功能區分」的概念。例如，訓政時期為了有助於立法工作之進展，曾有將其他四院人員納為立法委員之舉，但卻遭了質疑。時任立法院長的胡漢民，1928 年 12 月 1 日於中央軍校教授部政治科演講時，則特別解釋說明此情形，僅係因應實施憲政前的準備。他指出[72]：

> 現在是以黨來訓政，先在訓政時期作一個五權的準備而已；一定要等到將來憲政時期，纔能完成五權分立的辦法。所以訓政時期，政府雖有五院，並不分立，使它們有連鎖的關係，容易進行。

　　胡漢民需要另作解釋說明的原因，自是因為此舉有違孫中山五權分立的遺教；而孫中山很早就排除了「議會內閣制」的選擇，也是基於此制有違三權分立的宗旨。例如，1906 年孫中山在《民報》一週年紀念會上演講時，雖曾表示無文憲法是英國的最好，但「英是不能學的」，原因就在「英的憲法，所謂三權分立，行政權、立法權、裁判權各不相統，……但界限還沒有清楚」[73]。由此即可得知，我國對於掌行政權的內閣組成，在嚴格三權分立的概念下，自必然

---

[71]　Ibid., p.162.另參楊泰順，〈美國總統地位：憲政面與實然面的探討〉，頁 153。
[72]　胡漢民，〈黨治的政府〉，頁 408-409。
[73]　孫中山，〈三民主義與中國民族之前途〉，《國父全集》，第三冊，頁 13。

排除了由國會議員兼任，而走向與「議會內閣制」不同的路徑的選擇。

以「議會內閣制」的形成來說，或可視為由國會把行政權從君主手中奪走，而使英國國王僅成為了虛位元首。然而，中國既有了共和國總統，又採取嚴格三權分立的觀念，故要使總統不負實際政治責任的方法，便只剩下在行政權範圍內，另謀與總統「分享權力」的「責任內閣制」。因此，「責任內閣制」的基本涵義，應係指由總統另外組織設立一個向國會負實際責任的內閣，但並不表示總統即因此成了虛位元首。亦即，「責任內閣制」的設計目的，應在於使總統行使行政權時無法專斷，而尚須受到「責任內閣」的「制衡」，以使做成政治決策前能更加審慎地商議。事實上，「臨時約法」除在第十九條第九款，規定參議院的職權之一為：「得提出質問書於國務員並要求其出席答覆」外，並無其他「責任內閣」須向參議院負政治責任的機制。並且，同法第四十四條也明定：「國務員輔佐臨時大總統負其責任」，意味了「責任內閣制」係指行政權由內閣代表總統負責的制度，而並不即表示代表總統向參議院負責。

在清廷行將傾覆之前，即開始實施了「責任內閣制」。但當時所謂的「責任內閣制」，係指由「內閣」代君主負起政治上的重責大任[74]，以維護君主神聖不可侵犯與「萬世一系」的地位。所以，此時「責任內閣制」的「責任」，其意義應傾向於指將國家興亡之重責大任，託付給具有政治才能的「內閣」來負擔。然而，在孫洪伊等「君主

---

[74]　在清廷改革官制擬議的奏陳中，曾有「各部尚書，亦為內閣政務大臣，與總理大臣及副大臣，共同輔弼君上，代負責任，均不得兼充繁重差缺」之語，引自荊知仁，前引書，頁 110。以清廷改革官制時並無意開議院，故清廷所說的「責任內閣制」，當指國家大事由內閣「代負責任」，也就是由內閣代君主負起國家大事的責任，而非指基於監督之意義，並具有可操作的追究責任制度。

立憲派」的速開國會請願書中，雖然他們的目的仍在鞏固皇祚，但強調「國會者，人民與聞政治之所也。必人民得有公舉代表與聞政治之權，國家乃能加以增重負擔以紓國難之責」[75]。亦即，「君主立憲派」主張召開國會的目的，乃係為了建立人民得以一起負擔國難之責的制度。並且，孫洪伊等對於清廷預備立憲的進行，係以改革官制而採「責任內閣制」為首務，則指出了「責任內閣何以名？以其對於國會負責任而名之也」[76]。換言之，在國會請願運動中主張速開國會的目的之一，則包括了使責任內閣向國會負責。

　　梁啟超對「責任內閣制」則有另外的看法，1910 年 10 月 23 日他在《國風報》上發表〈責任內閣與政治家〉一文中謂：「責任內閣者何？舉全國之政治而負其責任也。惟政治家能負政治之責，故必有政治家然後責任內閣得立」，且當時梁啟超並不支持「責任內閣制」，原因在於「一國之政治，一國國民所公同造出也；一國政治上之責任，一國國民所公同負荷也。有在野之政治家，不患無在朝之政治家；有負責任之國民，不患無負責任之政府」[77]。由此可見，梁啟超對「責任內閣」所負之責任，乃為「負荷」或「負擔」的意思。此外，梁啟超在另一篇文章中，節譯德國波倫哈克的見解，來討論內閣是否代君主負責任的問題。基本上，梁啟超接受歐陸「有機國家論」與法律實證主義的國家觀，故他以君主一人兼有國法與私法上之二人資格為前提，認為君主在國法上資格不能為惡，而副

---

[75]　〈孫洪伊等請都察院代表速開國會呈文〉，見中華民國開國五十年文獻編纂委員會編纂，《清廷之改革與反動（下）》，台北：中華民國開國五十年文獻編纂委員會，1965 年，頁 624。

[76]　〈國會請願代表孫洪伊等請提議於宣統三年內召集國會上資政院呈文〉，見中華民國開國五十年文獻編纂委員會編纂，《清廷之改革與反動（下）》，台北：中華民國開國五十年文獻編纂委員會，1965 年，頁 629。

[77]　梁啟超，〈責任內閣與政治家〉，《飲冰室文集點校》，第二集，頁 933,936。

署則是對君主於私法上資格造成違法行為時，須追究副署大臣之罪
責的制度。梁啟超的說法是[78]：

> 大臣也者，惟對於國法上之君主而輔弼之耳。若副署違法之
> 發令，則非輔弼國法上之君主，而加擔於私法上一私人之違
> 法行為也。而副署此種行為，以施誅有政，則大臣實無所逃
> 罪，此大臣責任所由發生也。

　　由上述梁啟超所接受的理論看來，他當認為在「責任內閣制」
下，副署是為了使君主得以免責，而課以內閣必須負擔責任的義務。
若從這層意義上來理解副署制度，我們就不難明白第四章曾提及，
「臨時約法」第四十五條規定：「國務員於臨時大總統提出法律案、
公佈法律及發布命令時，須副署之」的文字，何以表達成國務員必
須踐履「副署」之義務，而好似內閣對於總統的意志只得無條件地
副署？事實上，歷史與政治文化必然會制約制度的選擇，故在「臨
時約法」中所建立的「責任內閣制」，當然也包含了課予內閣國務員
必須行使副署權的責任與負擔，以使總統得以「免責」但未必「無
權」的概念。

　　至於理想的責任內閣應該如何組成呢？宋教仁係仿效英國之
例，以英王在習慣上任命下院多數黨領袖為國務總理，而實不啻由
下院推出，故 1913 年 4 月在國民黨對外發表的政見宣言中，主張未
來國務總理應改由眾議院推出。茲將其理由詳述如下[79]：

---

[78]　梁啟超，〈責任內閣與政治家〉，頁 949。
[79]　宋教仁，〈國民黨政見宣言〉，頁 37。

臨時約法規定，國務員須得參議院同意。其事行之，多所窒
礙，固亟宜修正者。然吾人既主張責任內閣制，則尤希望此
制之實現。欲此制實現，則莫若明定憲法，國務總理由眾議
院推出。考英國為行責任內閣制之國，雖無明定國務總理由
國會推出之憲法，然英憲法為不成文法，其習慣則英王所任
命之國務總理，例為下院多數黨之首領，不可移易，實不啻
由下院推出，且不啻憲法中有此明文。蓋必使國會佔多數之
政黨，組織完全政黨內閣，方舉責任內閣之實；而完全政黨
內閣，則非采用此法，不能容易成立。故吾黨主張憲法中規
定，國務總理由眾議院推出，以促責任內閣制之容易成立，
其他國務員，則由總理組織之，不須國會同意。

　　宋教仁的此一看法，是針對他所起草的「臨時約法」中，規定
總統任命所有國務員均須經參議院同意，而另外提出的修正主張。
此時，他把「責任內閣制」的建立，付託在由單一政黨組成內閣的
「完全政黨內閣」上，並認為英國首相不是由下院推出，只是英王
習慣上會任命下院多數黨領袖，而不啻由下院推出而已。所以，宋
教仁雖然主張國務總理由眾議院推出，但並不是指由國會議員兼掌
內閣，且他是從政黨政治的意義提出此一主張，而並非基於內閣向
國會負責。然而，由於宋教仁在第一屆國會選舉時，即致力於宣揚
推銷他的「責任內閣制」，且選舉結果國民黨在國會眾議院取得了形
式上的絕對優勢（當時跨黨情形非常普遍），故他主張內閣總理由眾
議院推出，自引起了袁世凱不悅而引來殺機。我們還需注意的是，
宋教仁對責任內閣之成立與有效實行，所關切者僅在於如何組成的
問題上，並未就責任內閣向國會負責的方式，再多置任何一詞。而

這份國民黨的政見宣言，係在宋教仁被刺身亡後，才正式對外公開
發表，故當為他最後對責任內閣制表達看法的正式文獻。

　　梁啟超對於責任內閣制向國會負責方式，曾有多篇文章詳為引
介，且他對英國實施的「議會內閣制」，也有相當程度的認識與了解。
但是，他一樣依循嚴格權力分立的思想，認為實施「議會內閣制」
的英國，實質上卻和美國一樣，都是「無責任內閣」的國家。茲將
梁啟超的見解引述如下[80]：

> 責任內閣者，內閣對於國會而負責任也。故有責任內閣如英、
> 法制者，<u>則政府視國會為進退而國會之權重</u>；無責任內閣如
> 美制者，則政府超然獨立於國會之外而政府之權重。就形式
> 論之，此固似矣。雖然，政治現象不如此其簡單而易判也，
> <u>有責任內閣而內閣實指導國會</u>，則政府之權似輕而實重；無
> 責任內閣而執政僅奉行國會所議決，則政府之權似重而實
> 輕。英、美兩國之比較，其顯證矣，<u>顧同是無責任內閣也</u>。

　　上述所引梁啟超的見解，首需加以強調之處，在於他認為英國
和美國一樣，實質上都是「無責任內閣」的國家。然而，英國被奉
為「議會內閣制」的典範，為什麼梁啟超卻有恰正相反的觀察結果
呢？理由正與孫中山認為英國憲法不能學一般，皆是因為並無嚴格
的三權分立。他還認為，英國是一種「閣會合一」的制度，但此種
制度必需以政黨政治成熟才可實行[81]。所以，在英國此種「閣會合
一」的制度下，實質上是內閣指導國會，使政府之權似輕而權重。

---

[80]　梁啟超，〈憲法之三大精神〉，《飲冰室文集點校》，第四集，頁 2358。底線係本
　　　書作者所加，用以強調重點所在。

[81]　同上註，頁 2362。

當代學者李帕特即指出，由於英國內閣的存續需仰靠國會的信任，故理論上係國會「控制」著內閣，但實際上兩者的關係卻正相反，內閣相對議會顯然具有優勢的地位[82]。由此可見，梁啟超對英國制度的觀察，可謂與李帕特的描述相吻合，也說明了梁啟超對英國西敏寺型民主體制，應具有相當程度的認識與體會。然而，在梁啟超的思維中，既然責任內閣係「對於國會而負責任也」，故內閣指導國會的「閣會合一」情形，將使國會實質上無從監督內閣，且內閣也無所謂向國會負責。換言之，他認為行政權與立法權必須嚴格分立，目的就在於代表民權的國會，必須監督行政權的內閣。由於梁啟超視「受監督」等同「負責任」，而英國實際上係內閣指導國會的「閣會合一」，故造成他認為英國事實上並不是「責任內閣制」。

參、立法院同意權為「制衡」總統的機制

1947 年 12 月 25 日開始實施的《中華民國憲法》中，明定行政院為國家最高行政機關（第五十三條），而行政院長的任命方式，則由總統提名經國家最高立法機關立法院同意後任命（第五十四條）。並且，由於憲法第三十七條定有「總統依法公布法律、發布命令，須經行政院院長之副署，或行政院長及有關部會首長之副署」之規定，以及第五十七條也明定行政院對立法院負責的方式，故立法院對總統任命行政院長具有同意權，被視為「內閣制」的一項重要特徵。

---

[82] Arend Lijphart, *Patterns of Democracy: Government Forms and Performance in Thirty-six Countries* (New Haven: Yale University Press,1999), pp.11-12。

　　關於內閣人事須經立法機關行使同意權，為 1912 年「臨時約法」中即已建立的制度，其第三十四條規定：「臨時大總統任免文武職人員，但任命國務員及外交大使公使須得參議院之同意」，從須經參議院同意任命的對象來看，顯然應是效法美國的制度。然而，我國自行憲以來，立法院僅得對行政院長的任命行使同意權，已被視為憲政體制為內閣制的一項特徵，且在憲政實踐上，還曾經因立法委員改選後，行政院是否應該提出閣員總辭問題，經司法院大法官做成釋字第 387 號解釋予以確認[83]。到了 1997 年第四次修憲時，立法院對行政院長的任命同意權遭到刪除，並在當時引起了知識界與輿論界不少的批評。2006 年 4、5 月間，主要係來自立法委員的提議，又有主張應該進行第八次修憲，以將憲政體制改為內閣制，且還以恢復立法院行使行政院長任命同意權為主要的訴求。

　　顯然地，我國自行憲以來，基本上已將立法院行使「閣揆」同意權，視為實施內閣制的一項重要機制。然而，在我國憲政制度的發展過程中，立法機關對總統任命所謂的「閣揆」或「內閣總理」行使同意權，是否必然係基於「內閣制」的精神，而須使「內閣」先取得立法機關支持與信賴？這個問題的探討，仍須回溯這個制度在歷史上的發展軌跡，或許才能看出何以選擇此一制度？且能較為清晰地了解制度之原意。

　　一般的看法大都同意，在我國憲法本書中，行政院長雖無解散立法院的權力，立法院也無對行政院行使不信任投票權，但由於行政院須向立法院負責，故也都認為立法院對行政院長的任命擁有同

---

[83]　民國 84 年 10 月 13 日公布的釋字第 387 號解釋，其解釋文要旨略以：「……行政院院長既須經立法院同意而任命之，且對立法院負政治責任，基於民意政治與責任政治之原理，立法委員任期屆滿改選後第一次集會前，行政院長自應向總統提出辭職。……」。

意權，乃為符合「內閣制」之憲政體制的特徵。學者周育仁即基於
這個邏輯，認為主導行政院長提名的關鍵，應在立法院而不在總統。
同時，他還據此認為，這即是張君勱所以說我國的憲政體制，不是
「完全英法式之內閣制，而是一種修正式之內閣制」的原因，並進
而強調：「依據憲法內閣制精神，立法院多數黨黨魁，理應出任作為
最高行政首長的行政院長，而非無實權的總統」[84]。類此依據張君
勱的「修正式內閣制」為本，認為同意權和「內閣制」間具有必然
關係的評論，已為經常可以看到的見解。

　　然而，張君勱所說的「修正式內閣制」，與英、法式的「內閣制」
相較，到底在哪些地方做了「修正」？例如，前述主張立法院多數
黨黨魁，理應擔任最高行政首長的見解，其實與宋教仁的主張相同，
都是把有效的「責任內閣制」，建立在非正式制度的政黨政治上。但
是，此一主張對於立法院若沒有形成過半的多數黨，該如何產生行
政院長的問題，則和宋教仁當時一心造成「政黨內閣」一般，而均
未再加以考量。因此之故，類似見解的產生，是否真係推衍自張君
勱的「修正式內閣制」，就有值得商榷之處。又如，當展開第四次修
憲欲取消立法院的同意權時，在一篇《聯合報》的社論中，從同意
權與「不信任投票」原屬配套制度的角度，認為：「任命同意權，就
是國會對於內閣行使的首次信任權；豈有起先沒有同意權，而後來
卻有倒閣權的道理；反之，又豈能既然具有倒閣權，卻沒有任命同
意權的道理」[85]。類似這些以某種形態的「內閣制」運作模式為準
據，來反對取消同意權的見解，又是否為我國憲政發展過程中，對

---

[84]　周育仁，〈九七修憲後我國中央政府體制之定位〉，輯於陳建民、周育仁主編，《九
　　　七修憲與憲政發展》，台北：財團法人國家政策研究基金會，2001年，頁16。
[85]　黃年，〈國民黨為何要將憲法修改成改良式混合制〉，前引書，頁262-263。原刊
　　　於聯合報，1996年12月21日，社論，版2。

於同意權制度的普遍的認知？對於這些問題的探討，本書將先從梁啟超的見解中，了解民國初年對同意權行使的情形與評價，以有助於理解現今選擇或取消同意權制度，在我國憲政選擇與實踐上所具有的意義。

梁啟超對同意權制度的看法，恰與現今許多人的見解相反，他認為國務員受任須經國會之同意，實與「責任內閣制」不相容。事實上，梁啟超雖然反對所有國務員之任命，均須經國會行使同意權，但在他的論述內容中，則包括了對整個同意權制度的質疑。1913 年 1 月梁啟超在《庸言》上發表〈憲法之三大精神〉一文中，對於責任內閣制與同意權的問題，則有如下分析[86]：

> 國務員受任是否須經國會之同意？在完全責任內閣制之國，非國會多數黨必不肯組織內閣，故同意權之問題，無從發生。即政黨程度未足以語於是者，亦率皆於內閣成立後，校其成績，然後行其信任投票或彈劾之權以監督之，無取乎事前同意也。故同意權之為物，實與責任內閣制不相容，惟在無責任內閣制之國，此或成問題耳。在無責任內閣制之國，其採用同意權制者亦甚少，有之則惟美國，然亦僅限於上院。

上述梁啟超所謂的「完全責任內閣制」之國，係指兩黨政治成熟，且實質上為「閣會合一」的英國「議會內閣制」，故無從發生同意權的問題。並且，即使在兩黨政治尚未成熟的國家，也皆是在內閣成立以後，再以信任投票或彈劾的方式來監督內閣，故內閣之成立，也無事先取得國會同意之需要。梁啟超所以有此見解，係基於

---

86 梁啟超，〈憲法之三大精神〉，《飲冰室文集點校》，第四集，頁 2358-2359。

嚴格的三權分立之立場,認為國會和行政部門的關係,僅在監督政府之一端,而政府用人則屬掌行政權之總統,所應當擁有的權利。再者,他還認為立法、行政兩部門絕對分離本已有弊,設若立法部門又掣肘行政部門,干涉其用人之權,則將是更大的弊害。因為,若在其他之共和國,「人民既選舉一大總統矣,大總統掌行政權,既明著於憲法矣,則輔助總統行政之人當由總統選擇任命,此不易之事理也」;並且,「其人苟非人民所信任,則必不舉為總統,既舉為總統而委以行政全權,是承認其有行政能力也,何獨於其知人之明而疑之?」[87]。由此可看出,梁啟超由於信奉嚴格的三權分立思想,以及共和國總統係經選舉所產生,故在他的觀念裡,無論係內閣代總統負責任的「責任內閣制」,或者為「閣會合一」的「議會內閣制」,總統任命「閣揆」皆無須經國會同意之理。

　　相對來說,民國元年「臨時約法」中所採取的「責任內閣制」,原係用來防範袁世凱可能的專擅。並且,如同前文曾提及,此一「責任內閣制」的涵義,應係指由內閣來負擔政治的重責大任;故而,設計同意權制度的目的,也可視為對總統用人權的一種「制衡」。換言之,「責任內閣制」下內閣的存在,並非立基於國會大多數議員信任之上。因此,若以「議會內閣制」的模式來評價,便將認為「組閣者勢必在國會中取得有力之擁護,任命之同意,實近於畫蛇添足」[88]。然而,「臨時約法」本係採取三權分立的架構,國務員雖然擁有副署權,但並未規定「內閣」向參議院負責的方式。基於此,國務院雖然設有國務總理,但國務員均係由總統提名經參議院同意後任

---

[87] 梁啟超,〈中國立國大方針〉,《飲冰室文集點校》,第四集,頁 2425。

[88] 錢端升、薩師炯等人著,《民國政制史》,收於民國叢書編輯委員會編,《民國叢書》,第一編:24,上海:上海書店,依據商務印書館 1945 版影印,頁 17。

命,故「責任內閣制」的「內閣」並不算是個集體的概念,而皆係
個別屬於輔佐大總統的僚屬。從而,這也是在「臨時約法」中,無
需規定「內閣」向參議院負責之方式的原因。再者,由於「倒閣」
及「解散議會」等制度,乃為「議會內閣制」下的民主運作機制,
但「臨時約法」採行「責任內閣制」的目的,則僅係為了「制衡」
擁有權力的總統,故「責任內閣制」與「議會內閣制」仍應有所區
別。也因此,在共和國總統為選舉產生,而不應無行政權的情形下,
為了達到「制衡」總統的目的,「臨時約法」除了採取副署制度外,
參議院擁有對所有國務員任命的同意權,則是另一個促使總統審慎
選人,並應和臨時政府參議院或國會參議院商議的「制衡」設計。

　　然而,1947 年由張君勱所草擬的憲法中,立法院對行政院長行
使任命同意權,是否即意謂「責任內閣制」更進而具有了「議會內
閣制」的精神呢?本書基本上認為,如果與「臨時約法」中有關的
規定相較,這個答案應該是肯定的,但若以張君勱認知中的同意權
而言,則與傾向「議會內閣制」的關鍵性機制仍然無關。按張君勱
於《中華民國憲法十講》的第五講中,是在講述美國總統制是否適
用於中國時,方才提到有關同意權問題。他認為美國總統任命閣員
須經國會參議院之同意,雖然偶有一兩個遭否決,但大家淡然處之,
可是在民國初年的實施情形,卻引發爭論甚至破壞約法[89]。最後,
他認為美國這種僚屬式的內閣並不適用於中國,蓋此種制度乃為「以
總統一人之好惡為取去」[90]。由此可看出,在張君勱的觀念中,設
計同意權制度只是為了避免「以總統一人之好惡為取去」。所以,1947
年憲法便規定立法院行使同意權的對象,僅為總統所提名的行政院

---

[89] 張君勱,前引書,頁 60。

[90] 張君勱,前引書,頁 62。

長，而不包括由行政院長提請總統任命的所屬部會首長。此一改變
與「臨時約法」的規定相較，係將行政院視為全體概念的「內閣」，
並以全體的行政院向立法院負責，因而使「責任內閣制」具有了「議
會內閣制」的特徵。

在張君勱的設想中，真正使「責任內閣制」具有「議會內閣制」
精神的關鍵，則係規定了行政院向立法院負責的方式。此在他講述
英國內閣制是否適用於中國時，曾經提到[91]：

> 但總統有一定任期，而議員與內閣之衝突是隨時可已發生
> 的，所以在民選總統之下，仍舊保持責任內閣之制，以便國
> 會之意思隨時發揮。而內閣之存留與否，完全看議會對他的
> 信任如何。所以責任內閣制又與信任投票制度有聯帶關係。

從上述張君勱的看法中可知，他所講的「責任內閣制」因採行
了「信任投票」制度，使「責任內閣制」又具有了傾向「議會內閣
制」的精神，而不是以立法院擁有內閣任命的同意權為斷。對此，
國民黨主導 1997 年修憲的重要幕僚蔡政文，曾就總統提名行政院長
改為不必經由立法院同意，對外公開說明絕無擴權之情形。而他的
理由，則認為在行政院長第一次施政報告時，立法院可對之提出信
任案，即猶如行使同意權一般。並且，關於增加總統擁有解散國會
權的設計，則是希望咨請民意化解僵局，不可能隨意為之[92]。基於
此，有關增加總統擁有解散立法院之權，可謂符合張君勱的原意[93]；

---

[91]　張君勱，前引書，頁 65。

[92]　陳鳳馨報導，〈許信良蔡政文：修憲並無總統擴權情況〉，《聯合報》，1997 年 4
月 16 日，版 4。

[93]　張君勱，前引書，頁 69。

惟取消同意權雖和「議會內閣制」的精神無關，但卻改變了張君勱
用意在「制衡」總統用人權的設計。故相對來說，1997 年修憲仍以
總統擴權為其目的。

依據我國憲法本書的規定看來，我們或可把「責任內閣制」的
概念，著眼於組成一個負實際政治責任的內閣；而「議會內閣制」
的概念，則強調「責任內閣」組成後，向立法院負責任的方式。在
此前提下，我國憲法本書中基於「責任內閣制」的概念，總統對於
「責任內閣」的組成，實際上應擁有主動積極之權利。依照張君勱
自己的說法，他對憲法本書規定下所謂的「責任政府制」，指出的第
一項特點為「我們沒有採用英法式的內閣制，各部長同時須為國會
議員」[94]，並進而說明了此一設計的著眼點，係讓總統於組成內閣
時，擁有更寬廣的用人選擇。他提到[95]：

> 依照第一項，總統用人之權，甚為寬廣，因為內閣閣員不必
> 須為議會議員。總統儘可在議會之外選人。由此可見，我們
> 的內閣與議會制度下的內閣，迥不相同。未來之總統，其用
> 人權較諸英王及法總統寬廣得多。如果總統選一非國會議員
> 充當部長，祇須其行政院長同意，此人便可為部長了。

由上述張君勱的解釋看來，內閣既係代表總統負實際政治責
任，故總統自應擁有組成內閣的權利，亦即負有選擇適當閣員人選
的責任。只不過，如同前文曾論及，「內閣」擁有副署權及立法院擁
有任命行政院長的同意權，皆應屬對總統用人權的一種「制衡」機
制。是故，立法院行使行政院長任命的同意權，其目的在於「制衡」

---

[94] 張君勱，前引書，頁 70。
[95] 張君勱，前引書，頁 71。

總統組成「內閣」時的用人權。並且，鑑於行政院即為國家最高行政機關，故對於行政院所屬部會首長的任命，則由總統與其提名並獲同意任命的行政院長共同決定。然而，總統固然擁有選擇內閣閣員的用人權，但仍須經行政院長行使副署權以表示同意，故副署權亦應屬促使總統於組成內閣時，須和行政院長多所審慎諮商的制衡機制。由此可見，就我國的憲政發展來說，同意權應屬「制衡」總統用人權的設計，而其目的係在建立「責任內閣制」，但卻與「議會內閣制」的運作模式，並無必然關係可言。

我國在 2000 年總統大選時，首度發生了政黨輪替的結果，但民進黨係以「少數總統」而取得中央執政權。並且，當時立法院的多數黨仍為國民黨，遂引發了是否應由國民黨組閣的問題。如果依照憲法增修條文的方式運作，國民黨儘可在總統新任命的行政院長，首度赴立法院做施政報告時，就提出「不信任案」投票。但是，國民黨在總統大選敗選後，實質上只具有形式上的脆弱多數之地位，故迫於現實政治實力的考量，而並未依照當時自己設計的制度運作。因此，在 1997 年修憲後，由於此一慣例尚未能建立，遂造成行政院長的民意基礎不穩，亦無力透過民意基礎的展現，以解決各種憲政僵局與政治危機[96]。2006 年 4、5 月間，民進黨在擬推動第八次修憲的主張中，亦有提出改為內閣制或先恢復立法院同意權的訴求。面對此一情勢，國民黨主席馬英九基於反對修憲的基本立場，則認為「閣揆同意權可用信任投票取代，若國民黨執政，可將行政院長人選提到立法院信任投票，建立憲政慣例，不必另外修憲」[97]。

---

[96]　周陽山，《憲政主義與憲政改革—七次修憲條文逐條分析》，頁 58。

[97]　范凌嘉、陳志平、尚毅夫報導，〈馬：信任投票可取代閣揆同意權〉，《聯合報》，2006 年 5 月 5 日，版 4。

　　由以上的討論可知，無論民國初年「過渡憲政」的實踐，或是張君勱所設計的中華民國憲法，國會或立法院擁有同意權的理由，均不是為了對行政權表達「信任」，而係對總統用人時的一種「制衡」。然而，自 1947 年以來的憲政實踐中，由於對「責任內閣制」的理解，係以「議會內閣制」為參照的對象，故關於同意權制度的設計，則形成了係立法院對行政院長表達「信任」的觀念。1997 年修憲將立法院對行政院長的任命同意權刪除後，希望以「信任投票」取代同意權的憲政慣例，直到 2008 年馬英九當選總統後的組閣，仍然無開此先例的意圖。

第三節　小結

　　清末以來的政治菁英，皆信奉嚴格意義上的權力分立思想。在此思想的制約下，他們視立法機關的最根本職責，便在於監督掌行政權的政府。如果以政府內閣需要得到民意立法機關賦予民主正當性支持，作為最鬆散意義上的「議會內閣制」之概念，並基於立法權的職責僅在監督行政權，則在我國憲政發展與 1947 年憲法的制度選擇上，則可謂從來沒有採行「議會內閣制」的想法。

　　在本章的討論中，闡明了清末以來的政治菁英並非不了解英國的「責任內閣制」，乃係「閣會合一」的「議會內閣制」。但是，誠如梁啟超的看法指出，「閣會合一」實質上不是「責任內閣制」，這也意味了在我國憲政史發展上，「責任內閣制」的涵義並不即等於「議會內閣制」。由於 1911 年革命結果改變了國體，在國家元首必經由選舉產生，以及傳統政治文化視選舉為舉出有德而賢能者，就註定了民國以後的總統不能也不會是虛位元首。故而，無論我國是「責

任內閣制」或傾向於「議會內閣制」，總統皆負有組成「良好內閣」的責任與權力。

事實上，在民主化過程中，制度選擇原本就是矛盾的。行政權應否強化、集中，取決於該國政治菁英如何界定所欲追求的目標？如果目標鎖定在防範民主遭背叛的問題，則不會放任行政權集中一人之手。反之，如果將目標界定為恢復社會與經濟秩序，強化行政權的思維必佔上風[98]。綜觀我國的憲政選擇與發展變遷，從民國肇建之始，就處於這樣的矛盾之中，而所謂「責任內閣制」，也正是這種矛盾下的產物。相對來說，造成這種矛盾的另一個原因，則是代表民意的國會立法機關，從戊戌變法時就已遭到了質疑。且民國初年實施國會制度的失敗，更「鎖定」了日後的憲政選擇與發展，使原有國會的「權能」遭到割裂。這些因素，同樣侷限了我國走向「議會內閣制」的選擇。

在本章的討論中，還對我國的憲政選擇與制度原意，釐清了若干重要問題，茲分別略述如下：

第一，國民大會的本質就是「無形化」的組織，目的就是在於「去國會化」，使「權能合一」的國會僅保留「主權在民」的象徵意義。「五五憲草」設計中的國民大會，若就其地位與職權而言，以國民大會實質上為「無權」，而大致符合孫中山的本意。由於在 1947 年憲法中，立法院為人民直選產生，註定國民大會將走入歷史。

第二，張君勱為 1947 年憲法所設計的「修正式內閣制」，總統因係國民大會選出的國家元首，故並非虛位元首。而總統基本擁有兩項職權，一為包括組閣在內的人事權，以及立法院與行政院間發

---

[98] 高朗，〈總統制是否有利於民主鞏固〉，輯於高朗、隋杜卿主編，《憲政體制與總統權力》，台北：財團法人國家政策研究基金會，2002 年，頁 139。

生政治爭議的調和權。故基本上來說,行政院雖然不向總統負責,但總統卻負有組織「良好內閣」與調節政治爭議的責任。故而,總統若要能夠有效運用職權,就必須先保有「統」的超然地位,進而才具有促進政府能力與調和政府運作之「治」的權能。

第三,副署權在民國初年時,是內閣用來「制衡」總統的行政權,乃屬於政策方面的「內部制衡」機制。1947 年憲法以後,副署權還包括了行政院長「制衡」總統任命部會首長的意涵,而任命同意權則是國會或立法院「制衡」總統的權力。並且,對我國的憲政發展與制度選擇而言,副署權和同意權都是為了促成「責任內閣制」,但卻不是「議會內閣制」。尤其同意權的設計並不具有賦予民主正當性的意義,而只是促使總統在提名行政院長時,能夠審慎地選賢舉能。

第四,我國「責任內閣制」的意涵,主要是從行政權本位的角度出發,雖強調元首「免責」,但並非「免權」。而西方所講的「議會內閣制」,其前提則是行政權為立法權所建立。從民國建立以來,在傳統「普世王權」觀念的影響下,共和國元首既然由選舉產生,只要沒有重大的「失德」情形,他往往實質上能夠具有超越憲法所賦予的更多權限。相對來說,民選立法機關才是被視為需要被壓抑的對象,當這種政治文化未見改變之前,改為「議會內閣制」的主張,在短期內無實現的可能。

第七章　結論

　　本書研究的主旨，係藉由重新理解與建構我國的憲政理論，進而探討「議會內閣制」在我國的實踐，為什麼會這麼困難？本書基於傳統文化不可能消解，但卻可如林毓生所主張的「創造性轉化」（creative transformation）[1]，故對此一課題的研究，須追溯自清末引進西方思想與制度為起點。並且，由於清末開始使用的重要相關詞彙，其確切的涵義與現今的認知未必相同，故亦成為本書首須探究與釐清的重點。

　　基本上，我國憲政思想的發軔，係根植於近代民族主義主權國家之追求，而以建立強有力的政府為目標。因此，我國憲政思想的要旨，也就是找尋使政府強而有力的方法，並可用「民權」理論來涵括。然而，「民權」一詞既係轉譯西方的概念，同時也是清末新創的詞彙；而且，「民權」的確切意涵，既具有西方民主（democracy）的操作性意義，也蘊含了中國思想裡的道德責任觀。由於「民權」觀念的形成與發展，係源自於對中國傳統民本思想的創造性轉化，故對「民權」持不同的理解與看法，便影響了我國憲政制度的選擇。

第一節　我國憲政理論的形貌

　　我國自清末以來，無論制定憲法、追求民主憲政和政治制度選擇，最高目標都是為了建立強而有力的政府，以使國家能夠強盛，

---

[1]　林毓生，《思想與人物》，台北：聯經出版事業，1989年，頁125。

進而在國際社會裡具有主權獨立的地位。基於此，本書認為若是存在著「中國式立憲主義」，則從 1890 年代到 1920 年代以前，「中國式立憲主義」的精神，即係「伸張民權以鞏固國權」。自此以後到 1947 年完成制憲期間，「中國式立憲主義」的精神，則為憲法前言中所揭示，係先鞏固國權而後保障民權。

從「伸張民權以鞏固國權」轉變為「鞏固國權而保障民權」，雖係因不同的政治發展階段，本會具有不同的政治目標。但更為根本的原因，則應是對民權的看法已有了改變。換言之，「民權」雖是建立民主共和國的推進力量，但民初實行國會政治的失敗經驗，卻又證明了「民權」未必能夠鞏固國權。對於此一轉變的情形，在中共的《中國的民主政治建設》白皮書中，恰有清晰的表述，茲引述如下[2]：

> 中國人民爭取民主，從一開始就與維護國家主權、領土完整和尊嚴嚴密聯繫在一起。如果失去了國家主權、不能維護國家的領土完整和尊嚴這一全體人民的共同利益和根本利益，中國人民已經取得的民主成果就會喪失。

由此看來，西方的「憲政主義」精神與要旨，乃係限制國家（政府）權力，以保障人民權利；而「中國式立憲主義」的精神，由於民權（屬於『集體主義民主』）僅具有工具性的意義，遂可僅以鞏固國權為標誌。事實上，「中國式立憲主義」的形成，雖然受到各種思潮的影響，但近代西方主權國家建立的民族主義，卻始終是背後的

---

[2]　見中國國務院新聞辦公室發表，《中國的民主政治建設》白皮書之〈結語〉部分，2005 年 10 月 19 日。http://news.xinhuanet.com/politics/2005-10/19/content_3645697.htm，上網檢視日期：2005 年 10 月 21 日。

一條「潛流」[3]。即使是目前的台灣，在歷次修憲與制度變遷的背後，這條「潛流」也一直具有關鍵性的影響[4]。基於此，若總歸一句話來說明「中國式立憲主義」，本書將以「民權為國權服務，民權不能妨礙國權」來表述。

清末以來主張開議院或開國會，即係實現民權的具體方式，也是所謂的「立憲政體」或「憲政」。但是，主張民權並不是基於反映個人的利益，也不是反映地方區域的利益，而實係具備肩負強國與救國責任的資格。因此，民初實施國會政治的失敗經驗，導致孫中山的民權理論，從「天賦人權」改為「革命民權」。由此看來，不僅凸顯了「民權」的內涵原係「集體主義民主」，也說明了「民權」的根本價值，乃在於鞏固「國權」的工具性意義。

所以，中國人所認識的西方民主，並不是從尊重個體的意義上來理解，而是相對於君主一人專制，從「公天下」的集體意義為立論點。換言之，中國人認為西方的議會制度，可以形成大公無私的政府，可以因通上下之情，而達成內部的和諧，以及對外時的集體團結。因此，中國人以自己文化所認識的西方民主，變成了以絕對的道德理想與集體理論為基礎[5]。也因此，「中國式立憲主義」中的

---

[3] 羅志田認為中國近代百年多間，似乎並沒有什麼思想觀念可以一以貫之。但是，若仔細剖析各類思潮的背後，仍能看出在亂世中有一條民族主義的潛流，且若條分縷析晚清以來各種激進與保守、改良與革命的思潮，皆可將之視為民族主義的不同表現形式。見，羅志田，《亂世潛流：民族主義與民國政治》，上海：上海古籍出版社，2001年，〈自序〉部分之頁1。

[4] 對主張台灣獨立者來說，無論修憲或制憲的主張，皆隱含了以新興「台灣民族」為基礎，而建立一個新的主權獨立之國家。例如，許信良，《新興民族》，台北：遠流出版事業，1995年。1997年第四次修憲的時程，國民黨及民進黨因應香港「九七大限」將屆，為了藉修憲向中共展現台灣的主體性，遂設定了該年7月1日為完成修憲的期限。見李炳南編著，《九七修憲記實》，台北：世新大學，2001年，頁73。

[5] 黃克武，〈清末民初的民主思想：意義與淵源〉，中央研究院近代史研究所編輯，

「民權」，雖然係指人民的「權利」，但卻更接近於負有的道德責任或義務的資格，因而實係集體主義的高調民主觀。

在此「中國式立憲主義」精神的指引下，孫中山建構了「權能區分」與「五權分立」的憲政理論，而將鞏固國權的方法，寄託在「專家政治」的「萬能政府」之建立上。孫中山既然強調專家政治，故所著重者實係「中興以人才為本」的「人治」。基於傳統「人治」思想的淵源，孫中山不僅認為「選賢舉能」（不僅是 election）與糾彈制度，係達到政府有能的兩項關鍵，他更主張在西方的三權分立之外，將「考試」、「監察」兩權另外分出而獨立。

在孫中山的構想中，三權分立僅係為了避免專斷，而不具有西方的制衡意涵，此也為清末民初所形成的觀念。並且，孫中山雖然認為，三權之中的國會或立法機關，因屬民權機關而應居首位。但是，民初實行國會政治的失敗，觸發了孫中山建構「權能區分」的理論，主張「民權」應僅限於選舉、罷免、創制及複決四權，並將立法功能歸於萬能政府的立法院。在孫中山具有「人治」傳統的憲政理論中，擔任包括選舉產生在內的一切公職，需先經由考試權檢定其是否具備「能」，且在擔任公職期間，尚受需到糾彈權對其「德」的監督。所以，孫中山憲政理論的基本原理，凸顯了唯有透過「人」，才能達到「善治」的境界，而反應出中國傳統的德治與賢人政治的「人治」思想。

1947 年實施的中華民國憲法並未以孫中山的「權能區分」，作為憲政制度設計的原理。這部由張君勱起草的憲法，其基本精神係在「民權不能妨礙國權」前提下的「保障民權」。同時，從清末主張「興民權」，到 1947 年憲法中的「保障民權」，民權所以轉變為「保

《中國現代化論文輯》，台北：中央研究院近代史研究所，1991 年，頁 390-391。

障」，則應係相對於孫中山「權能區分」的主張而言。換言之，在張君勱設計的憲政體制中，立法院和監察院都不是萬能政府的治權機關，而係趨近於具有「國會」性質的「民權」機關。尤其，立法院亦係由人民直選產生所組成，並擁有參與政府政策決定的職權，則意味了立法院係具有代議性質，而為「權能合一」的民權機關。

　　張君勱起草憲法時所面對的政治環境，一方面有抗日民族英雄蔣介石領導的國民黨，另一方面，則又有逐漸勢力坐大的共產黨。因此，在共和國總統難以成為虛位元首的前提下，他基於防範總統的可能獨裁，則仍然採取了「責任內閣制」，並確立行政院長的地位，即是國家最高行政首長。然而，基於維繫行政權的獨立，他認為總統仍具有主動的「組閣權」。另一方面，張君勱基於容納各黨派參與議政，以能團結而鞏固國權，又引進了「議會內閣制」下行政向立法負責的運作模式，但為避免重蹈民初政府無能的覆轍，則對「倒閣權」定有較高的程序性門檻，並賦予總統擁有決定是否「倒閣」的「協調權」。在張君勱規劃的憲政制度中，基本上總統仍為擁有「統治權」的最高領導者。然而，總統居於國家元首的地位，擁有象徵意義的「統權」自無問題，但在「修正式內閣制」下，總統為何還擁有「組閣權」和「協調權」呢？

　　本書以為，雖然總統行使「組閣權」時，尚須受到立法院和行政院長雙重的「制衡」，但總統若愈能受到人民的支持與信賴，其便愈擁有影響政策決定的實質影響力。換言之，在張君勱規劃設計的憲政體制中，總統須先「能統」而後「能治」。相對地總統若愈不能凸顯其「統」的角色，則實質上決定行政人事組成的權利或影響力，便將愈向立法院及經立法院同意任命的行政院長傾斜。也因此，總統能夠實質上主導政治決策的空間，也將被立法院所侷限。同時，1947年憲法賦予總統決定「倒閣」與否的權力，本係使總統成為政

局穩定的「安全閥」,而在立法院和行政院間發生重大政治爭議時,能夠先扮演調和鼎鼐及一言九鼎的角色。相對來說,儘管「倒閣」的門檻限制較高而難以成功,但只要立法院對行政院提出了不信任案,則不僅意謂總統實質上「治」的角色受到質疑,連帶也將使其「統」的角色受到貶抑。

基於此,在張君勱設計的「修正式內閣制」中,總統的基本角色固然係國家層次的「統」,但若總統愈能獲得政治上的聲望,則其就愈能在實質上因能「統」而能「治」。換言之,「修正式內閣制」的「修正」之處,即在於行政院係直接向立法院負政治責任,但總統實質上能夠涉入政治決策與運作的程度,則要視其所具備的政治聲望而定。

事實上,我國並未完整地實施過 1947 年憲法,而這套傾向於「議會內閣制」的憲政體制,也在 1997 年第四次修憲時,有了根本性的改變。雖然,2006 年後迭有改為「內閣制」的主張,但此一主張的真實意圖為何?以及是否真有改變為「內閣制」可能性?都是值得懷疑的事情。揆諸過去的經驗,為什麼「議會內閣制」在我國的實踐是這麼困難?在下一節中,將提出本書的看法。

第二節　我國實施「議會內閣制」的困境

本書研究了自清末以來的政治菁英與政黨領袖,對建立議會制度、責任內閣、「行政─立法」權關係與總統角色的不同看法,除上述對總結了我國憲政理論及發展的描繪外,還認為在我國制度選擇中「責任內閣制」或「內閣制」,並不是西方的「議會內閣制」。然而,為什麼在我國的憲政實踐中,發展成為「議會內閣制」是那麼的困難?本書再參酌西方議會民主與制憲經驗,得到以下幾項具體意見。

第一，普遍王權思想遺緒，總統難成虛位元首

我國在「普遍王權」觀念的影響下，仍然容易將國家視為家庭的放大。因此，國家元首的角色被期待為政治與社會秩序的中心，無論在政治上或道德上，都被視為人民的表率。所以，我們可常聽到「國家元首的尊嚴不容污衊」這句話，意味了國家元首為集「政統」及「道統」於一身的「聖王」。並且，儘管民主時代的總統係經由選舉所產生，但在「普遍王權」觀念的遺緒下，選舉往往視為要選出一位具備「內聖外王」資格者，並被期待負有承擔政治的重責大任。然而，論者「診斷」我國無法貫徹內閣制的原因時，最常提到總統兼任黨主席或副署制度遭到扭曲等現象[6]，但若論及這些現象發生的政治文化基礎何在？卻仍可歸因於「普遍王權」觀念的遺緒尚存，使總統得以在正式法律制度之外，另外取得了權力正當性的來源。

此外，「普遍王權」的觀念容易傾向權力定於一尊，並流於「成王敗寇，勝者全拿」的政治模式。因此，在憲政運作的實踐上，總統不僅不可能成為虛位元首，還往往須要滿足政治文化中「大一統」的角色期待。何況，新興民主國家中經由選舉產生的總統，也容易

---

[6] 總統兼政黨黨魁常被視為總統實際上擁有實權，並導致無法貫徹「內閣制」的原因。此一論斷能夠成立，至少意味了要以「以黨領政」為前提，但我國究竟係「以黨領政」或「政高黨低」？卻不無疑問。質言之，總統為國家元首，黨魁係「社會團體」的領導人，而在我國的政治文化中，容不容許社會團體領導人比總統擁有更大的政治權力？進而，我國的政治文化是否也容許兼任黨魁的行政院長，能夠擁有比總統更大的政治權力呢？若從這些疑問出發，可知總統兼任政黨黨魁的現象，應係我國無法貫徹內閣制的結果之一，但並非其原因。關於「政高黨低」的見解，可參閱楊泰順，〈黨主席的乞丐權〉，《聯合晚報》，2002年3月2日，版2。桂宏誠，〈意識形態政黨，難擋黨政合一誘惑〉，《聯合報》，2002年3月3日，版15。同樣地，副署制度所以遭到扭曲，也係因總統不可能成為虛位元首所致。

傾向於認為可擁有絕對的權力，故常為了達到集權的目的，還不惜逾越憲法或使用其他可能帶來嚴重後果的手段[7]。然而，總統經直選產生，是否理論上便註定了不可能成為虛位元首？此若從芬蘭之例來看，當可得到進一步的說明。

　　冷戰時期的芬蘭在外交上採取中立政策，而成為在蘇聯共產集團與西方歐美集團之間的重要緩衝國。由於芬蘭地處蘇聯邊緣，在國民所得之中有近四分之一的比例，係來自對蘇聯與東歐國家的貿易，芬蘭為了發揮其國際角色，總統被賦予相當重要的責任。根據1919 年的憲法規定，芬蘭基本上係屬於「半總統制」，但為了能夠在國際社會中求生存發展，芬蘭總統在實際權力運作上，其最高的權限主要則為外交權，並與內閣總理形成內、外分治的形態。然而，蘇聯在 1991 年瓦解後，卻對芬蘭的憲政運作與發展，造成了極大的衝擊。此時，芬蘭人民仍然支持內、外分治的政治形態，並維持原有的總統直選方式，但總統行使國際外交職權的對象，則由蘇聯轉變為「歐盟」（European Union）。並且，自芬蘭加入「歐盟」後，由於總統擔負的外交角色逐漸減少，也意味了內、外分治的半總統制，將因政治現實而朝向議會內閣制改革。2000 年 3 月，芬蘭進一步完成了修憲（實質上為制憲），將半總統制正式修正為「議會內閣制」。總統雖然由直選產生，但僅扮演統而不治的角色，內閣總理在國會的支持下，成為行政首長。芬蘭這種總統直選卻為虛位元首的權力運作方式，凸顯芬蘭在國際形式的快速變遷下，既具備憲政權力的分治理念，又兼顧了國情的發展[8]。

---

[7]　Fareed Zakaria, "The Rise of Illiberal Democracy," *Foreign Affairs*, Vol.76, No.6 (November/December, 1997), p.30.

[8]　有關芬蘭新近的憲政發展，參閱周陽山，〈芬蘭新憲法與憲政體制之變遷─兼論芬蘭監察使制度〉，《立法院院聞》，第 33 卷第 6 期（2005 年 6 月），頁 23-27。

　　然而，我國總統由直選產生後，儘管總統有意嚴守「憲政分際」，但人民還是期待總統應該積極地有所作為。事實上，過去十五年來我國已歷經了七次修憲，卻仍然在總統直選產生而豈能無權的問題上爭吵，實凸顯出我們的政治社會尚普遍存在著「普遍王權」的遺緒，也凸顯了中華民國的國會發展，始終未達到「國會主治」（parliamentary sovereignty）的境地，而這也是我國實行議會內閣制的現實困境。

第二，有機國家論促成行政官僚主治的傳統

　　我國傳統的國家與社會之建構，係以儒家倫理觀念為規範，故容易與歐陸的有機國家論相結合，並將個人對於家庭的倫理責任，放大至國家民族的建構上。由於受到歐陸的有機國家論影響，清末以來的民權或立憲思想，皆以負有壯大國家民族的使命，作為個人合乎道德行為的指引。因此，清末以來的政治思想，便效法德國的國家有機論；而此思想乃將國家予以人格化（personify the state），並視之比個人還尤為重要[9]。換言之，國家雖是由個人所組成，但視國家如同自然人一般，也應具有道德的目的。並且，個人若要具有意義，則必須融入在國家這個有機體內，並表現在為國家貢獻與擔負責任之上。

　　在此觀念下，中國傳統士大夫的培養，使他們具備了為生民請命，為國家與民族效忠的使命感，即如同宋代理學家張載所言「為天地立心，為生民立命，為往聖繼絕學，為萬世開太平」的胸懷。

---

[9]　Alex N. Dragnich and Jorgen S. Rasmussen, ***Major European Governments***, 7th ed. (Chicago: The Dorsey Press, 1986), p.345.

而自秦漢統一後,建立了由士大夫為主體的官僚體制,再經由科舉考試制度將儒生轉化為儒吏,因而實踐儒家道德理想與維護倫理秩序,便成為行政官僚體系共有的責任與義務。因此,數千年來的官僚體系,自較受到信賴與期待,而行政權高於立法權,也是長時間所累積的觀感。

　　有學者提出我國走向「議會內閣制」的方法,係先讓立法委員可兼任政務官,再透過將行政院長與各部會政務官列入不分區立委的方式,來完成議會內閣制的建構[10]。然而,以歐洲之議會制國家為例,國會議員是否兼任部長,實非議會內閣制的必然要件[11]。不過,上述將優秀政務官列入不分區立委的主張,卻說明了政治人才的養成與培育,並不是透過國會的歷練。換言之,西方政務官人才往往歷經國會議員的歷練而養成,進而成為議會內閣下的政務官。但若依上述的見解,我國即使實施了議會內閣制,卻仍不是「議會主治」,而實係「行政官僚主治」。

第三,公民社會難以建立,國會成為「私利」的表徵

　　晚清時人倡言民權或人人有自主之權者,無非係以議會制度來動員與結合人民的力量,而其背後指導的思想,則是通過肯定人民「私」己身之利益,再轉化而培養成「私國家」的責任或義務感。同時,「合私以為公」係針對統治階層所提出的道德訴求,而「轉私成公」或「積私成公」的觀念,則成為人民所亟待具備的德性。因

---

[10]　孫善豪,〈突然想起內閣制的好處〉,《聯合報》,2006 年 5 月 1 日,版 15。孫善豪,〈往內閣制之路〉,《中國時報》,2006 年 4 月 28 日,版 19。

[11]　周陽山,〈修憲正當性與內容規劃〉,《蘋果日報》,2006 年 5 月 25 日,版 15。

此，開議院或國會雖是「轉私成公」或「積私成公」的制度設計，但卻仍要以「民智」已開為前提。

然而，中國傳統公、私觀念運用在政治上，雖然開議院或國會的主張可從強調「己私」為推衍的起點，但目的仍要能夠「為公」或「成公」，才是符合道德的行為。也因此，中國人所認識的民主權利，並不是從尊重個人的意義上來理解，而是認為民主制度可以形成大公無私的政府，可以藉由通上下之情，而達成內部的和諧與對外時的整體團結。故而，民主是以絕對的道德理想與整體理論為基礎[12]。

相對來說，西方「議會主治」的民主觀念，係基於個人自我利益的追求，也是以權利保護為目的的制度設計。然而，由於在我國的政治文化裡，視追求私人利益為不道德，故難以建立基於「己私」所形成的「公民社會」（civil society）[13]。基於同樣的理由，民初宋教仁雖然極力主張建立兩黨政治，以作為實行「責任內閣制」的基礎，但中國傳統文化強調「君子衿而不爭，群而不黨」（《論語·衛靈公篇》），使「政黨」始終難以從爭權奪利的不道德印象中解脫。不僅如此，由於民初實施國會制度的經驗，國會議員已被烙印下了追求私利的刻板印象，更使「議會主治」難被一般人民接受。直到

---

[12] 黃克武，〈清末民初的民主思想：意義與淵源〉，中央研究院近代史研究所編輯，《中國現代化論文輯》，台北：中央研究院近代史研究所，1991 年，頁 390-391。

[13] civil society 的概念雖然不一，但基本上包括了指稱一個具有功能的社會，係由人們自主地形成社會組織和制度為基礎，並對立於國家強制力的結構之外。civil society 基本定義可參閱 http://en.wikipedia.org/wiki/Civil_Society，上網檢視日期：2006 年 6 月 20 日。然而，近代中國所形成的「公民」概念，雖係強調個人從家族倫理中解脫，但卻是從家族倫理中「私民」轉換成為主權國家的「公民」。因此，若依中國傳統公、私區分之思想及近代興起的「公民」概念，將 civil society 翻譯成中文的「公民社會」，也是一個留待進一步研究釐清的課題。

2005 年我國在第七次修憲時，立法委員即因被視為政局或社會的「亂源」，使得主要政黨在強大的民意壓力下，竟以「喊價」方式造成立法委員名額減半的修憲結果。

過去論者常將我國無法貫徹實行「內閣制」，歸因於國民黨係為決策權不在國會黨團的「外造政黨」，但若更深層來看，我國既不具有「議會主治」的觀念，政黨的最高決策中心自也不會出自於國會黨團。何況，英國目前執政的工黨即為典型的「外造政黨」，但卻並不會與實行「議會內閣制」產生扞格。同樣地，論者多將「民進黨」歸為「內造政黨」，但民進黨自 2000 年首度取得中央執政權後，也並未因此而走向「內閣制」[14]。

第四，考試權僅限於常任文官，民選議員形象不佳

中國傳統的科舉考試制度，是從社會中甄拔人才，進入統治機構的主要管道。並且，若以「政務官」與「常任事務官」二元體系來說，西方的文官考試係「考吏不考官」，以及「考專才不考通才」，但我國的科舉考試則是「考官不考吏」，以及「考通才不考專才」。儘管如此，清廷在 1905 年驟然宣布廢除科舉考試時，最主要的理由卻是影響新式教育的推展，而非考試進用人才的方式受到質疑。也因此，孫中山在 1906 年首次提出五權憲法的初步構想，應與清廷廢除科舉考試後，再標舉考試權以為革命號召有關。

---

[14] 本書作者曾對「內造政黨」或「外造政黨」的概念，以及其與實行「內閣制」間的關係，提出不同於主張「內閣制」者的看法。見桂宏誠，〈政黨與選舉制度中一些觀念的釐清〉，《空大學訊》，第 204 期（1997 年 10 月 16 日－10 月 31 日），頁 44-48。

　　孫中山尤其重視考試權，而在他的構想中，儘管民選議員仍須先經由考試，始得具備候選資格。事實上，孫中山強調考試權的重要性，仍與清末時人主張的「民權」有關；蓋「民權」雖可泛指人民參與政治的權利，但卻需以具備參與政治的能力資格為前提。因此，孫中山特別彰顯考試權的地位，不僅係出自於中國固有的傳統文化思想，他還在民初實施國會政治的經驗中，更加認為我國在學習西方三權分立之外，還須要以考試權來補強三權分立體制的不足。換言之，孫中山所以凸顯考試權的地位，係因他認為所有公職人員均應具備考試資格，始為適合我國國情與文化背景的制度設計。

　　然而，我國 1947 年憲法中的考試權，並未採納孫中山主張的制度設計，故民選公職人員無須經由考試，即可具備候選資格。並且，過去我國對於公職人員的候選資格，僅在法律中定有學經歷之條件，再由考試院以「檢覈」方式審定查候選資格，而求形式上得以符合孫中山遺教。事實上，孫中山主張設置獨立的考試權，主要目的正是針對民意代表等民選公職人員，但他的構想卻未獲得重視與採用。如此一來，民選組成的代議部門雖負責監督行政部門，但其與考試進用為主體的行政部門相較，不僅在素質能力上難以獲得民眾的信賴，也因此未能改變民初國會議員既有的不佳形象。

第五，憲政體制紛亂，造成分權制衡的困境

　　在我國的憲政理論中，基本上係強調絕對的三權分立，故行政權若係由立法權所形成，便被視為破壞了立法權「監督」行政權，以及行政權向立法權「負責」的立憲目的。因此，我國最初採行「責任內閣制」或「內閣制」的原因，正係基於防範國家元首專制的可能性，但所以並未採行「議會內閣制」，卻同樣也係基於議會專制的可能性。

　　孫中山的「權能區分」理論，主要係解構國會的「權」與「能」。基本上，孫中山所區分出來的「權」，應係指「主權在民」的「政權」，而「能」則是具備有達到「善治」能力的政府權。換言之，前者可稱為「統權」，而後者則可稱為「治權」。然而，孫中山所構思「權」、「能」區分的方法，體現在行使「政權」的設計上，卻過於含混不清，而且還過份樂觀地高估了「選舉」的效用。換言之，他將西方民主選舉的制度，視為中國傳統文化裡的「選賢舉能」（與係舉的意思），因而並不重視防範政府權的方法。

　　我國制憲當時的環境，既受限於孫中山遺教的框架，又須要引進分權制衡，以及行政向立法負責的機制，遂造成了憲政體制的紛亂。例如，行政院雖係國家最高行政機關，並須向國家最高立法機關之立法院負責，但在憲政實踐上，總統卻為真正具有實權的最高統治者。究其原因，一來係總統具有主動的「組閣權」，二來國家安全會議及國家安全局的設置，卻在廢止「動員戡亂時期臨時條款」後，又成為了憲法機關。因此，總統雖然具有實權，但卻不受立法院的監督與制衡。

　　在 1994 年修憲時，由於取消了監察院的國會屬性，使監察院原掌有的同意權，連同對監察院院長、副院長及監察委員的任命同意權，皆轉移至國民大會。如此一來，「政權機關」便因同意權的行使，而涉入了「治權機關」的運作，此實係對憲政基本精神的妨害[15]。不過，2005 年第七次修憲的結果，「權能區分」的結構，已隨著國民大會而走入了歷史。

---

[15]　周陽山，《憲政主義與憲政改革—七次修憲條文逐條分析》，台北：東大圖書，2005年，頁 33。

在 1997 年第四次修憲時，除原具國會性質的監察院，改成了「準司法機關」外，對總統、副總統的彈劾，也轉移由立法院行使。但在第七次修憲時，又將立法院對總統、副總統提出的彈劾案，改為須「聲請司法院大法官審理」。然而，彈劾權原係國會對政府高層官員，最為有效的監督手段，但改由司法院審理總統、副總統的彈劾案，又大為削弱立法院監督總統、副總統的權力。

第六，缺乏法治的精神，導致違憲與毀憲

黎安友認為，我國自 1912 年實施「臨時約法」以來，主要的幾部具憲法性質根本大法或憲法草案，其實還相當不錯。尤其 1923 年草擬完成但未及實施的「天壇憲草」，以及 1947 年憲法，還受到了法律學者們的讚賞。然而，1910 到 1920 年代造成民主實驗失敗的原因，卻未必是所依據的「臨時約法」有太多的缺陷，而是肇因於國會、內閣及總統間的政治鬥爭，以及軍人或黨派所主導的獨裁，破壞了憲政的原則所致[16]。

我國所追求的「立憲政體」或「憲政」，由於其理論基礎係經由創造性轉化了儒家思想而建構，故缺乏了西方法治（rule of law）的內涵。民國剛建立的時候，由於袁世凱將要擔任臨時大總統，遂把剛實行的總統制改為責任內閣制，而已立下了制度隨人轉的惡例。這種「對人立法」的情形，在我國過去幾次修憲中，仍裝扮在「民主化」的理由下，而往往由當權者發動修憲。憲法原本應屬政治競

---

[16] Andrew J. Nathan, "Chinese Democracy: The Lessons of Failure,"in Suisheng Zhao, ed., *China and Democracy* (New York: Routledge, 2000), p.29.另參 Andrew J. Nathan, *China's Transition* (New York: Columbia University Press,1997), pp.64-66

爭的遊戲規則，但當權者經常修改這個規則，使得憲法反而成了政
治競爭的工具。

　　事實上，西方國家將修憲頻繁的現象，視為缺乏法治精神的一
個指標。凱洛樂斯（Thomas Carothers）即指出，對美國一些法律學
者而言，「法治」的概念運用自己國家的體制時，其屬性（attributes）
包括不輕易修憲。但對一些亞洲的政治人物而言，他們僅著眼於法
律的適當（regular）與有效（efficient）適用，並不強調政府必須受
制於法律的必要性。因此，在他們的觀點裡，法律的存在不是為了
限制國家，而是替國家權力服務。此一狹隘的觀念，較精確來說應
該是「用法律來統治」（rule by law）而並非「法治」，且此觀念正建
構成了我們所認識的亞洲形態之民主（Asian-style democracy）[17]。

　　最後，本書的研究心得認為，對於台灣當前憲政不穩定的討論，
將「憲政」等同於民主或民主化並不能夠解決問題。在台灣仍屬儒
家思想薰陶的社會，由於「民主」傾向於重視積極動員與集體主義
式的觀念，故在與「德治」思想的接合下，民主權利容易道德化成
為向理想社會邁進的「義務」，而這卻正是走向民粹化與使憲政不穩
定的原因之一。因此，關於憲政的選擇、運作及其影響，民主或民
主化並不應該是重點，而應該改以「法治—德治」的關係模式來觀
察與診斷。

---

[17]　Thomas Carothers, "The Rule of Law Revival," *Foreign Affairs*, Vol.77, No.2
　　　(March-April/1998), p.97.

參考文獻

壹、中文書目

一、專書

中國國民黨中央委員會黨史委員會編，1983，《廖仲愷先生文集》，台北：中國國民黨中央委員會黨史委員會。

———，1968，《國民日日報彙編》，第二冊，第 3 集，台北：中國國民黨黨史會影印本。

———，1978，《胡漢民先生文集》，第三冊，台北：中國國民黨中央委員會黨史委員會。

中華民國開國五十年編纂委員會編纂，1965《清廷之改革與反動（下）：中華民國開國五十年文獻第一編第八冊》，台北：中華民國開國五十年編纂委員會。

———，1974，《開國規模：中華民國開國五十年文獻》，第二篇第二冊，台北：中華民國開國五十年文獻編纂委員會。

毛澤東，1991，《毛澤東選集》，第二卷，北京：人民出版社。

牛彤，2003，《孫中山憲政思想研究》，北京：華夏出版社。

王磊，2002，《憲法的司法化》，北京：中國政法大學出版社。

王韜，2002，《弢園文錄外編》，上海：上海書店出版社。

王人博，2003，《憲政的中國之道》，濟南：山東人民出版社。

王永祥，1996，《中國現代憲政運動史》，北京：北京人民出版社。

王樂夫、郭巍青等，2002，《當代中國政治體制改革的理論與實踐研究》，廣州：中山大學出版社。

王孟平，1994，《訓政時期憲政準備歷程之研究》，台北：國立政治大學三民主義研究所博士論文。

孔祥吉編著，1998，《救國圖存的藍圖：康有為變法奏議輯證》，台北：聯合報系文化。

丘桑主編，1998，《護法使者（民國奇才其文系列：宋教仁卷）》，北京：東方出版社。

石之瑜、李念祖著，2002，《當代台灣憲政文化省思》，台北：五南圖書。

石之瑜，2003，《政治文化與政治人格》，台北：揚智出版社。

———，2002，《後現代的政治知識》，台北：元照出版公司。

———，2001，《政治學的知識脈絡》，台北：五南圖書。

———，1998，《中國大陸基層的民主改革（文化篇：集體主義的民主）》，台北：桂冠圖書。

李炳南編著，2001，《九七修憲記實》，台北：世新大學出版中心。

李學智，2004，《民國初年的法治思潮與法制建設》，北京：中國社會科學出版社。

李曉東，2001，《東亞的民本思想與近代化—以梁啟超的國會觀為中心》，台北：中央研究院東北亞區域研究。

李劍農，1998，《中國近百年政治史》，台北：台灣商務印書館，台 1 版。

谷鍾秀，1966，《中華民國開國史》，台北：文海出版社，影印本。

任德厚，2005，《政治學》，台北：自版，增訂版 7。

———，1993，《政治學》，台北：自版，版 2。

朱浤源，1995，《同盟會的革命理論》，台北：中央研究院近代史研究所，再版。

汪榮祖，2001，《從傳統中求變──晚清思想史研究》，南昌：百花洲文藝出版社。

呂亞力，2000，《政治學方法論》，台北：三民書局。

余英時，1987，《中國思想傳統的現代詮釋》，台北：聯經出版事業公司。

李新、李宗一主編，1982，《中華民國史》，第二編，第一卷，北京：中華書局。

李宗侗主編，1971，《中國學術名著第七輯：嚴幾道文鈔》，台北：世界書局，根據蔣貞金輯，1922 年上海國華書局刻本影印，第一卷。

李酉潭，1999，《自由、平等與民主：約翰彌勒與孫中山的政治思想》，台北：國立編譯館。

吳宗慈編纂，1973，《中華民國憲法史：前編》，台北：台聯國風出版社，年，影印本。

吳經熊、黃公覺，1937，《中國制憲史》，下冊，出版地不詳：商務。

沈雲龍主編，1981，《中華民國憲法史料》，台北：文海出版社。

林則徐著，張曼評註，2002，《四洲志》，北京：華夏出版社。

林家有主編，1990，《辛亥革命運動史》，廣州：中山大學出版社。

林毓生，1983，《思想與人物》，台北：聯經出版。

林載爵主編，1998，《嚴復合集‧嚴復文集編年（二）》，台北：財團法人辜公亮文教基金會。

周陽山編著，2005，《憲政主義與憲政改革──七次修憲條文逐條分析》，台北：東大圖書。

───，1993，《自由憲政與民主轉型》，台北：東大圖書。

———，1993，《民族與民主的當代詮釋》，台北：正中書局。

金耀基，1997，《中國政治與文化》，香港：牛津大學出版社。

金觀濤、劉青峰，2000，《中國現代思想的起源—超穩定結構與中國政治文化的演變（第一卷）》，香港：中文大學出版社。

法治斌、董保城編著，2001，《中華民國憲法》，台北：國立空中大學，修訂版 3。

———，2003，《憲法新論》，台北：作者自版。

胡佛、沈清松、石之瑜及周陽山合著，2001，《中華民國憲法與立國精神》，台北：三民書局，修訂版 4 刷 2。

胡佛，1998，《政治學的科學探究（一）：方法與理論》，台北：三民書局。

———，1998，《政治科學的探究（二）：政治文化與政治生活》，台北：三民書局。

———，1998，《政治學的科學探究（五）：憲政結構與政府體制》，台北：三民書局。

胡康大著、李炳南主編，1997，《英國政府與政治》，台北：揚智文化事業。

胡漢民著、傳記文學出版社編輯，1969，《胡漢民自傳》，台北：傳記文學出版社。

洪泉湖等著，1993，《中華民國憲法與立國精神》，台北：幼獅文化事業。

馬漢寶，1999，《法律與中國社會之變遷》，台北：翰蘆圖書。

姚誠，1990，《訓政時期政治體系之研究（1929-1947）》，台北：國立政治大學三民主義研究所博士論文。

段云章、倪俊明編，1998，《陳炯明集》，下卷，廣州：中山大學出版社。

袁林、沈同衡原著，王靜芝、陳新雄審訂，1999，《紅葉活用成語典》，台北：紅葉文化事業有限公司。

荊知仁，1984，《中國立憲史》，台北：聯經出版公司。

時報文教基金會編，2002，《近代中國的變遷與發展─人文及社會科學的探索》，台北：時報文化出版公司。

桂宏誠，2005，《中國立憲主義的思想根基─道德、民主與法治》，北京：北京大學政府管理學院博士論文（未出版）。

秦孝儀主編，1989，《國父全集》，台北：近代中國出版社。

───主編，1979，《革命文獻第七十九輯：中國國民黨歷屆歷次中全會重要決議案彙編（一）》，台北：中國國民黨中央委員會黨史委員會。

徐祥民等，2002，《中國憲政史》，青島：青島海洋大學出版社。

孫廣德，1999，《清末民初的民主思想論集》，台北：桂冠圖書。

夏勇，2004，《中國民權哲學》，北京：生活、讀書、新知三聯書店。

殷嘯虎，1997，《近代中國憲政史》，上海：上海人民出版社。

陳峰，2003，《中國憲政史綱要》，貴陽：貴州人民出版社。

陳茹玄，1985，《中國憲法史》，台北：文海出版社，影印本。

陳新民，1995，《中華民國憲法釋論》，台北：作者自版。

───，1991，《憲法基本權利之基本理論》，下冊，台北：作者自版，再版。

陳敦源，2002，《民主與官僚新制度論的觀點》，台北：韋伯文化事業出版社。

陳鵬仁，2000，《孫中山先生思想初探》，台北：近代中國出版社。

郭廷以，1979，《中華民國史事日誌》，第一冊，台北：中央研究院近代史研究所。

張枬、王忍之編，1977，《辛亥革命前十年間時論選集》，第三卷，
　　北京：生活、讀書、新知三聯書店。

張灝，2004，《時代的探索》，台北：中央研究院及聯經出版公司。

張灝，2000，《幽暗意識與民主傳統》，台北：聯經出版公司，版 2。

張之洞，何啟及胡禮垣撰，馮天瑜、蕭川評注，2002，《勸學篇・勸
　　學篇書後》，武漢：湖北人民出版社。

張玉法，1977，《中國現代史》，上冊，台北：東華書局。

────，1998，《中華民國史稿》，台北：聯經出版事業。

────主編，1980，《中國現代史論集第四輯：民初政局》，台北：
　　聯經出版事業。

張金鑑，1998，《中國政治制度史》，台北：三民書局，版 6。

張君勱著，張君勱先生遺著編輯委員會編輯，1971，《中華民國民主
　　憲法十講》，台北：台灣商務，台 1 版。

張東蓀，1946，《理性與民主》，北京：商務印書館。

張朋園，1999，《梁啟超與清季革命》，台北：中央研究院近代史研
　　究所，版 2。

張明貴，2005，《Top 100 憲政用語熱門榜》，台北：書泉出版社。

────，1986，《約翰彌爾》，台北：東大圖書。

張翰書，1961，《西洋政治思想史（上冊）》，台北：台灣商務印書館。

張慶福主編，1999，《憲法學基本原理（上）》，北京：社會科學文獻
　　出版社。

張晉藩，2004，《中國憲法史》，長春：吉林人民出版社。

許南雄，1992，《各國人事機關體制》，台北：中華民國公共行政學會。

許秀碧，1977，《民國二年的國會》，台北：國立政治大學政治學研
　　究所碩士論文。

許崇德，2003，《中華人民共和國憲法史》，福州：福建人民出版社。

許寶強、袁偉選編，2000，《語言與翻譯的政治》，北京：中央編譯出版社。

梁啟超著，吳松等點校，2001，《飲冰室文集點校》，昆明：雲南教育出版社。

梁啟超，1989，《飲冰室合集》，第4冊，北京：中華書局。

梁啟超，1979，《戊戌政變記》，台北：台灣中華書局。

賀凌虛，1995，《孫中山政治思想論集》，台北：國立台灣大學三民主義研究所。

華力進，1987，《政治學》，台北：經世書局。

曾一士總編輯，2005，《第八屆孫中山與現代中國學術研討會論文集》，台北：國父紀念館。

國民參政會史料編纂委員會編纂，1962，《國民參政會史料》，台北：國民參政會在臺歷屆參政委員聯誼會。

康有為，1985，《戊戌奏稿》，台北：文海出版社，影印本。

———，1996，《中國現代學術經典：康有為卷》，石家莊：河北教育出版社。

麥仲華編，1972，《皇朝經世文新編》，台北：文海出版社，光緒戊戌年影印本。

湯志鈞編，1981，《康有為政論集》，上冊，北京：中華書局。

黃年，1998，《李登輝的憲法變奏曲》，台北：聯經出版。

黃克武、張哲嘉主編，2000，《公與私：近代中國個體與群體之重建》，台北：中央研究院近代史研究所。

黃宗羲，1968，《明夷待訪錄》，台北：新興書局，清道光十九年原刻本影印。

黃季陸主編，1983，《民報》，台北：中國國民黨中央委員會黨史史料編纂委員會，影印本，再版。

黃彰健，1970，《戊戌變法史研究》，台北：中央研究院歷史語言研究所。

───編，1974，《康有為戊戌真奏議》，台北：中央研究院歷史語言研究所。

馮桂芬，1971，《校邠廬抗議》，下卷，台北：文海出版社，影印本。

楊度著、劉晴波主編，1986，《楊度集》，長沙：湖南人民出版社。

楊泰順，2001，《被誤解的國會》，台北：希代書版公司。

楊鴻年、歐陽鑫，2005，《中國政制史》，武昌：武漢大學出版社，修訂版。

鄒讜，1994，《二十世紀中國政治：從宏觀歷史與微觀行動角度看》，香港：牛津大學出版社。

臧云浦、朱崇業、王云度，1987，《歷代官制、兵制、科舉制度表釋》，南京：江蘇古籍出版社。

蔣中正，1984，《國父遺教概要》，收錄於秦孝儀編，《先總統蔣公思想言論總集》，卷三，台北：中國國民黨中央委員會黨史委員會。

蔣永敬，1993，《百年老店國民黨滄桑史》，台北：傳記文學出版社。

鄭欽仁主編，1982，《立國的宏規》，台北：聯經出版事業。

鄭觀應著、王貽梁評註，1998，《盛世危言》，鄭州：中州古籍出版社。

盧瑞鍾，1995，《內閣制優越論》，台北：作者自版。

錢端升、薩師炯等七人著，1996，《民國政制史》，收於民國叢書編輯委員會編，《民國叢書》，第一編：24，上海：上海書店，依據商務印書館 1945 年版影印。

劉慶瑞，1990，《中華民國憲法要義》，台北：作者自版。

熊月之，2002，《中國近代民主思想史》，上海：上海社會科學出版社。

謝彬，1962，《民國政黨史》，台北：文星出版社。

謝政道，2001，《中華民國修憲史》，台北：揚智出版社。

薩孟武，1986，《政治學》，台北：三民書局，增訂再版。

羅志田，2001，《亂世潛流：民族主義與民國政治》，上海：上海古籍出版社。

羅志淵主編，1985，《雲五社會科學大辭典第三冊：政治學》，台北：台灣商務印書館，版7。

羅家倫主編，1984，《革命文獻》，第七輯，台北：中央文物供應社，影印再版。

薛化元編，1989，《一九四九年後張君勱言論集》，台北：稻香出版社。

繆全吉編著，1991，《中國制憲史資料彙編─憲法篇》，台北：國史館，再版。

顧炎武，1987，《亭林文集》卷一，收於《四部叢書》（077冊），台北：台灣商務印書館。

Andrew Heywood，楊日青等譯，1999，《政治學新論》，台北：韋伯文化。

Gillbert Rozman主編，國家社會科學基金比較現代化課題組譯，沈宗美校對，1988，《中國的現代化》，南京：江蘇人民出版社。

Hans Kelsen（克魯孫），雷崧生譯，1976，《法律與國家》，台北：正中書局，台3版。

Hao Chang（張灝），崔志海、葛夫平譯，1997，《梁啟超與中國思想的過渡》，南京：江蘇人民出版社。

Jan-Erik Lane ＆ Svante Ersson，何景榮譯，2002，《新制度主義政治學》，台北：韋伯文化。

John King Fairbank（費正清），張理京譯，2003，《美國與中國》，北京：世界知識出版社。

Benjamin Schwartz（史華茲），葉鳳美譯，2005，《尋求富強：嚴復與西方》，南京：江蘇人民出版社。

───，程鋼譯，劉東校對，2004，《古代中國的思想世界》，南京：江蘇人民出版社。

二、期刊論文

方維規，2004，〈『議會』、『民主』與『共和』概念在西方與中國的嬗變〉，《二十一世紀雙月刊》（香港），第 58 期，頁 49-61。

石之瑜，2001，〈總統權力的文化意涵〉，《理論與政策》，第 15 卷，第 4 期，頁 1-16。

───，2001，〈台灣本土憲政主義中的德治與權力〉，《香港社會科學學報》，第 19 期，頁 1-28。

───，1999，〈William Riker 的「理性」概念試評──非理性抉擇模式初探〉，《美歐季刊》，第 13 卷，第 3 期，頁 229-260。

───，1997，〈新制度主義建構理性中國的成本〉，《問題與研究》，第 36 卷，第 11 期，頁 1-22。

石之瑜、凌煥銘，1997，〈台灣民主化歷程中的賢人期待〉，《東亞季刊》，第 28 卷，第 3 期，頁 124-140。

王業興，1996，〈論民國初年議會政治失敗的原因〉，《歷史檔案》（北京），第 4 期，頁 107-117。

朱勇，2000，〈論民國初期議會政治失敗的原因〉，《中國法學》（北京），第 3 期，頁 134-143。

李龍、周葉中，1996，〈憲法學基本範疇簡論〉，《中國法學》（北京），第 6 期，頁 63-71。

李西潭，1988，〈約翰彌勒與中山先生權能區分理論之比較研究〉，《中山社會科學譯粹》，第 3 卷，第 3 期，頁 162-174。

李念祖，2002，〈憲政發展中我國總統權力的演變〉，輯於高朗、隋杜卿主編，《憲政體制與總統權力》，台北：財團法人國家政策研究基金會，頁 396-421。

李學智，2001，〈民國第一屆國會議員歲費的制定〉，《近代史研究》（北京），第 6 期，頁 194-206。

———，1998，〈北京臨時參議院議員人數及變動情況考〉，《近代史研究》（北京），第 4 期，頁 230-239。

李國雄，1997，〈我國的修憲過程與政治改革：從民主轉型到民主鞏固〉，《理論與政策》，第 11 卷，第 4 期，頁 51-72。

李貴連、俞江，2002，〈簡論中國近代法學的翻譯與移植—以我國第一部國際私法譯著為例〉，輯於北京大學法學院編，《價值共識與法律合意》，北京：法律出版社，頁 334-366。

沈松僑，2002，〈國權與民權：晚清的「國民」論述，1895～1911〉，《中央研究院歷史語言研究所集刊》，第 73 本，第 4 分，頁 685-734。

何高潮，1995，〈理性選擇方法與中國政治研究〉，《香港社會科學學報》第 6 期，頁 89-114。

吳玉山，2001，〈制度、結構與政治穩定〉，《政治學報》，第 32 期，頁 1-30。

吳貫因，1912-1913，〈共和國體與責任內閣〉，輯於經世文社編，《民國經世文編》，第一冊，台北：文星出版社，1962 年，影印本，頁 35-36。

周育仁，2001，〈九七修憲後我國中央政府體制之定位〉，輯於陳建民、周育仁主編，《九七修憲與憲政發展》，台北：財團法人國家政策研究基金會，頁 11-37。

———，1996，〈總統直選對我國憲政體制之影響〉，《問題與研究》，第 35 卷，第 8 期，頁 62-74。

周陽山，2005，〈芬蘭新憲法與憲政體制之變遷—兼論芬蘭監察使制度〉，《立法院院聞》，第 33 卷，第 6 期，頁 23-53。

金觀濤、劉青峰，2004，〈中國個人觀念的起源、演變及其形態初探〉，《二十一世紀雙月刊》（香港），總第 84 期，頁 52-66。

———，2001，〈從『群』到『社會』、『社會主義』—中國近代公共領域變遷的思想史研究〉，《中央研究院近代史研究所集刊》，第 35 期，頁 5-66。

———，1999，〈近代中國「權利」觀念的意義演變--從晚清到「新青年」〉，《中央研究院近代史研究所集刊》，第 32 期，頁 209-260。

胡佛，1993，〈總統民選與總統在憲法中職權的變化〉，輯於中國政治學會主辦，《中華民國政治轉型的新挑戰學術研討會論文集》，台北：中國政治學會，頁 13-25。

胡春惠，1998，〈抗戰前國民政府之訓政與憲政之爭〉，《國立政治大學歷史學報》，第 15 期，頁 129-158。

———，1980，〈民國初年制憲活動及其特質〉，《近代中國雙月刊》，第 19 期，頁 113-114。

英倫羈客，1911，〈敬告國人中國民主政府當倣法國絕不可仿美國之制〉，《東方雜誌》，第 8 卷第 10 號，頁 11-14。輯於王雲五主持，《重印東方雜誌全部舊刊五十卷》，第 29 冊，台北：台灣商務印書館，1971-1976 年，總頁 20994-20996。

高朗，1993，〈內閣制與總統制之比較分析〉，《政治學報》，第 21 期，頁 53-76。

———，2002，〈總統制是否有利於民主鞏固〉，輯於高朗、隋杜卿主編，《憲政體制與總統權力》，台北：財團法人國家政策研究基金會，頁 115-143。

荊知仁，1996，〈憲法修改與憲政改革建言〉，《政策月刊》，第 12 期，頁 2-5。

桂宏誠，2005，〈孫中山的「民權」、「民主」及「共和」之涵義〉，《近代中國》，第 162 期，頁 32-53。

———，2003，〈科舉考試制度與文治政府的鞏固—兼論廢科舉與民初軍閥亂政的關係〉，《考銓季刊》，第 34 期，頁 81-92。

———，1997，〈政黨與選舉制度中一些觀念的釐清〉，《空大學訊》，第 204 期，頁 44-48。

孫煒，2002，〈教育政策的治理結構：新制度論的觀點〉，《理論與政策》，16 卷，第 2 期，頁 91-110。

孫廣德，1982，〈戊戌前後的民權思想（1894-1903）〉，輯於中央研究院近代史研究所輯，《中國近代的維新運動—變法與立憲》，台北：中央研究院近代史研究所，頁 12-20。

孫寶琦，1904，〈出使法國大臣孫上政務處書〉，《東方雜誌》，第 1 年第 7 期，「內務」，頁 80-85。輯於王雲五主持，《重印東方雜誌全部舊刊五十卷》，第 3 冊，台北：台灣商務印書館，1971-1976 年，總頁 1578-1583。

陳敦源、郭承天，2001，〈基督教倫理與民主制度發展—從美國經驗看台灣〉，《公共行政學報》，第 5 期，頁 67-99。

郭承天，2001，〈民主的宗教基礎：新制度論的分析〉，《政治學報》，第 32 期，頁 171-208。

張君勱，1946，〈中國新憲法起草經過〉，原載《再生》上海版，總 220 期，收錄於中國民主社會黨國民大會代表黨部編，《中華民

國憲法與張君勸》,台北:中國民主社會黨國民大會代表黨部,1986,頁 5-7。

張東蓀(筆名:北溟),1922,〈憲法上的議會問題〉,《東方雜誌》,第 19 卷第 21 號。輯於王雲五主持,《重印東方雜誌全部舊刊五十卷》,第 70 冊,台北:台灣商務印書館,1971-1976 年,總頁 52395-54412。

———,1912-1913,〈內閣制之精神〉,輯於經世文社編,《民國經世文編》,第一冊,台北:文星出版社,1962 年,影印本,頁 32-35。

———,1912-1913,〈行政權消滅與行政權轉移〉,輯於經世文社編,《民國經世文編》,第一冊,台北:文星出版社,1962 年,影印本,頁 272-273。

張朋園,2004,〈議會思想之進入中國〉,《華東師範大學學報(哲學社會科學版)》,第 36 卷,第 6 期,頁 1-19。

許世雨,2001,〈公共選擇理論反思:「理性」與「自利」之迷思〉,《人事月刊》,第 33 卷,第 1 期,頁 17-26。

許慶復,1994,〈憲政改革與臺灣地區的民主化〉,《理論與政策》,第 8 卷,第 4 期,頁 3-14。

曾建元,2003,〈臺灣憲政體制原理與民主治理實踐〉,《淡江人文社會學刊》,第 17 期,頁 129-141。

———,1999,〈民族主義、民主轉型與憲政改革——一九九〇年代台灣憲政改革研究方法論〉,《中山人文社會科學期刊》,第 7 卷,第 2 期,頁 59-93。

曾憲義、馬小紅,2003,〈中國傳統法的結構與基本概念辨正——兼論古代禮與法的關係〉《中國社會科學》(北京),第 5 期,頁 61-73。

強世功，2001，〈法律移植、公共領域與合法性—國家轉型中的法律（1840～1980）〉，輯於蘇力（朱蘇力）、賀衛方主編，《20 世紀的中國：學術與社會（法學卷）》，濟南：山東人民出版社，頁47-171。

黃克武，1991，〈清末民初的民主思想：意義與淵源〉，中央研究院近代史研究所編輯，《中國現代化論文輯》，台北：中央研究院近代史研究所，頁 355-392。

黃金麟，1997（實際為 1998），〈革命/民權：訓政的敘事建構〉，《清華學報》，新 27 卷，第 4 期，頁 459-492。

黃俊傑、蔡明田，2000，〈中國政治思想史研究方法論〉，輯於謝復生、盛杏湲主編，《政治學的範圍與方法》，台北：五南圖書，頁 5-41。

楊泰順，2005，〈憲政困局與國家認同：形似獨立的兩個糾結議題〉，《台灣民主季刊》，第 2 卷，第 3 期，頁 1-31。

———，2002，〈美國總統地位：憲政面與實然面的探討〉，輯於高朗、隋杜卿主編，《憲政體制與總統權力》，台北：財團法人國家政策研究基金會，頁 147-166。

———，2000，〈美國人認同的形成〉，《美歐季刊》，第 14 卷第 2 期（年夏季號），頁 214-220。

溝口雄三，1991，〈中國民權思想的特色〉，輯於中央研究院近代史研究所編，《中國現代化論文集》，台北：中央研究院近代史研究所，頁 343-362。

趙小平，1995，〈論民初國會的失敗〉，《四川大學學報》（哲學社會科學版），第 2 期，頁 66-70。

翟志成，2000，〈宋明理學的公私之辨極其現代意義〉，輯於黃克武、張哲嘉主編，《公與私：近代中國個體與群體之重建》，台北：中央研究院近代史研究所，頁 1-57。

臧運祜，2005，〈孫中山先生五權憲法的文本體現—葉夏聲《五權憲法草案》研析〉，輯於曾一士總編輯，《第八屆孫中山與現代中國學術研討會論文集》，台北：國父紀念館，頁 273-274。

墨子刻，1988，〈從約翰彌爾民主理論看臺灣政治言論〉，《當代》，第 24 期，頁 78-95。

盧瑞鍾，2002，〈試論國父的兩大失策〉，輯於曾一士總編輯，《第五屆孫中山與現代中國學術研討會論文集》，台北：國父紀念館，頁 247-272。

劉廣京，1994，〈晚清人權論初探—兼論基督教思想之影響〉，《新史學》，第 5 卷，第 3 期，頁 1-23。

謝放，2001，〈戊戌前後國人對「民權」、「民主」的認知〉，《二十一世紀雙月刊》，總第 65 期，頁 42-51。

———，1998，〈「張之洞反對民權」說剖析—兼析 19 世紀後期中文辭彙「民權」與「民主」的涵義〉，《社會科學研究》（北京），第 2 期，頁 99-105。

謝欣如，2002，〈孫中山有關『國會』理念之剖析〉，《國父紀念館館刊》，第 10 期，頁 97-116。

謝復生，1995，〈內閣型態與憲政運作〉，《問題與研究》，第 34 卷，第 12 期，頁 1-10。

蕭功秦，1997，〈近代中國人對立憲政治的文化誤讀及其歷史後果〉，《戰略與管理》（北京），第 4 期，頁 27-35。

羅志田，2005，〈數千年中大舉動—科舉制的廢除及其部份社會後果〉，《二十一世紀雙月刊》，總第 89 期，頁 19-27。

───，1995，〈科舉制的廢除與四民社會的解體──一個內地鄉紳眼中的近代社會變遷〉，《清華學報》，新第 25 卷，第 4 期，頁 345-369。

魏千峰，2000，〈第三波民主潮下之憲政改革─臺灣與捷克比較〉，《思與言》，第 38 卷，第 1 期，頁 1-44。

貳、外文文獻

Ⅰ. BOOKS

Almond, Gabriel A. & Sidney Verba, 1963, *The Civic Culture：Political Attitudes and Democracy in Five Nations.* New Jessery: Princeton University.

Bagehot, Walter, 1898, *The English Constitution.* New York: D. Appleton & Company.

Berlin, Isaiah, 1969, *Four Essays on Liberty.* Oxford: Oxford University Press.

Bickel, Alexander M., 1986, *The Least Dangerous Branch: The Supreme Court at the Bar of Politics*, 2nd ed. New York: Josephine Ann Bickel.

Bruke, Edmund, Peter J. Stanlis, ed., 1991, *Selected Writings and Speech.* Washington: Regnery Gateway.

Churchill, Winston Sr., 1956, *A History of the English-Speaking Peoples.* Vol. Ⅰ, London: Cassell.

Dahl, Robert A., 1998, *On Democracy.* New Haven & London: Yale University Press.

De Bary, William Theodore, 1998, *Asian Values and Human Rights: A Confucian Communitarian Perspective.* Cambridge: Harvard University Press.

Dicey, A. V., 1915, *Introduction to the study of the law of the constitution*, 8th ed. London: Macmillan and Co.

Dragnich, Alex N. & Jorgen S. Rasmussen, 1986, *Major European Governments*, 7th ed. Chicago: The Dorsey Press.

Elster, Jon, 1989, *Solomon Judgment*.Cambridge: Cambridge University Press.

———, 1984, *Ulysses and the Sirens: Studies in Rationality and Irrationality*,Rev. ed. Cambridge: Cambridge University Press.

Elster, Jon & Rune Slagstad eds., 1988, *Constitutionalism and Democracy*. New York: the Press Syndicate of the University of Cambridge.

Ely, John Hart, 1980, *Democracy and Distrus: A Theory of Judicial Review*. Cambridge: Harvard University Press.

Gordon, Scott, 1999, *Controlling the State: Constitutionalism from Ancient Athens to Today*. Cambridge: Harvard University Press.

Heywood, Andrew, 2000, *Key Concepts in Politics*. New York: Andrew Heywood.

Holcombe, Arthur N., 1974, *The Chinese Revolution*. New York: Howard Testing, Inc.

Holmes, Stephen, 1995, *Passions and Constraint: On the Theory of Liberal Democracy*. Chicago: The University of Chicago Press.

Huntington, Samuel P., 1991, *The Third Wave: Democratization in the Late Twentieth Century*. Norman: Samuel P. Huntington.

Lijphart, Arend, 1999, *Patterns of Democracy: Government Forms and Performances in Thirty-Six Countries*. New Haven: Yale University Press.

———, 1984, *Democracy: Patterns of Majoritarian and Consensus Government in Twenty-one Countries*. New Haven: Yale University Press.

Lutz, Donald S., 1988, *The Origins of American Constitutionalism*. Baton Rouge and London: Louisiana State University Press.

Lyon, Ann, 2003, *Constitutional History of the UK*. London: Cavendish Publishing Litited.

Nathan, Andrew J., 1997, *China's Transition*. New York: Columbia University Press.

————, 1985, *Chinese Democracy*. Berkeley: University of California Press.

O'Brien, David M., 2005, *Storm Center: The Supreme Court in American Politics*, 7th ed. New York: W W Norton & Co., Inc.

Ostrom, Vincent, 1987, *The Political Theory of a Compound Republic*. 2nd ed. Lincoln and London: University of Nebraska Press.

Paine, Thomas, Bruce Kuklick ed., 2000, *Political Writings*. New York: Cambridge University Press.

Peters, B. Guy, 1999, *Institutional Theory in Political Science: the "New Institutionalism"*. New York: Pinter.

Pye, Lucian W. with Mary M. Pye, 1985, *Asian power and politics: The Cultural Dimensions of Authority*. Cambridge: Harvard University Press.

Pye, Lucian W., 1966, *Aspects of Political Development*. Boston: Little Brown & Company Inc.

Ranney, Austin, 2001, *Governing: An Introduction to Political Science*, 8th ed. New Jersey: Prentice-Hall, Inc.

Rossiter, Clinton, ed., 1961, *The Federalist Papers*. New York: The New American Library of World Literature, Inc.

Sartori, Giovanni, 1997, *Comparative Constitutional Engineering: An Inquiry into Structures, Incentives and Outcomes*, 2nd ed. New York: New York University Press.

Schroeder, Richard C., 1989, *An Outline of American Government, Nathan Glick*, revised. Washington D.C.: United States Information Agency.

Smith, Gordon, 1989, *Politics in Western Europe*, 5th ed. New York: Holmes & Meier Publishers.

Wanlass, Lawrence C., 1953, *Gettell's History of political Thought*, 2nd ed. New York: Appleton-Century-Crofts, Inc.

Zakaria, Fareed, 2004, *The Future of Freedom: Illiberal Bemocracy at Home and Abroad*. New York: Fareed Zakaria.

II. ARTICLES

Carothers, Thomas, 1998, "The Rule of Law Revival," *Foreign Affairs*. Vol.77. Issue 2 , pp.95-106.

Diamond, Larry, 1996, "Is the Third Wave Over?", *Journal of Democracy*. Vol.7. No. 3,pp.20-37.

Elazar, Daniel J., 1980, "The Political Theory of Covenant: Biblical Origins and Modern Developments," *Publius: The Journal of Federalism* 10. Fall, pp.3-30.

Elster, Jon, 2003, "Don't Burn Your Bridge Before You Come To It: Some Ambiguities and Complexities of Precommitment," *Texas Law Review*. Vol. 81. No.7., pp.1752 -1787.

Graglia, Lino A., 1995, "Does Constitutional Law Exist?" *National Review*. June 26, pp.31-34.

―――, 1987, "A Theory of Power,"*National Review*, July 17, pp.33-36.

Hall, Peter A. & Rosemary C.R. Taylor, 1996, "Political Science and the Three New Institutionalisms," *Political Studies*. Vol. 44, pp.936-957.

Huntington, Samuel P., 1997, "After Twenty Years: The Future of the Third Wave," *Journal of Democracy*. Vol.8, No.4, pp.3-12.

Immergut, Ellen M., 1998, "The Theoretical Core of the New Institutionalism," *Politics and Society*. Vol.26, No.1,pp.5-34.

Liebowitz, S. J. & Stephen E. Margolis, 1995, "Path dependence, lock-in and history," *Journal of Law, Economics, and Organization*.Vol.11.No.1, pp.205-226.

Lutz, Donald S., 1980, "From Covenant to Constitution in American Political Thought," *Publius: The Journal of Federalism* 10,Fall, pp. 101-133.

Maddox, Graham, 1982, "A Note on the Meaning of 'Constitution'," *American Political Science Review*. Vol. 76, pp. 805-809.

March, James G. & Johan P. Olsen, 1984, "The New Institutionalism: Organizational Factors in Political Life," *American Political Science Review*. Vol. 78, pp.734-749.

Meese Ⅲ, Edwin, 1987, "The Law of the Constitution", *National Review*. July 17, pp.30-33.

Nathan, Andrew J., 2000, "Chinese Democracy: The Lessons of Failure," in Suisheng Zhao, ed., *China and Democracy*. New York: Routledge, pp.21-32.

Sartori, Giovanni, 2001, "How Far Can Free Government Travel?", in Larry Diamond and Marc F. Plattner, eds., *The Global Divergence of Democracies*. Baltimore and London: The Johns Hopkins University Press and the National Endoement for Democracy, pp.52-62.

————, 1962, "Constitutionalism: A Preliminary Discussion," *American Political Science Review*. Vol. 56. No.4. , pp. 853-864.

Scharpf, Fritz W., 2000, "Institutions in Comparative Policy Research", *Comparative Political Studies*.Vol. 33., pp.762-790.

Yu, Ying-shih（余英時），1997, "China's New Wave of Nationalism," in Larry Diamond, Marc F. Plattner, Yun-han Chu（朱雲漢），and Hung-mao Tien（田弘茂），eds. *Consolidating the Third Wave Democracies*. Baltimore: The Johns Hopkins University Press, pp.257-264.

————, 1989, "Sun Yat-sen's Doctrine and Traditional Chinese Culture,"in Chu-yuan Chen（鄭竹園），ed. *Sun Yat-sen's Doctrine in the Modern World*. Boulder & London: Westview Press, Inc., pp.79-102.

Zakaria, Fareed, 1997, "The Rise of Illiberal Democracy," *Foreign Affairs*. Vol.76. No.6, pp.22-43.

參、報紙文章

《民立報》,1912 年 2 月 12 日。

〈共和憲法意見書〉,《民立報》,1912 年 3 月 7 日。

〈工商界之要求選舉之熱〉,《申報》,1912 年 11 月 4 日。

〈順直各縣行政公署組織劃一辦法〉,《大公報》,1913 年 5 月 1 日。

〈議員薪俸問題〉,《大公報》,1913 年 6 月 28-29 日。

〈參議院竟通過六千元之歲費〉,《大公報》,1913 年 7 月 11 日。

《聯合報》,1953 年 11 月 26 日,版 1。

《中國時報》,1994 年 4 月 24 日,版 4。

王震邦專訪胡佛,〈認同差異,地基分裂了:有人過去和我主張相同,現在變了〉,《聯合報》,1990 年 6 月 28 日,版 3。

丘宏達,〈總統直選不等於總統制〉,《聯合報》,1994 年 3 月 28 日,版 4。

———,〈總統制在美國也有許多問題〉,《聯合報》,1994 年 3 月 29 日,版 4。

周陽山,〈修憲正當性與內容規劃〉,《蘋果日報》,2006 年 5 月 25 日,版 15。

范凌嘉、陳志平、尚毅夫報導,〈馬:信任投票可取代閣揆同意權〉,《聯合報》,2006 年 5 月 5 日,版 4。

徐東海專訪李鴻禧,〈一個主張修憲,一個主張制訂基本法:我與胡佛師承不同〉,《聯合報》,1990 年 6 月 28 日,版 3。

翁台生，〈CIA 在台活動秘辛・西方公司的故事〉，《聯合報》，1991年 4 月 4 日，版 24。

桂宏誠，〈意識形態政黨，難擋黨政合一誘惑〉，《聯合報》，2002 年 3 月 3 日，版 15。

孫善豪，〈突然想起內閣制的好處〉，《聯合報》，2006 年 5 月 1 日，版 15。

孫善豪，〈往內閣制之路〉，《中國時報》，2006 年 4 月 28 日，版 19。

陳鳳馨報導，〈許信良蔡政文：修憲並無總統擴權情況〉，《聯合報》，1997 年 4 月 16 日，版 4。

楊泰順，〈黨主席的乞丐權〉，《聯合晚報》，2002 年 3 月 2 日，版 2。

蔡惠萍報導，〈弊案不斷青壯立委要扁上火線說明〉，《聯合報》，2006 年 4 月 11 日，版 3。

肆、網站資料

李敖，〈以史為鑒可知得失〉，請參閱《中國經濟網》：http://www.ce.cn/ztpd/xwzt/guonei/2005/liaoshenzhou/lishi/200509/15/t20050915_4697995.shtml(2006/02/25)。

李貴連，〈話說「權利」〉，《北大法律評論》，第 1 卷第 1 輯（1998 年），請參閱：http://www.chinalawinfo.com/fxyj/fxqk/lawreview/doc/vol1_1/note1.asp (2005/11/18)

黃松有，〈憲法司法化及其意義─從最高人民法院今天的一個『批復』談起〉，請參閱《公法評論網》：http://www.gongfa.com/huangsyxianfasifahua.htm (2005/10/25)

洪朝輝，〈社會公正與中國的政治改革──美國進步主義運動的啟示〉，《當代中國研究》，1999 年第 1 期（總第 64 期），參閱：

http://www.chinayj.net/StubArticle.asp?issue=990102&total=64 (2006/4/11)

有關丁韙良其人之簡介，請參閱：http://zh.wikipedia.org/wiki/%E4%B8%81%E9%9F%AA%E8%89%AF (2005/12/18)

Daniel J. Elazar 從盟約理論角度研究政治或憲政，較為新近的相關著作可參閱 Jerusalem Center for Public Affairs 網站為其設計的網頁：http://www.jcpa.org/djeindex.htm (2006/1/16)

《中國的民主政治建設》，請參閱《新華網》：http://news.xinhuanet.com/politics/2005-10/19/content_3645697.htm (2005/10/19)

civil society 的基本定義，可參閱：http://en.wikipedia.org/wiki/Civil_Society (2006/6/20)

Parliament 的起源或定義，可參閱：http://www.wordiq.com/definition/Parliament (2006/1/17)

英國內閣的緣起與發展，可參《英國首相辦公室網站》：http://www.pm.gov.uk/output/Page19.asp (2006/1/15)

英國「議會內閣制」的形成與演變，可參閱：http://en.wikipedia.org/wiki/History_of_Parliamentarism (2006/1/15)

Walter Bagehot 著 *The English Constitution* 全文內容，可見：http://www.bibliomania.com/2/1/328/2415/frameset.html (2006/5/17)

有關「慈禧訓政」的《上諭》內容可參閱：http://lookin.nease.net/wx/difftalk/putsch/mhjt15.htm (2006/330)

關於王世杰遭免職，可參《民視新聞網》：http://www.ftvn.com.tw/Topic/CaringTW/TWnotes/1117.htm (2006/5/11)

國家圖書館出版品預行編目

中華民國立憲理論與 1947 年的憲政選擇 /
　　桂宏誠著. -- 一版. -- 臺北市：秀威資訊科技,
　　2008.09
　　　　面;　　　公分. -- (社會科學類；AF0087)
　　BOD 版
　　參考書目：面
　　ISBN 978-986-221-065-9 (平裝)

　　1.憲政主義　.憲法修改　3.中華民國憲法

581.25　　　　　　　　　　　　　　97015863

社會科學類　AF0087

中華民國立憲理論與 1947 年的憲政選擇

作　　者 / 桂宏誠
發 行 人 / 宋政坤
執行編輯 / 賴敬暉
圖文排版 / 黃莉珊
封面設計 / 蔣緒慧
數位轉譯 / 徐真玉　沈裕閔
圖書銷售 / 林怡君
法律顧問 / 毛國樑　律師
出版印製 / 秀威資訊科技股份有限公司
　　　　　　台北市內湖區瑞光路 583 巷 25 號 1 樓
　　　　　　電話：02-2657-9211　　　傳真：02-2657-9106
　　　　　　E-mail：service@showwe.com.tw
經 銷 商 / 紅螞蟻圖書有限公司
　　　　　　台北市內湖區舊宗路二段 121 巷 28、32 號 4 樓
　　　　　　電話：02-2795-3656　　　傳真：02-2795-4100
　　　　　　http://www.e-redant.com

2008 年 9 月 BOD 一版
定價：410 元

讀　者　回　函　卡

感謝您購買本書，為提升服務品質，煩請填寫以下問卷，收到您的寶貴意見後，我們會仔細收藏記錄並回贈紀念品，謝謝！

1. 您購買的書名：_____

2. 您從何得知本書的消息？

　□網路書店　□部落格　□資料庫搜尋　□書訊　□電子報　□書店

　□平面媒體　□ 朋友推薦　□網站推薦　□其他_____

3. 您對本書的評價：(請填代號　1.非常滿意 2.滿意 3.尚可 4.再改進)

　封面設計____　版面編排____　內容____　文/譯筆____　價格____

4. 讀完書後您覺得：

　□很有收獲　□有收獲　□收獲不多　□沒收獲

5. 您會推薦本書給朋友嗎？

　□會　□不會，為什麼？_____

6. 其他寶貴的意見：_____

_____

_____

_____

讀者基本資料

姓名：_____　年齡：_____　性別：□女 □男

聯絡電話：_____　E-mail：_____

地址：_____

學歷：□高中(含)以下　　□高中　　□專科學校　　□大學

　　　□研究所(含)以上 □其他_____

職業：□製造業 □金融業 □資訊業 □軍警 □傳播業 □自由業

　　　□服務業 □公務員 □教職　□學生 □其他_____

To：114

台北市內湖區瑞光路 583 巷 25 號 1 樓

秀威資訊科技股份有限公司　　　收

寄件人姓名：

寄件人地址：□□□

- -

（請沿線對摺寄回,謝謝!）

秀威與 BOD

BOD（Books On Demand）是數位出版的大趨勢，秀威資訊率先運用 POD 數位印刷設備來生產書籍，並提供作者全程數位出版服務，致使書籍產銷零庫存，知識傳承不絕版，目前已開闢以下書系：

一、BOD 學術著作—專業論述的閱讀延伸
二、BOD 個人著作—分享生命的心路歷程
三、BOD 旅遊著作—個人深度旅遊文學創作
四、BOD 大陸學者—大陸專業學者學術出版
五、POD 獨家經銷—數位產製的代發行書籍

BOD 秀威網路書店：www.showwe.com.tw
政府出版品網路書店：www.govbooks.com.tw

永不絕版的故事‧自己寫‧永不休止的音符‧自己唱